A RESSURREIÇÃO DE CRISTO

OBRAS DO AUTOR

O MAIOR MILAGRE DO MUNDO
O MAIOR SEGREDO DO MUNDO
O MAIOR VENDEDOR DO MUNDO
A RESSURREIÇÃO DE CRISTO
O MAIOR PRESENTE DO MUNDO (com Buddy Kaye)
SUCESSO SEM LIMITES (Editor)

A RESSURREIÇÃO DE CRISTO

Og Mandino

Tradução de Maria Luisa Novello

EDITORA RECORD

Título original norte-americano

THE CHRIST COMMISSION

Impresso no Brasil

Para dois homens chamados
Sílvio, meu pai e meu irmão.

Quem começa com certezas,
acaba com dúvidas;
porém quem se contenta em começar com dúvidas,
acaba com certezas.

FRANCIS BACON

um

Acomodei-me no espaçoso assento de trás do Cadillac, forrado de veludo preto, e consultei meu Omega. Segundo o pessoal de relações públicas responsável por minha *tournée*, levaríamos no mínimo 50 minutos para chegar aos estúdios da NBC em Burbank, com aquele tráfego de fim de tarde.

Era o maior acontecimento, o clímax perfeito, depois de três semanas de entrevistas a jornais, apresentações ao vivo em programas de rádio e de televisão e noites de autógrafos em livrarias, de uma costa a outra da América. Se eu ao menos imaginasse que importância essa noite iria assumir em minha vida, talvez tivesse ficado em meu quarto, no Century Plaza, após dar duas voltas na fechadura, assistindo de pijama à televisão.

– Já esteve alguma vez no programa de Johnny Carson, Sr. Lawrence?

Fiz que não com a cabeça, fitando os olhos castanhos, bastante curiosos, que me olhavam de esguelha pelo espelho retrovisor. Embora estivesse me dirigindo à sexagésima primeira apresentação ao vivo em vinte dias, era a primeira vez que me sentia tenso. Já havia conseguido manter um certo controle no programa de Donahue, discutir com Merv, trocar piadinhas com Snyder e até mesmo conversar com Dinah, de mãos dadas. Então, por que o medo agora? Fechei os olhos e procurei relaxar, esperando que a companhia de aluguel de limusines tivesse mandado um chofer que não fosse tagarela. Mas não tive essa sorte.

– Li muitos dos seus livros, "Seu" Lawrence. Es-pe-ta-cu-la-res! Eu e minha mulher gostamos muito deles.

– O senhor é muito gentil – respondi, sem pensar.

Reflexo condicionado. Frase simples, usada com freqüência por muitos escritores para agradecer os elogios sufocantes e embaraçosos de que são cobertos pelos fãs. Jamais tinha percebido como aquelas palavras eram banais, até que participei de uma noite de autógrafos com Erma Bombeck e nos pegamos dizendo a mesma coisa, enquanto rabiscávamos nossas assinaturas, cansados. Erma achou graça, mas ambos decidimos ser mais criativos no setor humildade daí em diante.

O motorista habilmente manobrou seu veículo resplandescente saindo da entrada do hotel apinhada de Mercedes, e dirigindo-se à Avenue of the Stars.

– O senhor deve ser um homem esper-r-rto, "Seu" Lawrence, sim senhor! Um gênio! Não sei como o senhor "bola" todos aqueles crimes impossíveis e consegue juntar todas as pistas. Nunca consegui descobrir o assassino antes de chegar nas últimas páginas. Nunca! Suas histórias são muito melhores do que aquelas velharias do Sherlock Holmes, são mesmo!

– Obrigado.

Reclinei minha cabeça e fechei os olhos novamente, fazendo de tudo para não cruzar as pernas e enrugar o terno de *tweed* marrom, de etiqueta Calvin Klein, que minha mulher Kitty, insistiu que usasse no *Tonight Show*. O homem disse Sherlock Holmes? Enquanto o carro deslizava sobre seus amortecedores radiais, a caminho de Burbank, tentei não pensar no programa. Fiquei lembrando todos os grandes mestres do suspense com os quais haviam me comparado, durante a *tournée*. Rex Stout e Agatha Christie tinham sido freqüentemente mencionados, bem como o meu favorito, S.S. Van Dine, John Dickson Carr também fora bastante lembrado, e o nome de Ellery Queen tinha sido sugerido por um repórter de Chicago, do *Sun-Times*, o qual não sabia que Ellery Queen era pseudônimo de dois primos, Manfred B. Lee e Frederic Dannay, e que o Sr. Lee já havia partido desta para uma melhor. Uma jovem cheia de energia do *Writer's Digest* tinha até mesmo comparado algo que ela efusivamente chamava de "o intenso realismo" de minha obra ao do melhor escritor francês do gênero, Georges Simenon. Era grande a tentação de dizer-lhe que ela era "muito gentil", mas resisti. Quem não gosta de um pouco de bajulação, mesmo sabendo que nada daquilo é verdade?

Com todos os meus 26 romances policiais ainda à venda em brochura e com a mesma saída da primeira edição, tanto Kitty quanto meus editores tinham sido contra esta minha *tournée*. Kitty insistiu que aquilo era um desgaste desnecessário de tempo e energia, e eles concordaram, afirmando que de qualquer forma todo livro de Matt Lawrence entrava sempre na lista dos *bestsellers*. Mesmo assim, fiz valer minha vontade. Eu não tinha participado nunca de uma ciranda promocional, e achava que a experiência seria uma grande mudança de ritmo. Talvez acabasse até me fornecendo alguma matéria nova para uma história.

Fazendo um balanço, eu até que tinha gostado de toda aquela perda de tempo, como Elia Kazan havia previsto. Não tinha a mínima idéia se minhas apresentações ao vivo tinham ajudado ou não a venda de minha última obra, *Were Weep the Silver Willows* ("Onde choram os salgueiros prateados"), mas agora que já estava no fim, restando apenas o programa de Carson, quase lamentava ter que voltar para a calma de nossa casa em Camelback Mountain, bem acima da cidade de Phoenix.

Exatamente quarenta e oito minutos depois de ter entrado na limusine, saímos de West Alameda, entrando em um bosque circundado por uma cerca metálica alta. Paramos em um portão interno o tempo suficiente para o guarda reconhecer meu motorista, e estacionamos defronte a uma porta sem qualquer placa. Agradeci a meu entusiástico fã ao volante e entrei. De imediato reconheci a lourinha agitada da companhia de relações públicas de meu editor. Graças a ela eu quase tinha tido um ataque cardíaco na véspera, quando ela quis me mostrar como era ágil o seu Porsche 924 nas curvas em alta velocidade. Isto depois de termos nos atrasado para a gravação de uma entrevista no requintado *coffee-shop* do Beverly Hills Hotel.

– Oi, Mary. . . ou será que devo começar a chamá-la de Mário?

Ela preferiu ignorar minha piadinha boba:

– Ah, Sr. Lawrence, estávamos começando a ficar preocupados. Nossa, como o senhor está chique! Parece até aquele bonitão que aparece no comercial do perfume Wind Song!

– Bem, minha jovem, como nunca vi esse comercial, não sei se estou sendo elogiado ou se você está me enquadrando numa classe que eu pouco aprecio.

Ele fez um gesto provocante com a cabeça e riu:

– Ah, sabe sim! Venha comigo. Vou levar o senhor até a famosa sala verde. Acho que os outros convidados estão todos lá. A gravação vai começar daqui a 30 minutos, mais ou menos.

Na sala verde – que aliás não é verde – Mary apresentou-me a um jovem chamado Alfred, da equipe de Johnny Carson. Deu-me um beijo de leve no rosto, desejando-me boa sorte, e saiu. Alfred perguntou-me se eu gostaria de conhecer os outros convidados do programa, e eu disse que sim. Primeiro cumprimentei Charles Nelson Reilly, comediante e diretor. Reilly confessou que era meu fã há anos e para provar citou no mínimo uns dez livros meus. Respondi elogiando sua direção de Julie Harris naquele filme sobre a vida problemática de Emily Dickinson.

A seguir, Jimmy Stewart, verdadeiro mito de popularidade, aproximou-se de mim, apresentando-se. Logo encontramos algo em comum: ambos servimos na Oitava Força Aérea durante a Segunda Guerra Mundial. Finalmente apertei a mão de uma cantora fascinante, a morena Donna Theodore, que me lembrava muito a garota predileta da esquadrilha, Jane Russell, cuja foto tínhamos pendurado na parede.

No final, os amigos dos convidados foram gentilmente convocados a se retirar, e ficamos nós quatro, sozinhos, um dando coragem ao outro, pois a essa altura ela ia sumindo. Infelizmente não conseguimos. É tão perturbador, mesmo para as personalidades do *show-business*, saber que tudo que se diz e se faz será mostrado a quinze milhões de telespectadores, que só um lunático ou um idiota perfeito não se sentiria inibido. Tirando alguns comentários passageiros sobre a poluição constante, e sobre Jerry Brown, governador da Califórnia, pouco falamos, até que ouvimos Ed McMahon exclamar:

– E com vocês. . . Johnny Carson!

E todos nós relaxamos voltando a atenção para o imenso aparelho de televisão RCA.

Johnny, em seu monólogo, repreendeu os Los Angeles Dodgers por seu longo período de derrotas; provocou o atual congresso, incapaz de aprovar qualquer outra lei senão a que regulamentariza outro aumento para seus membros; e marretou os revendedores de carros usados, tão convencidos com suas vendas que insistem em fazer eles próprios seus chatíssimos comerciais de TV, com a ajuda de jibóias até de sósias de Dolly Parton. Charles Nelson Reilly quase me fez esquecer do meu nervosismo ao descrever sua briga com um escaler da guarda costeira, enquanto tentava desesperadamente controlar o motor de seu barco, que havia disparado. Aí Jimmy Stewart mostrou *trailers* de um especial que apresentaria em outra emissora sobre objetos voadores não identificados e Donna Theodore urrou duas músicas de *rock*, que para mim não tinham nada a ver com aquela figura tão feminina e tão linda.

Alfred assustou-me:

– O senhor está com sorte, Sr. Lawrence!

– Ah, é? Como assim?

– Vai para o ar depois do próximo intervalo comercial de dois minutos, e parece que o senhor vai ficar 14 ou 15 minutos com o Sr. Carson.

– Maravilhoso! O mesmo tempo que Carl Sagan e Paul Ehrlich!

– O quê? Ah, sim. . . Gozado, né? Gozado. – Ele não estava sorrindo – O senhor é capaz de agüentar todo esse tempo?

Depois de quase duas horas de conversa, três noites antes, no programa de rádio de Larry King, bati de leve no rosto barbudo de Alfred e respondi:

– Vou tentar, meu filho, vou tentar.

– Venha comigo, meu senhor. . . e por favor veja onde pisa. É muito escuro nos bastidores.

A orquestra tocava do outro lado da cortina, distraindo o pessoal do auditório, enquanto os espectadores de toda a nação eram instruídos acerca das qualidades da comida para cães Alpo e das calças esportes Jaymar. Alfred chegou bem perto de meu ouvido direito e gritou:

– Fique aqui, por favor, até que abra a cortina. Aí. . . saia, dê três passos para a frente e vire para a direita, em direção ao Sr. Carson. Cuidado para não tropeçar quando subir naquela plataforma em volta da mesa dele!

Fiz que sim com a cabeça, desejando – como sempre, antes de me apresentar em qualquer programa – estar em Camelback Mountain, sentado à beira da piscina com meu bassê e um bom livro. De repente, Alfred, com o ouvido perto das cortinas, deu um puxão nelas e bateu de leve em minhas costas. Os refletores por um instante me cegaram. Dei um passo para a frente e sorri. Acenei para uma platéia que ainda não conseguia ver e dobrei à direita, seguindo as instruções de Alfred. Subi a plataforma, agarrando a mão de Johnny. Então virei-me, beijei Donna no rosto, e apertei a mão de Jimmy, Charles e Ed.

– Sr. Lawrence – disse Johnny calorosamente. – Sou seu fã há anos. Seja bem-vindo!

– Obrigado. É um prazer estar aqui.

– Por que não tivemos a chance de tê-lo conosco antes?

Johnny franziu a testa e virou-se para que a pergunta fosse dirigida a mim e também ao diretor Freddy DeCordova, que estava sentado fora do alcance da câmara, na primeira fileira, à esquerda, com seus fones e seu microfone facial.

– Nunca fiz muito rádio e televisão, Johnny. Por sorte, meus livros sempre venderam tão bem que meus editores suspeitaram que eu só ia estragar tudo se aparecesse ao vivo em algum programa. Muitos escritores, pelo que pude observar, deveriam ficar trancados em casa, logo que seus livros fossem publicados, porque todas as vezes que abrem a boca as vendas caem.

Johnny sorriu e concordou:

– Vou aceitar a explicação. Quantos livros já vendeu? Tem alguma idéia?

– Não tenho o número exato, porque eles foram traduzidos para tantos outros idiomas. . . mas creio que por volta de oitenta milhões de exemplares, somando todas as edições.

A platéia murmurou, admirada.

– Oitenta milhões? Espere aí, deixe ver.

Johnny pegou um lápis e molhou a ponta do grafite na língua.

– Se seu *royalty* é 25 *cents* por livro vendido, seriam 25 *cents* vezes 80 milhões. . . minha nossa!

A platéia riu.

Discutimos muitos de meus livros que viraram filmes. O favorito de Johnny era *The Century Plant*, e Jimmy disse que havia gostado mais do *Scarecrow*, vencedor do Oscar. Johnny então consultou suas anotações e rapidamente tocou em muitos crimes da vida real em relação aos quais a polícia havia me chamado para atuar como consultor. Meu caso mais famoso, é claro, havia sido a solução dos terríveis assassinatos com martelo em Houston, cinco anos depois de cometidos os crimes.

Depois do outro intervalo comercial, Johnny mudou de assunto, e me tratou de maneira mais informal:

– Matt, você já começou algum livro e que não tenha conseguido acabar, um livro em que a trama tornou-se tão complicada a ponto de você mesmo não conseguir desembaraçar o caso?

Hesitei. Todos meus alarmes internos de autodefesa estavam tocando, avisando-me que estávamos penetrando em uma área perigosa; meus instintos diziam-me para calar-me e dizer que não, mas, em vez disso, respondi:

– Já. Na verdade, venho lutando com esse livro desde muito antes de escrever meu primeiro livro de mistério. . . há mais de 20 anos.

– Vinte anos! Nossa! Você pode nos falar sobre ele?

Agora era tarde demais para recuar.

– Bem, Johnny. Sempre fui fascinado por romances bíblicos, como *Ben Hur*, *O Manto Sagrado* e *O Cálice de Prata*, e há muitos anos venho estudando livros sobre a vida de Jesus. Provavelmente eu sou dono de uma das mais completas coleções deste gênero. . . pelo menos das particulares. Meu trabalho inacabado trata de uma investigação fictícia sobre a última semana de Jesus na Terra, uma semana cheia de suspense, drama, mistério e muitas personalidades que o detestavam e que o amavam. É claro que naquela época não havia detetives como os de hoje, mas a história nos relata que eram usadas, com muita freqüência, tanto por romanos quanto por judeus, comissões apuradoras de fatos, bem parecidas em caráter e objetivo com as que ainda hoje usamos para fins de investigação.

– Você quer dizer. . . como nossa Comissão Investigadora do caso Watergate ou do assassinato de Kennedy?

– Exatamente. . . e como a mais recente Comissão Parlamentar sobre Assassinatos Políticos, que reexaminou a morte de Kennedy e Martin Luther King. Meu manuscrito incompleto, um romance bíblico de suspense, se quiser chamá-lo assim, narra uma investigação conduzida por uma comissão de três tribunos romanos, três sábios, sobre a morte de Jesus, e eu a situei seis anos após a crucificação.

– Seis anos depois. . .?

– É. Nessa época o governador romano da Síria, Lúcio Vitélio, estava muito preocupado com o número crescente de seguidores de Jesus, que se diziam chamar cristãos e que estavam agitando o povo da província sob seu comando, um vasto território que incluía Israel. . . ou Judéia, como Roma chamava a pequena nação de judeus que havia conquistado. No meu livro, Vitélio forma uma comissão que envia à Judéia com um objetivo: acabar, de uma vez por todas, com os rumores espalhados por esta nova onda de agitadores, potencialmente perigosa, ou seja, que o seu líder crucificado havia ressurgido dos mortos, após a execução, e que era o Messias há muito esperado, o qual logo retornaria para libertar o povo dos grilhões romanos.

Johnny franziu as sobrancelhas, e a platéia ficou tão silenciosa que parecíamos estar em um estúdio vazio.

– Mas como é que eles iam fazer isso, homem?

– A tática da minha comissão é simples. Eles querem provar que Jesus não ressuscitou do túmulo, mas sim que seu corpo foi roubado por desconhecidos, os quais o levaram para outra tumba, fazendo com que os discípulos se aproveitassem de um milagre que na verdade não aconteceu. Escolhi o sexto ano depois da crucificação para situar o livro porque tanto a história quanto o Novo Testamento confirmam que nesta época ainda estavam em Jerusalém os principais personagens e testemunhas dos fatos daquela última semana. A comissão pretendia ouvir o depoimento de todos aqueles envolvidos com Jesus, e investigar em todas as direções possíveis, até que finalmente descobrisse quem havia levado o corpo, e onde os criminosos o tinham escondido. Aí eles iam obter, daqueles que tinham enganado o povo, as confissões devidamente assinadas e iam pregá-los na cruz, com as confissões bem embaixo de seus corpos, para servir de exemplo para o povo. Também seriam recuperados os restos mortais de Jesus e mostrados ao povo, esvaziando dessa forma esse movimento perigoso, antes que ele estivesse totalmente fora de controle e ameaçasse a paz de Roma. Em meu livro dou até um nome ao painel composto pelos três tribunos: *A Ressurreição de Cristo* – o qual, a propósito, também é o título do livro.

Johnny parecia espantado. Por alguns instantes ficou batendo com um lápis em sua mesa. Puro nervosismo. Até que conseguiu recuperar-se e pegou em meu braço.

– Matt, não sei se o estou entendendo bem. Você quer dizer que durante vinte anos vem escrevendo um livro onde espera provar, através do testemunho daqueles que conheceram Jesus, que ele *não* ressurgiu dos mortos?

De esguelha pude ver que Ed McMahon estava sentado na ponta da cadeira. Eu tinha certeza que o homenzarrão estava me encarando. Balancei a cabeça:

– Não, Johnny. Eu estava escrevendo o livro para que, à medida que o enredo fosse se desenvolvendo, e a comissão fosse examinando testemunhas tais como Pôncio Pilatos, Pedro, Mateus, Tiago, o sumo-sacerdote Caifás e muitos outros, eles começassem a entender que as provas apontavam para uma outra direção, diferente daquela que eles haviam previsto, e que *nunca* iriam recuperar o corpo de Jesus, ou apreender quaisquer culpados envolvidos no roubo do corpo, porque não havia ocorrido roubo algum. No final do livro, de acordo com meus primeiros planos, tanto a Comissão Investigadora do Cristo quanto meus leitores, eu esperava, chegariam à mesma conclusão: que Jesus de fato levantou de seu sepulcro, no horto, antes de raiar o dia, naquele domingo, há muito tempo atrás.

– Fascinante. . . fascinante – Johnny murmurava, interrompendo uma vigorosa salva de palmas. – Por que você não acaba o livro, Matt? Daria uma grande obra, especialmente com seu talento para fazer com que fatos e pistas complicadas se tornem fáceis de entender. Seria o maior policial de suspense jamais escrito.

Os aplausos recomeçaram, de forma muito mais entusiástica, e agora eu sabia que estava tudo perdido. Não tinha para onde ir, não havia lugar para eu me esconder, e eu era o único culpado de toda aquela confusão. Respirei fundo e prossegui.

– Não fui capaz de terminar este livro por uma razão muito simples. Quanto mais estudava os fatos daquela última semana de Jesus, quanto mais tentava lutar com as contradições que encontrei nos quatro evangelhos, buscando uma solução; quanto mais buscava os escritos de homens muito mais sábios do que eu, que vêm resolver esse enigma há mais de mil e novecentos anos. . . mais eu me convencia de que Jesus *jamais ressuscitou dos mortos*!

Um silvo agudo percorreu a platéia, seguido de um crescendo de vaias, que começaram dos fundos do estúdio. Johnny encarou-me, boquiaberto – o rosto duro como pedra. À minha direita, ouvi o suspiro profundo de Donna Theodore e um resmungo de Ed McMahon. Tentei manter o controle e fui em frente.

– Paulo, quando procurava converter o povo, geralmente dizia: "Se Jesus não foi ressuscitado, então nossa pregação é em vão e nossa fé também é em vão." Johnny, quanto mais estudo e pesquiso este assunto, mais fico convencido de que por vinte séculos a fé de bilhões de pessoas tem sido em vão. Que nos pregaram a maior peça que jamais existiu na humanidade.

Não há provas corretas de qualquer tipo que demonstrem que Jesus tenha ressurgido dos mortos e que seja, como muitos querem crer, o Filho de Deus.

Johnny pegou um cigarro e acendeu-o. Quando acendeu seu pequeno isqueiro de ouro, foi como o disparo de um rifle no silêncio funesto que agora se instalara na platéia. Prossegui:

– Posso parecer presunçoso, até mesmo maluco, mas quem dera que eu pudesse passar uma semana lá, na mesma época em que situei minha Comissão Investigadora do Cristo, seis anos após sua crucificação. Tenho certeza de que poderia desvendar o que realmente aconteceu a Jesus durante suas últimas semanas de vida: as conspirações e seus principais responsáveis; os fatos que foram escondidos do povo; quem realmente roubou o corpo de Jesus e por que o fez e especialmente como a verdade, seja lá qual for, foi escamoteada de forma tão rápida, a ponto de não nos restar nada, a não ser boatos, por quase dois mil anos. É isso, Johnny.

– Certo – respondeu ele secamente, indicando a orquestra com um movimento de cabeça. – É mesmo.

Logo que começou a música, uma barra de chocolate que foi atirada do auditório aterrissou a meus pés. Daí uma maçã se espatifou contra a mesa de Johnny, e moedas começaram a ricochetear pelo palco, zunindo acima de nossas cabeças. Donna gritou e curvou-se em direção a Jimmy Stewart, escondendo seu rosto no peito dele. Um resmungo ameaçador borbulhava na multidão, e vi Freddy DeCordova fazendo sinais frenéticos às pessoas fechadas na cabine de vidro do engenheiro. Uma senhora gorda e grisalha pulou de seu assento na primeira fila, correu para a beirada do palco, e sacudiu seu punho gorducho para mim, enquanto gritava palavras que eu não podia ouvir devido ao clamor da multidão. Johnny, obviamente perturbado, virou-se para mim e disse:

– Para sua própria segurança, e de todos nós, por que você não se retira por aquela cortina ali, imediatamente!

Levantei-me e estendi-lhe a mão, mas ele fingiu não ver.

– E então? Como foi?

O mesmo chofer que havia me trazido voltava agora comigo ao Century Plaza.

– Que surpresa o senhor estar me levando de volta. Por um instante pensei que fossem me deixar a pé. . . no meio da estrada.

– Por quê? O que aconteceu?

Não respondi.

– O senhor não se apresentou no programa, Sr. Lawrence?

– Me apresentei. Como não?

– Beleza! Vou assistir o programa quando chegar em casa, hoje à noite. Minha mulher, Rosie, sempre fica toda assanhada quando vemos os convidados de Carson que levo em meu Cadillac. E quando ela souber que levei o senhor. . . pô!

Em frente ao hotel pulei fora e entreguei-lhe uma nota de vinte dólares.

– Obrigado pelas duas corridas agradáveis. E diga a Rosie que eu espero que ela não se decepcione muito comigo.

A entrada do hotel estava cheia de casais encapotados que saíam para jantar e para assistir a um *show*, ou então entravam para ir a uma das festas dos diversos salões de banquetes. No saguão um pequeno conjunto mexicano batalhava para ser ouvido, em meio ao falatório e às risadas constantes, que emanavam da parte mais afastada, o bar. Eu tinha certeza de que a última coisa que queria fazer no mundo era ficar sentado no quarto com pena de mim mesmo. Aproximei-me do balcão e deixei um aviso para me acordarem às sete e meia. Logo depois, desci pela escada rolante e busquei um cantinho sossegado, onde eu pudesse beber em paz. No andar de baixo encontrei uma cabine telefônica e usei meu cartão de crédito para telefonar para Kitty. Contei-lhe tudo que havia acontecido, tudo que eu conseguia me lembrar. De início ela só fez repetir:

– Mas como, Matt? . . .como?

– Pois é, Kitty – respondi com a voz rouca.

– Como é que você foi fazer uma coisa dessas? Por que não falou apenas do livro novo, exibiu seu charme e sua modéstia e não deixou Johnny o elogiando?

– Não sei. Há três semanas que só faço isso, e estava começando a me encher. Só quis animar um pouco o negócio, mas parece que meti os pés pelas mãos.

– Animar *um pouco* o negócio? Será que você tem idéia do que vai acontecer amanhã, quando isto aparecer nos jornais? Já posso até ver as manchetes: "Escritor mundialmente famoso nega a ressurreição de Cristo!" Todos os líderes de todos os grupos cristãos do mundo vão voar em cima de você! Vai haver demonstrações na porta do hotel muito antes de você colocar os pés fora da cama, amanhã de manhã. E espere até que seus queridos editores saibam das notícias. Aí é que a coisa vai ficar preta. Meu Deus, você vai ser o primeiro escritor a ter seus livros recolhidos!

– Não, não vou. Quatro livros de culinária foram recolhidos ano passado porque algumas das receitas tinham ingredientes nocivos à saúde.

– Isso é hora de falar em livro de receitas?

– Kitty, você está exagerando um pouco. Está ficando histérica por nada.

– Por *nada*?

– Olhe, já deixei um aviso na portaria para me acordarem cedo. Ia jogar golfe com Lemmon no Hillcrest. Em vez disso, vou tomar o primeiro avião e cair fora. Estou em casa antes do meio-dia. Ligo de Sky Harbor. Relaxe, tá? Eu a amo.

– Eu também o amo, seu idiota. Só não entendo como você pôde fazer uma babaquice dessas. É como se você tentasse, de vez em quando, destruir tudo aquilo que lhe custou muito trabalho para conseguir. Você está sempre desafiando o destino – se atirando do alto, se arriscando naquela lancha de corrida maluca, escalando aquela droga daquelas montanhas, . . . abusando da sorte. Faça-me um favor, por obséquio.

– Claro, qualquer coisa.

– Há muito tempo que você não bebe, graças a Deus. Só uma dose ou outra no jantar, ou então numa festa. Por favor, não vá afogar as mágoas na bebida esta noite.

– Prometo. Amo-a.

– Também o amo, Matt.

– Kitty?

– O que é?

– Só mais uma coisa.

– O quê?

– Não perca o programa de Carson hoje à noite. Os convidados são demais!

Desliguei. Fico aborrecido toda vez que ouço uma mulher dizer palavrão.

A cabine telefônica estava abafada. Enxuguei minha testa e me dirigi à sala de estar do Plaza, um salão chamado Granada Room. Olhei para o relógio. Faltavam quase três horas para o *Tonight Show*. Pedi minha bebida favorita, sentei num banquinho do bar, que aliás estava vazio, e me acomodei para assistir à televisão – um aparelho antigo e equilibrado acima das prateleiras de garrafas.

Como eu resolvi não exagerar na bebida, estava apenas no meu quinto uísque quando ouvi o grito de Ed McMahon: "E com vocês, Johnny Carson!" Daí fui me lembrar por que estava sentado sozinho em um bar, perto da meia-noite, um hábito que eu tinha perdido há muito tempo. Nesse momento, havia muitas pessoas barulhentas no recinto, e o bar estava lotado de vendedores de seguros, que deviam ter acabado de assistir a uma palestra sobre perseverança, no salão principal, porque tentavam de qualquer maneira se embebedar antes da "última chamada".

Nenhum dos vendedores prestava muita atenção ao monólogo de Johnny, nem às aventuras marítimas de Charles Nelson Reilly, nem aos objetos voadores não-identificados de Jimmy Stewart, enquanto bebiam cerveja e comparavam suas vendas. Só quando Donna Theodore começou a cantar é que o lugar ficou um pouco mais calmo, e podiam se ouvir os comentários desses cidadãos respeitáveis sobre Donna, comentários que teriam vergonha de repetir na frente de seus filhos.

Finalmente, em meio ao vozerio ouvi Johnny apresentando "uma das grandes autoridades criminalistas de todo o mundo, bem como o mais conhecido escritor de romances policiais vivo do século". Pedi outra bebida. Enquanto o *barman* me servia apontou para a televisão e exclamou:

– Aquele é o senhor, não é?

Naquele instante eu devia ter pago a conta e subido depressa para meu quarto para ver o resto do programa. Em vez disso, de burrice, fiz que sim com a cabeça e a notícia correu de boca em boca: aquele camarada que estavam vendo no programa de Carson estava ali sentado no bar. Tentei ouvir o que havia dito a Jimmy sobre os assassinatos de Houston, mas só consegui pegar pedaços, naquela barulhada toda. Aí vieram os comerciais, e percebi que estava ficando tenso, quando vi o cartaz "Estamos apresentando" a brilhar no vídeo.

Esperem até ver o resto, pensei eu.

Foi muito pior do que eu esperava. Quando finalmente revelei que não tinha conseguido encontrar nenhuma prova aceitável da ressurreição de Jesus, e que eu achava que bilhões de cristãos haviam sido tapeados durante vinte séculos, o câmara perversamente mostrou *closes* do meu rosto muito sério, e da expressão perplexa e reprovadora de Johnny. Mesmo algumas vaias e assobios foram captados pelos possantes microfones, antes que Doc Severinsen e sua orquestra piedosamente dessem fim à entrevista.

Após os três últimos comerciais, Johnny fez seu habitual encerramento, anunciando primeiramente os convidados da próxima noite. Daí o *cameraman* focalizou, um por um, Reilly, Stewart e Donna, enquanto o apresentador agradecia a cada convidado pela presença. Por fim apareceu uma cadeira vazia, a que eu havia ocupado antes da minha saída precipitada. Johnny balbuciou algo sobre a liberdade de expressão e o direito de todo americano expressar seu ponto de vista, por mais desagradável que seja, mas quando a platéia começou novamente a vaiar, ele sorriu meio sem graça e deu boa noite.

Eu havia me concentrado tanto no programa que não tinha percebido o silêncio profundo que reinava na sala. Havia agora um espaço bem amplo ao meu redor, como se de repente todos tivessem descoberto que eu era leproso. Estava pegando a conta no bar, quanto senti uma mão pesada em meu ombro e virei-me. Dei de cara com os olhos injetados de um homenzarrão de queixo quadrado, com um terno de *jeans*, de mangas arregaçadas. Ele cambaleava de um lado para o outro, mal se agüentando em pé. O sotaque era típico do Texas.

– Com licença, sô, mas foi o senhor que acabou de dizer todas aquelas besteiras sobre Jesus, e que todos nós, cristãos, somos uns imbecis por acreditarmos nele?

Durante minha vida de altos e baixos, já enfrentei algumas situações das quais fui capaz de escapulir quando a derrota era certa. Agora, desse confronto eu tinha certeza que não podia sair vencedor – nem escapar. Todos olhavam para nós, menos os dois *barmen*, que de repente, e em boa hora, haviam se lembrado de algo para fazer na extremidade oposta do bar.

Forcei um sorriso.

– Fui eu sim, mas. . .

O anel pesado, com monograma, que reluzia naquele punho do tamanho de um presunto, acertou bem em meu queixo. Senti que estava caindo, e creio que ouvi gritos de aprovação quando minha cabeça bateu no chão. . .

dois

O rosto velho, curtido, que me encarava tinha mais riscas do que um mapa geodético da América do Norte. Sua pele escura como uma casca de noz contrastava bastante com o cabelo prateado que lhe caía pelos ombros, e com a barba cheia, cuidadosamente aparada. De seu pescoço pendia um amuleto pesado, de ouro, que quase encostou no meu nariz quando o velho se abaixou para olhar-me nos olhos.

Abri a boca, mas minha voz parecia diferente.

– Quem é você? – disse com uma voz rouca e áspera. – Onde estou?

A resposta do estranho foi calorosa e amiga. Sua voz cheia e grave não combinava nada com aquela figura frágil de ancião.

– Meu nome é José, e estás em um sofá na sala de jantar de minha humilde morada. Bem-vindo, Matias!

Matias? Dádiva de Deus. Uma das muitas variantes de Mateus. Eu havia sido batizado com o nome de Matteo, como meu avô por parte de mãe, que era italiano. Mas sempre detestei o nome, e por isso desde pequeno todos me chamavam de Matt.

Como é que ele sabia o meu nome? O velho sorria, balançando a cabeça e estendendo-me a mão, convidando-me silenciosamente a sentar-me. Quando o fiz e olhei em volta quase perdi novamente os sentidos.

A sala em que estávamos faria juz a qualquer palácio do mundo. O teto era de veludo azul-escuro, e pequenos pedacinhos de ouro e prata simulavam as estrelas e os planetas do céu. O chão retangular era todo incrustado de pedrinhas multicores que formavam desenhos complexos. No centro do mosaico havia um pequeno poço onde jorrava água da boca de um leão de mármore, de tamanho natural. Ao redor do tanque oval havia jardineiras de prata, trabalhadas em alto relevo, que continham uma variedade de flores que eu desconhecia, com um aroma adocicado.

O ancião que dizia chamar-se José me observava, sem ocultar que estava se divertindo, enquanto eu girava minha cabeça, pasmado, e instintivamente continuava a olhar em volta. As paredes eram revestidas de madeira escura, provavelmente nogueira, e em cada uma delas havia um espelho de bronze e prata, impecavelmente polido. Sob cada espelho via-se uma mesa com incrustações de casco de tartaruga, onde havia entalhes que representavam figuras intrincadas de árvores e animais de marfim rosa claro. Em cada canto havia um braseiro de metal, de três pés, cheio de carvão. Da janela alta, a única no recinto, eu via os galhos mais altos de ciprestes, que se balançavam placidamente contra um céu turquesa e bronze.

Finalmente olhei para mim mesmo. O Omega de ouro e a grossa aliança de casamento haviam desaparecido. Toda minha roupa normal tinha sumido. Em seu lugar eu vestia uma túnica que ia até o joelho, possivelmente de algodão, amarrada na cintura com um cordão fino de couro. A túnica tinha do lado uma tira roxa, de aproximadamente uns dois centímetros e meio de largura, que ia do ombro até a bainha, tanto na frente quanto nas costas. Por baixo desta vestimenta simples eu usava uma tanga macia do mesmo material. No chão, ao lado do sofá luxuoso, havia um par de sandálias de couro.

Eu estava tão desorientado que tudo isso me parecia uma brincadeira. Era como se eu estivesse de repente levando um trote na faculdade, pagando na mesma moeda todos os trotes que tinha dado ao longo dos anos. Comecei a rir, um riso histérico, com certeza.

– Bom, José, se eu fui seqüestrado, vou lhe contar. . . a pessoa que está fazendo isto tem classe. Isso aqui é muito melhor do que ser preso no porta-mala de um carro.

– Mas não foste seqüestrado, Matias.

– Ah, não? Onde é que eu estou, então? Estou morto? Será que aquele palhaço me deu um murro tão forte assim? E se eu estou morto, onde é que eu estou? No céu ou no. . .?

– Não estás morto, meu filho.

– Por favor, não venha me dizer que eu estou de porre, e que estou imaginando coisas. Kitty me avisou para eu "maneirar", e eu até que me controlei. Será isso, José? Tudo não passa de um sonho?

A risada rouca de José reverberou no teto alto.

– Alguém de tua profissão adoraria responder-te esta pergunta.

– Alguém de minha profissão. . .? Quem?

– Samuel L. Clemens. Mark Twain, como preferia ser chamado. Ele escreveu certa vez que a vida não passa de uma ilusão, um sonho.

Abençoada seja minha memória enciclopédica.

– *O Estranho Misterioso!* Li há muito tempo atrás. Não foi Twain quem escreveu que tudo é um sonho – Deus, o homem, o mundo, o sol – e não existe nada a não ser um grande vazio? Que todos nós somos apenas pensamentos?

– Exatamente.

– Por favor, vamos esquecer os problemas de Twain e tratar dos meus. O senhor está me dizendo que eu não fui seqüestrado, que não estou morto e que isto não é um sonho. Então onde é que eu estou, e o que é que estou fazendo aqui? Alguém – algum de meus amigos – está fazendo uma brincadeira comigo? É isso! Lemmon está por trás disso, e desta vez ele realmente se excedeu! Estou no Caesar's Palace Hotel em Las Vegas?

Mais uma vez José riu até que seus olhos lacrimejaram, mas parou logo, ao ver que eu estava sério.

– Não, Matias – disse ele delicadamente. – Não estás em Las Vegas.

– Então, me diga, homem, onde é que eu estou e o que é que eu estou fazendo aqui?

José deu um suspiro alto e sentou-se em um banco de pedra perto do sofá, olhando fixamente para as mãos abertas, como se estivesse tentando ler suas próprias mãos. Falou tão baixo que precisei curvar-me para ouvir o que dizia.

– Meu filho, tudo é muito complicado e ao mesmo tempo muito simples. Pouco tempo atrás fizeste algumas afirmações muito sérias em um programa de televisão, que é assistido por milhões de pessoas.

De repente um calafrio! Pedras de gelo descendo pelas minhas costas. Cautelosamente indaguei:

– O senhor está se referindo à minha afirmação de que a ressurreição de Jesus não passa de uma farsa?

Seus doces olhos castanhos de repente irradiaram uma indisfarçável hostilidade.

– O mundo tem sido exposto a idéias como as tuas durante vinte séculos. Zombadores desde a época de Nero têm feito todo o possível para destruir a fé daqueles que escolheram acreditar em Jesus. Mas tu, Matias, por causa da época em que vives, és mais importante do que cem Neros. E por causa do espantoso progresso alcançado pelo homem, no campo da comunicação, não é exagero concluir que quando alguém tão famoso como tu se manifesta, como o fizeste pela TV, tuas palavras têm um impacto quase instantâneo no mundo inteiro.

– Que mal faz dizer a verdade, José? Shakespeare uma vez escreveu: "Enquanto viveres, dize a verdade."

– Excelente conselho de uma mente privilegiada. É claro que a verdade não faz mal a ninguém, meu amigo, pois é a base de todo o conhecimento e de todas as sociedades. É exatamente por isso que te encontras aqui.

Senti-me absolutamente desamparado.

– Eu não estou entendendo. Onde estou?

– Naquele programa, manifestaste um desejo específico, não é?

– É verdade, e muitas vezes tive aquele mesmo desejo, em momentos de frustração, quando, sozinho em meu escritório, tentava em vão juntar as peças deste quebra-cabeça que é a vida de Jesus, peças que simplesmente não encaixavam.

– E o que desejaste naquele programa?

– Desejei poder passar uma semana no mesmo local e na mesma época que descrevi em meu livro *A Ressurreição de Cristo:* Jerusalém, seis anos após a crucificação, com todas as testemunhas importantes ainda vivas e na cidade, para que eu pudesse interrogá-las e investigar. Disse que, se tivesse apenas uma semana, tinha certeza que poderia descobrir a verdade sobre Jesus, especialmente sobre os fatos ligados ao túmulo vazio. E daí?

O velho ergueu-se, avançou, e sem a menor cerimônia tomou meu rosto em suas mãos grandes e macias.

– Matias – disse ele com compaixão – teu sonho tornou-se realidade.

– O quê?

– Tu estás em Jerusalém. . . e o ano em que estamos, de acordo com teu calendário é 36 a.D., seis anos depois da crucificação de Jesus!!

Eu podia sentir o coração batendo com força no silêncio solene que sucedeu à declaração de José. O arpejo das gotas de água que caíam das mandíbulas imóveis do leão de mármore era o único ruído que se ouvia. Fitei, incrédulo, a face serena de meu anfitrião, buscando desesperadamente uma pista – uma sobrancelha ligeiramente erguida, um riso contido, um piscar de olhos – qualquer coisa que me garantisse que isto tudo fazia parte de uma brincadeira, ou mesmo de um pesadelo. Mas sim, eu me contentaria com um pesadelo.

– Eu estou apenas sonhando tudo isso, não é? – perguntei, sem muita convicção.

José virou de lado a cabeça, como se estivesse me dizendo que devia ter pensado duas vezes antes de fazer aquela pergunta.

– Matias, tu te lembras de algum sonho durante o qual *soubesses* que estavas apenas sonhando?

– Não lembro.

– É claro que não. O subconsciente é incapaz de racionalizar tanto.

– Mas isto é uma loucura completa! É impossível! – gritei, sentindo minha costumeira autoconfiança diminuir.

– Ora, vamos, és inteligente demais para fazeres um julgamento apressado, com tão poucas provas. Certamente nenhum dos heróis fictícios que criaste faria uma afirmação tão arbitrária, senão jamais teriam resolvido crime algum. E não foi Napoleão que disse que impossível é uma palavra que só existe no dicionário dos idiotas?

A essa altura eu já estava começando a raciocinar de forma mais coerente. Com essa última dele achei que o apanhara numa contradição.

– Como é que você pode saber quem é Napoleão, para não falar de Mark Twain e do programa de Johnny Carson, se estamos, como você diz, apenas no começo do século um? Você não está sabendo um pouco demais?

O velho bateu em meu ombro, em sinal de aprovação. Aí foi me explicando, pacientemente, como um professor camarada, falando com seu aluno preferido.

– Alguns de nós, talvez muito poucos, foram agraciados com o poder de transcender os limites do tempo e do espaço, sempre que isto é necessário, pelo bem da verdade. Para nós, não existe passado, nem presente, nem futuro. Ao invés disso, há um presente de coisas passadas, um presente de coisas atuais, e um presente de coisas futuras.

– Isto parece uma coisa que li nas *Confissões* de Santo Agostinho.

Mais uma vez ele bateu em meu ombro.

– Muito bem, Matias! Tens um campo de conhecimento maior do que eu podia imaginar. Aurélio Agostinho é um dos nossos. À sua maneira, ele prestou ajuda a várias das mentes mais brilhantes da humanidade e em sua luta contra as trevas da incerteza, por quase dezesseis séculos. Ele e eu somos dois dos mais antigos mensageiros, mas ainda conseguimos acender nossas velas.

Mensageiros? Velas? Dezesseis séculos? Seria uma alucinação? Será que eu enlouquecera totalmente depois do *Tonight Show*? Será que alguém tinha colocado uma droga em meu uísque, no bar? Ou será que eu tinha deslizado do mundo real para um mundo de aparições bíblicas – fantasmas com os quais eu lutara por tanto tempo para capturar nas páginas de meu manuscrito inacabado que eles é que agora tinham me capturado? Distraído esbocei o gesto de pegar um cigarro, mas detive minha mão antes de o completar.

José deu um risinho.

– Lembra-te, filho, estamos em 36 a.D. Mesmo os índios no teu hemisfério só irão adquirir o vício de fumar tabaco daqui a uns setenta anos, aproximadamente. E teus cigarros só evoluirão a partir dos charutos daqui a no mínimo mil e quinhentos anos. Infelizmente, meus poderes também têm suas limitações. Sou capaz de transportar apenas matéria viva no tempo e no espaço. Teus cigarros – acho que fumas Golden Light – bem como tuas roupas e objetos de valor permaneceram todos em teu quarto, no Century Plaza.

– Minha nossa! O que é que vai acontecer quando encontrarem todas as minhas coisas naquele quarto e nenhum vestígio de mim? E minha mulher? Quase me esqueci de Kitty. Ela vai ter um ataque!

– Não te preocupa com esses assuntos, Matias. Podemos fazer o tempo recuar, avançar, ou mesmo parar. Se tiveres sorte, poderás realizar o teu desejo, descobrir a verdade que procuras aqui, e ainda voltar ao teu quarto para o café da manhã. A menos que. . .

– A menos que o quê?

– A menos que, por qualquer motivo alheio a minha vontade, por acaso adoeças e venhas a morrer aqui, ou. . .

– Ou o quê?

Não gostei das alternativas que ele ia acrescentando.

– . . . ou alguém te assassine para evitar que descubras os fatos que procuras. Em qualquer um dos casos, infelizmente, teu corpo teria que permanecer aqui. Como já disse, só tenho capacidade de transportar matéria viva.

Essa era boa! Nascido em 1923, morto em 36. Eu precisava de tempo para entender essa. Estranho o ancião mencionar Mark Twain, que escreveu certa vez a história de um *Yankee* teimoso que levou um golpe na cabeça com uma barra de ferro, em Connecticut, no século XIX e foi acordar na Inglaterra do Rei Artur, no século VI.

– José – perguntei eu da forma mais casual possível – quem é você, afinal?

– Tu me reconhecerias pelo meu nome completo. Tenho certeza que te deparaste com ele com freqüência, durante os vinte anos que dizes ter dedicado ao estudo de Jesus. Chamam-me de José de Arimatéia.

Sem pensar, deixei escapar:

– O homem misterioso dos evangelhos!

José segurou nas dobras de sua túnica e me dirigiu um olhar carrancudo.

– Por que me chamas assim?

– Porque você é mesmo misterioso. Com certeza você deve estar ciente de que alguns dos homens mais inteligentes do mundo levantaram sérias dúvidas quanto a sua existência. Seu nome não aparece uma vez sequer nem em Mateus, nem em Marcos, nem em Lucas, nem em João, até a crucificação de Jesus. Aí então os quatro o apresentam em suas narrativas como o homem que vai até Pôncio Pilatos e pede a ele o corpo de Jesus morto, para enterrá-lo antes do pôr-do-sol, início do sábado. Inexplicavelmente, apesar de seu ódio por todos os judeus, Pilatos entrega o corpo a você após certificar-se de que Jesus está morto na cruz. Com a ajuda de outro homem misterioso, Nicodemos, você desce o corpo, prepara-o para o enterro e o coloca em um sepulcro próximo ao horto, que teria sido o seu. Aí você desaparece das páginas da história bíblica, para nunca mais ser mencionado. Isto, meu amigo, é o que eu chamo de um homem misterioso.

José deu de ombros e sorriu.

– Sou o próprio. . . e teu resumo breve de meus pequenos esforços é bem precioso.

– José, você sabe que grandes estudiosos da Bíblia nunca conseguiram nem localizar a área onde ficava Arimatéia?

– Os estudiosos da Bíblia se preocupam demais com isso. Minha terra natal e minha primeira morada foram as colinas de Efraim, Ramataim-Sofim, de onde surgiu o profeta Samuel.

– Então eles estão em sua maioria corretos ao situá-la no local que em minha época chamamos de Râmata ou Rama, dependendo da fonte.

– Não importa. Quase toda a minha vida passei aqui em Jerusalém, dirigindo e expandindo minhas inúmeras caravanas de comércio que agora se espalham por esta terra, da Capadócia ao Egito.

– José de Arimatéia, José de Arimatéia. . . é você mesmo? É verdade que eu estou aqui nesse lugar, conversando com o homem que enterrou Jesus?

– Podes acreditar, Matias. E estás aqui comigo, porque sou, por acaso, o único em toda Jerusalém capaz de ajudar-te a realizar teu desejo. Pelas tuas pesquisas e estudos deves saber que tenho boas relações e gozo da confiança não só de seguidores de Jesus mas também de autoridades romanas e judaicas. Todos eles devem-me um favor ou outro, e tendo a mim como teu amigo e guia eles ao menos te receberão e falarão contigo. Não posso garantir-te, porém, qualquer sucesso quanto à tua investigação. Isto ficará inteiramente sob tua responsabilidade, e dependerá de tua renomada competência.

Estiquei-me e toquei-lhe pela primeira vez a mão.

– Tenho muitas perguntas a fazer a você, José.

– Estou certo que tens. No entanto, não é melhor entrevistares tuas "testemunhas" na mesma ordem em que havias planejado fazer a Comissão Investigadora ouvi-las em teu livro? Imagino, por tua reputação, que deves ter uma razão lógica para apresentá-las a teus leitores em uma seqüência específica, não é?

— É verdade. Em meu rascunho, planejei dedicar cada capítulo do livro ao interrogatório de uma testemunha diferente, na mesma ordem em que estes indivíduos desempenharam um papel na vida de Jesus. Desta forma, quando o governador de Roma na Síria, Vitélio, estudasse mais tarde as transcrições das entrevistas, a fim de decidir qual o melhor curso de ação, seria como se ele estivesse lendo sobre Jesus do começo ao fim — juntamente com meus leitores, é claro. Era um mero recurso estilístico, mas teria sido um modo novo e diferente de relatar a história de Jesus.

O velho estendeu ambas as mãos, com as palmas abertas.

— Aí está. Creio que não gostarias de me interrogar até que tivesses indagado quase todos os outros. Eu entrei no palco quase por último.

— É verdade — concordei. — De acordo com meu rascunho, você teria aparecido bem perto do final para dar seu testemunho à Comissão Investigadora. . .

— És um homem esperto, Matias. Com teu talento e tua fama, aquele livro teria um efeito profundo sobre milhões de pessoas.

— Não depois do programa de Carson. O livro que eu queria escrever era muito mais do que eu era capaz de fazer. Meus primeiros anos foram árduos, e minha fé em Jesus me ajudou em alguns períodos realmente difíceis. Eu queria prestar uma homenagem a ele e a tudo o que ele significou para mim, mas sem aquelas frases água-com-açúcar comuns, de fé e adoração cegas, que enchem um livro atrás do outro; eu queria era a verdade. . . fatos, provas incontestáveis, mais fortes do que qualquer uma encontrada em minhas histórias de detetive, de que ele era realmente o Filho de Deus. Os três tribunos em minha história, com toda a sua capacidade, seu conhecimento e poder, planejariam abordar cada testemunha com perguntas duras e um interrogatório minucioso, até que uma delas cedesse, sob pressão, e confessasse estar envolvida na remoção do corpo de Jesus para que seus seguidores alegassem que ele teria ressuscitado dos mortos. Mas, de acordo com meu enredo, todos os esforços da comissão seriam em vão. Nenhum dos discípulos cederia sob pressão, e cada depoimento iria apenas reforçar os anteriores. Portanto, quando todos os fatos fossem comparados, a Comissão Investigadora seria forçada a concluir que, baseada nos fatos colhidos, Jesus efetivamente ressuscitou de seu sepulcro. Fim do livro.

José havia voltado para seu lugar no pequeno banco. Estudou-me por alguns minutos.

— O que é que não deu certo em teu plano?

— De início nada. Eu trabalhava numa revista em Chicago, ainda não tinha nem escrito meu primeiro romance policial, quando tive a idéia de *A Ressurreição de Cristo*. Comecei a estudar todos os livros que eu encontrava sobre a vida de Jesus preparando longas listas de perguntas que eu queria que os membros da comissão fizessem às testemunhas, tais como Pedro, Mateus, Tiago, Pilatos, Caifás e você.

O velho não tirava os olhos de mim, fazendo apenas vez ou outra um movimento afirmativo com a cabeça, para estimular-me a continuar, e para dizer que estava entendendo.

– Todas essas leituras e anotações consumiram três ou quatro anos, até que cheguei a duas conclusões assustadoras. A essa altura eu já tinha cadernos cheios de perguntas para meus tribunos fazerem a cada testemunha, mas na grande maioria dos casos não podia encontrar *nenhuma resposta* para essas perguntas, nenhuma explicação lógica, factual, que pudesse colocar na boca de minhas testemunhas para que meu livro tivesse o final que eu desejava. De vez em quando eu julgava achar algo em um livro que daria uma explicação lógica de alguma pergunta desafiadora, mas depois encontrava outro estudioso que discordava inteiramente do primeiro. O estudo dos quatro evangelhos me colocou num beco sem saída. Incongruências por todos os lados. Não coincidiam nem em relação à hora em que Jesus morreu! Li Voltaire e descobri que ele batalhou contra o mesmo problema. Continuei pesquisando e estudando, e para variar um pouco as atividades escrevi meu primeiro policial. Tornou-se um *bestseller* tão famoso que pude pedir demissão do emprego e passar todo o meu tempo escrevendo. Isto me proporcionou mais tempo para trabalhar em *A Ressurreição de Cristo*. Lá pelas tantas, disse a mim mesmo, tinham que aparecer as respostas; eu rejeitava por completo a idéia de que tinha que aceitar muitas coisas pela fé apenas. Como é que eu passava semanas, até meses, estudando todos os fatos e detalhes específicos antes de comprar um carro, um cavalo, ou uma câmara fotográfica, e deixaria a coisa mais importante da minha vida por conta de uma fé cega? Aquilo me parecia ridículo. E ainda parece. Talvez essa fosse minha fraqueza – um São Tomé moderno, que queria acreditar mas que necessitava de provas. João cita as seguintes palavras de Jesus: "Se não virdes milagres e prodígios não creiais" Era a mim que Jesus estava descrevendo. . . e eu ainda me sinto assim.

Disse José:

– Matias, disseste que chegaste a duas conclusões assustadoras. Quais são?

– A primeira foi a mais dolorosa. No final percebi que *jamais* encontraria fontes que pudessem me fornecer respostas aceitáveis e lógicas para muitas das perguntas que eu queria que a Comissão Investigadora levantasse. E a segunda conclusão foi que a única maneira possível de terminar meu livro era publicá-lo como mais um ataque a Cristo, coisa que eu jamais seria capaz de fazer.

– Por que não?

– Minha mãe, que Deus a tenha, era uma mulher muito devota. Apesar de ela estar morta, eu a amava tanto que não queria denegrir sua fé. E eu jamais tinha dado a entender ao público que tinha esse tipo de dúvida até que fui levado àquele programa dos infernos.

O olhar de José parecia distante. Balançou a cabeça e disse:

– Diga-me, Matias, quais eram algumas das perguntas que se tornaram empecilhos tão graves para ti?

– Ah, José, havia centenas delas – exclamei.

– Por exemplo?

– Vamos lá. Se Jesus havia mesmo dito aos discípulos que ia morrer e depois ressuscitaria dos mortos, por que fugiram quando ele foi preso no horto, e por que estavam tão espantados quando Maria Madalena veio dizer-lhes que o sepulcro estava vazio? Se Jesus sabia que sua missão na terra era sofrer e morrer pelo povo, como é que perguntou a Deus, da cruz, por que ele havia sido abandonado? Quando Jesus entrou em Jerusalém naquele domingo antes de sua morte, havia de fato grandes multidões para saudá-lo, e, se isso é verdade, por que as autoridades romanas permitiram uma manifestação potencialmente tão perigosa? A mesma pergunta se aplica ao templo, quando ele virou as mesas dos vendilhões. Será que ele podia ter feito uma coisa dessas, ter ido embora e voltado no dia seguinte, sem ter sido preso pela polícia? Quer mais?

José fez que sim com a cabeça.

– Se João Batista reconheceu Jesus como o "Cordeiro de Deus", por que os seguidores de João continuaram separados, após Jesus ter supostamente ressurgido dos mortos? O que de fato aconteceu no sepulcro no domingo de manhã? Um anjo falou mesmo com Maria Madalena? E se não falou, como surgiu a história? Em Cesaréia de Filipe, foi Pedro que finalmente espalhou a idéia de que Jesus era o Messias? E por que os seguidores de Jesus diminuíam em número à medida que o tempo passava? Por que ele não realizou mais milagres em Jerusalém, uma cidade maior, onde mais pessoas os teriam presenciado? O que Jesus queria dizer com "Reino de Deus"? Se a multidão de fato acreditava que Jesus era o Messias, como é possível eles terem deixado crucificá-lo, quando demonstraram estar dispostos a morrer por causas menores no passado? Já chega?

José fez que não com a cabeça.

– O que faria um homem que havia sido tão íntimo de Jesus, por tanto tempo, voltar-se contra ele e traí-lo? Teriam os discípulos inventado a farsa da ressurreição para conservar suas posições e o apoio do povo? Jesus estava mesmo morto quando foi retirado da cruz, ou apenas em coma?

O velho ia responder a última pergunta, mas permaneceu calado.

– Quais foram as acusações pelas quais Jesus foi condenado à morte? Será que havia um conchavo entre o sumo-sacerdote, Caifás, e Pôncio Pilatos, e ambos colaboraram para encobrir os fatos posteriormente? Quando Jesus enviou os doze apóstolos para anunciarem que o Reino dos Céus estava próximo, disse a eles que o filho do homem viria antes que eles tivessem completado sua viagem? E se disse, como eles se sentiram quando voltaram de sua missão e viram que nada havia mudado? Por que Mateus, Marcos e Lucas omitiram um fato tão impressionante quanto a ressurreição de Lázaro em seus escritos? Os judeus esperavam que o seu Messias fizesse milagres? Por que a família de Jesus o ignorou durante a sua vida pública? Por que Jesus foi o único a ser preso e julgado? O que aconteceu com a multidão, na manhã de seu julgamento perante Pilatos, para que ela pedisse que Jesus fosse executado e Barrabás solto. . .?

O velho levantou ambas as mãos, dando-se por vencido. Seus olhos estavam úmidos, e ele limpou a garganta várias vezes antes de falar.

– Matias, agora eu posso entender por que teus livros são tão famosos. Não tenho tanta certeza de que poderás encontrar resposta para todas as perguntas que levantaste, mesmo se passasses uma eternidade aqui.

– José, encontrar respostas para todas as perguntas não é mais o que me interessa. Acho que o assassinato de nosso Presidente Kennedy me fez entender finalmente que se os homens mais brilhantes da era moderna, com todos os seus dispositivos técnicos, não conseguem descobrir por completo a verdade acerca de fatos que aconteceram há apenas alguns anos atrás, perante centenas de testemunhas, como é que eu posso esperar encontrar explicações objetivas de fatos ocorridos há dois mil anos atrás? Depois de todos esses anos, a chave para eu terminar o manuscrito de *A Ressurreição de Cristo* se reduziu à tentativa de descobrir a resposta para apenas uma pergunta. Se eu conseguisse encontrar uma resposta que me satisfizesse as outras perguntas deixariam de me preocupar.

– Só uma pergunta? – José franziu as sobrancelhas.

– É, uma. Se eu encontrasse a resposta, poderia acabar o livro.

– Dize-me qual, Matias, por favor.

– Eu concordo com Paulo, que foi direto ao assunto, dizendo: "Se Jesus não ressuscitou, então nossa pregação é em vão e nossa fé é em vão." O desejo que expressei no programa de Carson deriva da afirmação de Paulo – e você tem que admitir que milhões de pessoas compartilham desse mesmo sentimento, mas jamais admitiriam ter suas dúvidas. José, se eu pudesse me convencer de que ninguém retirou o corpo de Jesus do sepulcro, do *seu* sepulcro, e que portanto ele realmente ressurgiu dos mortos, todas as outras perguntas se tornariam irrelevantes.

José parecia aliviado. Dirigiu-se rapidamente a uma mesa de canto, onde tocou um pequeno sino de vidro. Imediatamente surgiu um criado na porta, carregando uma bandeja de prata com um cantil de vinho branco e dois copos de pé. O velho serviu o líquido com cuidado, colocou um copo cheio em minha mão, tocou com seu copo o meu e levantou sua bebida à altura da cabeça.

– Que a verdade te liberte, meu filho. Tenho algo muito especial para te mostrar, mas primeiro vamos fazer um brinde ao teu sucesso. Durante os próximos dias estarei sempre a teu lado, atuando como teu guia e confidente. No entanto, terás que escolher o caminho. Os resultados que conseguires na tentativa de solver o que é sem dúvida o maior mistério da história da humanidade dependerá exclusivamente de tua própria capacidade, de teu conhecimento e de tua habilidade em examinar com minúcia as provas e os testemunhos. Ficarei por perto apenas para proteger-te e aconselhar-te, da melhor forma possível, caso haja necessidade.

Bebemos nosso vinho em silêncio por vários minutos. Então ele disse:

– Eu não te invejo, Matias. Sobre teus ombros pesa uma responsabilidade maior do que podes imaginar.

Baixei meu copo e olhei de forma indagativa para o velho. Ele deu de ombros e sorriu, divertindo-se, aparentemente, com minha expressão de espanto.

– Ainda não percebeste, Matias, que te tornaste, sozinho, a força que criaste em tua cabeça há vinte anos passados?

– Não estou entendendo. O que você quer dizer com isso, José?

– Tu, meu filho, és agora. . . a Comissão Investigadora do Cristo!

três

Antes que tivéssemos terminado nossos copos, o som distante de uma fanfarra de trombetas interrompeu nossos brindes. José colocou sua taça pelo meio na bandeja e disse:

– Calça tuas sandálias e vem comigo, Matias. Prometi mostrar-te algo muito especial.

– São as sete trombetas de prata, não é? – perguntei. – São tocadas no templo quatro vezes ao dia, para avisar que todos os fiéis devem parar por um momento para orar e refletir.

– Pesquisaste bem, caro amigo. Vem.

Quando nos aproximamos de uma porta que dava acesso a um longo pórtico coberto de trepadeiras, o velho virou-se para mim, os olhos brilhando de prazer.

– Por obséquio, fecha teus olhos e dá-me tua mão para que eu possa conduzir-te, e por favor matenha-os fechados.

Obedeci, e com minha mão na sua fomos avançando vagarosamente.

– José, isto me faz lembrar de outros tempos – disse a ele. – Eu e minha mulher costumávamos fazer isso com nossos dois meninos na manhã de Natal, quando eles eram pequenos. Nós os levávamos assim até a sala de estar e os colocávamos bem em frente à árvore, cheia de presentes, todos lindamente embrulhados por Kitty. Nosso maior presente de Natal era ver aquelas carinhas de surpresa e alegria quando mandávamos que abrissem os olhos. Se Deus quiser, daqui há pouco estaremos fazendo isso de novo com nossos netos.

– Tu me surpreendes, Matias.

– Como assim?

– Desde já começas a pensar em celebrar o nascimento de Jesus, apesar de tuas dúvidas pessoais e declarações públicas.

– Bem, é que o Natal se tornou apenas um feriado alegre em nosso país. Agora, as pessoas de todos os credos se reúnem, ao menos para trocar presentes. Excluindo uma ou outra canção de Natal bem antiga, é raro se ouvir o nome de Jesus, naquela confusão de milhares de pessoas fazendo compras nos magazines e caixas registradoras que não param de tinir.

– Sim, eu sei – disse ele, triste.

Logo senti um ar quente em meu rosto, e sabia que estávamos no sol, pois a luz que atravessava minhas pálpebras tornou-se alaranjada e mais forte. Resisti à tentação de dar uma olhadela e continuei de olhos fechados mais um bom pedaço, até que José disse:

– Agora podes olhar, Matias.

De início, aquele sol forte de deserto me cegou. Depois não pude conter uma exclamação de assombro. Da mansão de José descortinava-se toda a Jerusalém da época de Jesus, espalhada pelo planalto escarpado e íngreme de calcário, cuja superfície irregular estava muito acima do deserto barrento e ondulado. Tentei sorver a paisagem de uma só vez: os palácios vizinhos, os vales de terra roxa, as choupanas de calcário, ao longe, cujos telhados encostavam uns nos outros, as estradas estreitas e os becos apinhados, e o telhado de ouro, ao longe, que de imediato reconheci como sendo do grande Templo.

Não sei por quanto tempo apreciei a paisagem, até que ouvi a voz de José.

– Bem, o que achas da cidade de Davi?

A princípio eu não conseguia emitir uma palavra, nem tirar os olhos do panorama que se descortinava diante de nós. Meus olhos passavam de uma elevação a outra, seus tanques azuis, torres de pedra, jardins com muito verde, telhados de telhas vermelhas, muros de mármore e torres amarelas, construções de calcário, fileiras infindáveis de palmeiras e ciprestes. Finalmente perguntei, atordoado:

– Por que eu, José? Com tantas pessoas realmente santas e crentes em todo mundo, que dariam suas vidas para olhar apenas por um minuto o que estou vendo agora. . . por que eu?

Meu anfitrião virou-se e deu vários passos em direção à mansão. Depois olhou por cima do ombro e disse:

– Talvez algum dia entendas. Por ora devo deixar-te sozinho com Jerusalém e teus pensamentos.

Sozinho com Jerusalém? Se isto era mesmo um sonho, eu havia mudado de idéia. Agora o escritor que havia em mim não queria acordar. Desci os degraus de pedra alaranjada passando por canteiros de gladíolos e anêmonas, até que encontrei um banco de mármore de onde se avistava toda a cidade. Aí sentei-me com a mão no queixo, lutando para compreender o milagre que se apresentava a meus olhos.

A cidade era pequena, menor do que eu havia imaginado, apesar de já ter lido que ela cobria apenas cerca de doze hectares no século I. Para um estranho como eu, vendo-a pela primeira vez, Jerusalém parecia um forte invulnerável, cercado de muralhas maciças cor de terracota com imensas torres, lançando suas sombras bem no fundo de fossos naturais, formados por um vale ao leste e outro ao oeste e sul. Ainda assim, como eu sabia bem devido a minhas pesquisas, nenhuma barreira, natural ou construída pelo homem, jamais havia conseguido conter as infindáveis tropas de inimigos e caravanas de devotos que lá chegavam, quer para destruir, quer para honrar o santuário de Javé, Deus de Israel e também, de acordo com os antigos profetas judeus, Deus de todo o universo.

Sob minhas sandálias, a terra fina de Jerusalém, com faixas de pedra-de-fogo amarelada, tinha tons de rosa, ferrugem e fucsina. Se não era devido ao seu rico conteúdo de ferro, era por causa do sangue constantemente derramado sobre esta terra torturada, desde que Davi, com o auxílio de Joabe, havia tomado a cidade dos jebuseus, conquistando-a para seu povo, os israelitas, muitos séculos antes da fundação de Cartago e Roma.

Muitas cidades do mundo, já reparei, têm um som distinto, todo seu, e o mesmo acontecia com esta – um murmúrio gutural, porém abafado, freqüentemente interrompido por um grito, pelo barulho de rodas de madeira que se sacudiam sobre as pedras arredondadas do calçamento ou pelo tanger de um sino, que ascendia no ar poeirento. Não foi difícil para mim, sentado ali, meio encantado, meio perplexo, fazer voltar à mente a história surpreendente desta terra conturbada que eu vinha estudando há tanto tempo.

Por duas vezes o Rei da Babilônia Nabucodonosor II havia capturado e saqueado Jerusalém, e seu segundo saque reduziu a cidade a "um deserto de espinhos e sarças", no dizer de Isaías, as muralhas e o magnífico templo construído por Salomão, filho de Davi e Betsabá, reduzidos a escombros. Todos os cidadãos, menos os pobres e os doentes, haviam sido acorrentados e levados para uma terra estranha e pagã, onde sofreram a humilhação e a perversidade do cativeiro por mais de meio século, até que Ciro, o Grande, rei da Pérsia, derrotou os babilônios e permitiu que os judeus, que não haviam esquecido de sua terra destruída, e seus descendentes regressassem para lá.

Com o tempo, as ruínas que haviam sido habitadas por feras e invadidas pela vegetação foram substituídas por novas edificações, incluindo um templo pequeno e de pouca expressão. Os mais velhos, que se recordavam da elegância e da glória do Templo de Salomão, choraram, envergonhados, quando sua nova casa de culto ficou pronta. No reinado de Neemias, as muralhas da cidade foram reconstruídas, e aos poucos o moral do povo foi reanimando, juntamente com sua fé de que a abóboda celestial de Deus ainda pairava exatamente sobre a humilde morada dos judeus.

Jerusalém, segundo narra a história, sofreu um novo ataque dos incansáveis exércitos de Alexandre Magno, que tomaram aquela terra indefesa após derrotarem a Pérsia e a Síria, quando a caminho do Egito. Mais tarde, um antigo general de Alexandre, Ptolomeu I, que havia sido eleito por seu superior como monarca e protetor do Egito, retornou a Jerusalém após a morte de Alexandre para saquear novamente a desventurada cidade, desta vez para anexá-la a seu império ainda em formação.

O imperador sírio Antíoco III, o Ilustre, foi o próximo a sujeitar Jerusalém à opressão estrangeira, e um verdadeiro clima de terror se instalou com a subida ao trono de seu sucessor, Antíoco Epifânio, cujo objetivo era exterminar de uma vez por todas a religião judaica. Quase o conseguiu, forçando sacerdotes do Templo a queimarem porcos doentes e asquerosos em seu altar sagrado, dando ordens para que fossem destruídas todas as cópias das escrituras e leis judaicas e tornando a circuncisão e a observância do sábado crimes cuja punição era a morte.

Ainda assim, os judeus resistiram, sofrendo todo tipo de degradação nas mãos do déspota sírio, até que este foi longe demais e mandou destruir o altar em que faziam sacrifícios. Na revolta que se seguiu, um grupo numeroso de corajosos voluntários, dispostos a perder a vida, sob o comando de Judas Macabeu e de seus irmãos, que assumiram a liderança quando ele tombou, conseguiram uma independência sangrenta para seu povo, uma liberdade que durou apenas até que uma nova potência o dominasse — Roma.

Quando César nomeou Herodes, o idumeu desprezível do sul, rei de toda a Judéia, o povo de Israel mais uma vez se rebelou, recusando-se a reconhecer e prestar homenagem a este gentio que se dizia um deles. Novamente a cidade foi sitiada, e os exércitos de Herodes mataram milhares de pessoas de todas as idades, incluindo o reverendíssimo sumo sacerdote e líder, Antígono. Depois de três meses os sobreviventes famintos, capitularam.

Herodes, o Grande, governou com astúcia, abusando da força, por trinta e três anos. Impôs a seus súditos taxas com que eles mal podiam arcar, a fim de agradar Roma com a construção de grandes teatros, hipódromos, viadutos, palácios de mármore e ouro por toda a nação para deixar patente sua liderança suprema. Tomou também dez mulheres em matrimônio, e assassinou sete membros de sua família, incluindo três filhos. Mantendo-se fiel à lei hebraica, pelo menos em público, Herodes se abstinha de comer carne de porco, o que deu origem ao dito de que era mil vezes melhor ser porco na corte de Herodes do que ser seu próprio filho.

Quando a mente e o corpo doentios do tirano finalmente expiraram, aos 69 anos, os judeus comentavam aos cochichos que ele "havia se apossado do trono como uma raposa, reinado como um tigre e morrido como um cachorro". Um de seus últimos atos infames, bastante condizente com seu caráter, fora a ordem de matar todas as crianças do sexo masculino, com menos de dois anos de idade, residentes na minúscula aldeia vizinha de Belém e suas adjacências. Ouvira rumores de que lá nascera uma criança destinada a guiar o povo, segundo uma profecia judaica, e isto o preocupara.

Agora Herodes ao pó voltara, bem como seu César, seu "anjo da guarda", e o novo imperador de Roma, Tibério, havia dividido a pequena nação entre dois dos filhos de Herodes que haviam sobrevivido e um governador ou procurador romano – na época, Pôncio Pilatos. Os três tinham bastante liberdade para governar seus domínios, mas todos sabiam muito bem que seus atos estavam sempre sob o olhar vigilante do poderoso governador da Síria, Lúcio Vitélio.

Este havia me fascinado desde que eu começara a trabalhar no meu livro. Severo e competente, eu o havia escolhido logo como a pessoa mais indicada para desempenhar o papel do líder que não teria hesitado em convocar um grupo de tribunos para conduzir interrogatórios secretos sobre as atividades de qualquer um que ameaçasse a paz romana; nem mesmo um pregador crucificado, de Nazaré, e seus seguidores, que inexplicavelmente estavam se multiplicando apesar da morte de seu líder.

Lúcio Vitélio não era apenas governador da Síria, mas também a maior autoridade de toda a parte oriental do vasto Império Romano. De seu quartel-general, na Antióquia, ele comandava quatro das vinte e cinco legiões romanas, e apenas a Tibério tinha que prestar contas sobre a manutenção da paz e a estabilidade da Síria e de suas fronteiras, bem como dos três milhões de judeus ao sul.

Pôncio Pilatos, quinto procurador romano das províncias da Judéia, Iduméia e Samaria, não parecia muito preocupado com a crescente ameaça à sua autoridade representada pelas multidões de rebeldes em potencial que rapidamente se multiplicavam em Jerusalém e seus arredores e que diziam chamar-se cristãos. Por outro lado, seu superior, Vitélio, percebendo que o ônus maior da responsabilidade pela ordem recaía sobre seus ombros, não teria tido constrangimento algum em resolver o problema ele próprio, a fim de saber, através da comissão pessoalmente selecionada por ele, tudo quanto era possível sobre Jesus e a possível farsa engendrada por seus seguidores de que ele havia ressurgido dos mortos.

Após uma longa e honrosa carreira, Lúcio Vitélio morreu vítima de uma paralisia em 52 a.D., felizmente muito antes de seu filho único, Âulo, tornar-se imperador de Roma a 2 de janeiro de 69 a.D. Áulo não era como o pai, e depois de apenas alguns meses no trono foi arrastado pelas ruas de Roma por tropas de Vespasiano e atirado no Tibre.

A voz de José me assustou.

– Por que ris, Matias?

O velho se aproximara tão silencioso que eu não havia reparado. Balancei a cabeça.

– Eu estava pensando em um imperador romano que foi arrastado pelas ruas.

José franziu a testa.

– E achas isso engraçado, Matias?

– Não, não. Acho graça apenas do absurdo da minha situação, uma vez que este fato só vai acontecer daqui a trinta e três anos, se estamos mesmo, como você diz, no ano 36 a.D. Eu juro que seria capaz de lhe contar seu próprio destino, caso encontrasse com o jovem. Quer dizer, aconselhá-lo a abdicar do trono quando crescer. . . e a ficar bem longe de Roma.

José ignorou minha leviandade.

– Toma muito cuidado com isso, meu filho – avisou ele. – Munido como estás de conhecimentos históricos acumulados durante vinte séculos, és capaz de prever o destino de quase todos aqueles que encontrares. E também podes prever o futuro da cidade. Vais precisar de muito tato e muito cuidado ao entrevistares as testemunhas. Bastará uma palavra e terás destruído toda tua missão, entendes?

– Agora entendo. Não tive muito tempo para pensar nisso.

– Compreendo. – Deu um tapinha de leve em minha cabeça. – Bem, isso aqui é tudo o que esperavas que fosse? – perguntou ele, apontando com ambas as mãos para a cidade.

– É muito mais do que eu esperava. Agora entendo porque os discípulos exclamavam: "Vejam que tipo de pedra e que construções cá existem!" Mesmo assim, José, tudo me parece muito familiar. Estudei tantos mapas e desenhos de Jerusalém do tempo de Jesus, a fim de tornar meu livro o mais autêntico possível, que eu talvez fosse capaz de andar pela cidade quase tão bem quanto você.

O velho jogou a cabeça para trás e arqueou as sobrancelhas.

– Vê como um pouco de cultura torna as pessoas pretensiosas. Veremos se não é apenas presunção. Como foste capaz de deduzir, certamente, pela altura do sol que ora se põe, esta mansão localiza-se na parte alta da cidade, perto do extremo sudoeste. Ao sul, do outro lado da muralha, há um vale profundo, como podes ver. Dize-me, como se chama este vale?

Sem hesitar, respondi:

– O vale de Josafá, às vezes chamado de "Geena" ou "Inferno", porque antigamente queimavam-se crianças lá em holocausto. Mais tarde tornou-se depósito de lixo permanente, sempre em chamas.

– Excelente! E logicamente reconheces aquela construção magnífica com telhado de ouro e alabastro no alto daquele morro, do outro lado da cidade?

– É claro! O grande Templo dos judeus. Fica no Monte Mória e foi o legado supremo de Herodes ao povo, cujo amor e respeito ele nunca recebeu. Mais de dez mil engenheiros e operários trabalharam arduamente, dia e noite, durante as primeiras etapas da construção, e perto de mil sacerdotes receberam um treinamento especial na arte de gravar a pedra, de modo que apenas suas mãos sagradas tocassem o mármore e a argamassa que no final formariam as alas internas e o altar, lugares sagrados. Se estamos realmente no ano 36 a.D., ele já está em construção há mais de cinqüenta anos. Daqui a trinta e quatro anos, logo depois de terminado, será inteiramente destruído por Tito e suas legiões romanas, depois de sufocada a rebelião judaica em setembro de 70 a.D.

José estava furioso.

– Matias, tu não podes fazer isso! Deves te precaver muito para não deixar vir à tona teu conhecimento do futuro e usá-lo para profetizar. Isto te trará problemas para os quais não haverá salvação.

Não consegui me conter:

– Jesus também profetizou a destruição do templo e isto lhe trouxe problemas também.

O velho trincou os dentes. Deu as costas para mim e apontou.

– Além do templo e do lado fora da cidade, para o leste, há um morro coberto de árvores. Como se chama?

– O Monte das Oliveiras, separado da cidade pelo Vale do Cedron. O Horto Getsêmani fica ali; foi lá que Jesus foi preso naquela quinta-feira. . .

– À esquerda, ao norte do templo e quase pegado a ele: o que é aquela construção?

Finalmente havia um tom de admiração em sua voz. Com a mão protegi meus olhos da luz, na direção em que ele estava apontando e disse:

– Aquela monstruosidade era originariamente chamada de Baris e foi construída pelos macabeus para defender a cidade. Herodes transformou-a em um suntuoso palácio e deu-lhe um novo nome: Antônia, em homenagem a seu poderoso amigo dos velhos tempos, Marco Antônio. Agora é uma fortaleza romana, sob o comando de Pôncio Pilatos, ocupada por aproximadamente uns mil soldados, responsáveis pela manutenção da lei e da ordem aqui. O quartel-general de Pilatos fica na Cesaréia, mas ele geralmente vem à Antônia para os feriados judeus mais importantes, trazendo com ele mais soldados para policiar o número cada vez maior de peregrinos, que geralmente se investem de um entusiasmo patriótico durante as festas sagradas. Foi ao pátio da Antônia, no amplo adro externo, que Jesus foi trazido perante Pilatos para ser julgado na manhã de sua crucificação.

José balançou a cabeça, concordando, e apontou a área ao sul do templo, onde pairava permanentemente uma fumaça negra sobre os telhados de sapé e as ruas apinhadas de gente.

– E como se chama aquela área?

– A cidade baixa. O bairro pobre, onde dois terços da população de Israel lutam para sobreviver, como os pobres de qualquer cidade, em qualquer época. Um lugar onde proliferam a doença, o crime, o vício e a violência. Mais da metade das crianças que nascem lá morrem no parto, poucas das que sobrevivem conseguem escapar da miséria, atravessar aquelas pontes e finalmente tornarem-se habitantes desta cidade alta.

– Vês aquele vale que separa a cidade alta da cidade baixa, e que se estende do norte ao sul? Por acaso sabes como se chama? – perguntou o velho, olhando-me com curiosidade.

– Sei, chama-se Vale de Ennon, mas as pessoas que moram lá o chamam de Vale de Tofet. Tudo, desde lixo até corpos, é atirado ali, e aquela fumaça que vemos vem do pântano, que exala seu fedor pútrido por toda a cidade baixa, dia e noite.

José concordou.

– Apesar de tua descrição, infelizmente bastante exata, Matias, não há qualquer coisa naquela área que atrai os peregrinos que vêm a Jerusalém?

Tentei não rir das palavras de José.

– Ah, quase esqueci. Por razões que nunca pude entender, o mercado mais sortido de toda a civilização localiza-se bem no centro daquela imundície. Centenas de lojas e bazares estão instalados ali, além de inúmeros restaurantes bons, todos eles freqüentados principalmente por aqueles que vêm de longe para adorar no Templo.

Identifiquei rapidamente o hipódromo, o teatro, o palácio onde Herodes Antipas ficava quando visitava a cidade e o Poço de Siboé. Desapontado, ele no final me pegou pelos ombros e virou-me para o norte.

– E que lugar é aquele, Matias?

– Aquela imensa propriedade era a residência de Herodes, o Grande.

O muro que circunda as construções tem mais de treze metros de altura. Em uma ala do palácio há no mínimo cem quartos, para os convidados de Herodes, cada um deles com um *toilette* próprio, com peças de ouro e prata. Aquelas três torres foram construídas para defender o palácio. Cada uma delas se eleva a 20 metros de altura acima da muralha e é capaz de abrigar uma companhia inteira de soldados.

Uma expressão malandra surgiu no rosto do velho.

– Herodes deu um nome a cada torre, Matias. Tua pesquisa extensa não incluiu, por acaso, o nome delas?

Parei, tentando avivar a memória. Se isto era o "Céu é o limite" mais estranho de todos os tempos, eu queria vencer. Respondi vagarosamente:

– Uma se chama Hípico, em homenagem a um amigo de Herodes. A outra é Fasael, homenagem a seu irmão, e a terceira é. . . é. . .

– Aha! – gozou José.

– A terceira é Mariamne! Homenagem à esposa que ele dizia ser sua favorita, mas que mesmo assim mandou executar.

O velhinho não desistia facilmente. Conduziu-me pela parte baixa do jardim, ficamos de frente para o sul. Lá embaixo, ligeiramente à nossa direita, ficava uma construção bastante feia e diferente de todas as graciosas construções vizinhas, pois tinha dois andares.

– A quem pertence aquilo? – perguntou José, no tom calmo de um bom jogador de pôquer.

Eu teria que dar um tiro no escuro, porque não estava bem certo, mas a essa altura percebi que não havia muitos outros marcos significativos sobrando. Num tom muito confiante, respondi:

– Aquela é a casa de Caifás, o sumo sacerdote dos judeus, o lugar para onde Jesus foi finalmente levado depois de preso para ser julgado pelo Sinédrio. E aquele pátio externo é o lugar onde Pedro foi reconhecido, enquanto se aquecia ao pé do fogo durante o julgamento de seu mestre, lá dentro. Foi lá que ele negou Jesus três vezes, como Jesus previra. . . antes que o galo cantasse.

– Mais uma! – exclamou o velho, como se estivesse se preparando para arriar um *four* de ases. Apontou para além da casa de Caifás, um lugar ao pé do morro: uma residência bem menor, perto da muralha ao sul, também de dois andares, onde um jovem parecia estar serrando madeira perto da entrada dos fundos. Decidi arriscar. Como eu já acertara tudo, podia me dar ao luxo de errar uma vez.

– Foi lá que Jesus e seus discípulos celebraram sua última páscoa, antes de Jesus ser preso. Na sala de cima, ali, na quinta-feira à noite, ele fez sua última refeição na terra.

José fechou os olhos. Seus lábios se moviam como se rezasse. Então, com seus olhos ainda fechados, ele sussurrou:

– E aquele rapaz? Quem é ele?

Agora as lágrimas rolavam por minha face abaixo, lágrimas que eu não conseguia entender de onde vinham. Porém eu *sabia* quem era aquele rapaz.

– Ele mora naquela casa com sua mãe, Maria, uma viúva rica. Seu tio é Pedro, e mais tarde, após muitos julgamentos e atribulações, ele vai escrever a primeira história da vida de Jesus. Eu já li suas palavras e as esmiucei centenas de vezes nos últimos vinte anos. Seu nome é Marcos – João Marcos.

Abraçamo-nos pela primeira vez e nos dirigimos lentamente para casa, sem dizer uma palavra.

Depois de terminarmos nosso jantar – perdiz tenra e lentilhas, com cerveja fresca do Egito – perguntei:

– O que vamos fazer agora, José?

O velho levantou ambas as mãos, com as palmas para cima.

– Amanhã começamos.

– Mas há várias coisas que você precisa me explicar antes.

– Como por exemplo?

– O idioma. Como é que eu vou poder falar com essa gente?

Ele riu.

– Da mesma forma que falas comigo, Matias. Não percebeste que conversamos em aramaico, a língua do povo?

– A-a-aramaico?

– Falas também fluentemente o grego e hebraico e, é claro, o idioma de teu próprio país.

– Inglês? Como assim? Quem fala inglês aqui se a língua ainda nem existe?

– Não, não, não é inglês – respondeu ele pacientemente. – Para todos aqui, tu és um velho amigo meu, um historiador e escritor romano!

Aquilo estava ficando cada vez mais inacreditável a cada minuto que passava.

– Então eu falo aramaico, grego, hebraico e latim?

– O que precisares, de acordo com a ocasião específica. Grego e aramaico na verdade bastariam para a maioria dos casos. Ambas as línguas são muito usadas aqui.

– E eu sou um amigo seu de Roma – repeti, incerto – um escritor e historiador?

– Estás dizendo a mais pura verdade, Matias – assegurou-me José. Já escreveste muitos livros excelentes; teu longo manuscrito inacabado, *A Ressurreição de Cristo,* sem dúvida nenhuma trata de história; e as raízes de tua falecida mãe, acredite-me, estão de fato como ela disse, em Roma.

– E como é que vamos explicar o que eu estou fazendo aqui?

– Muito fácil. Muitos cidadãos nobres de Roma visitam este humilde lugar todo ano, geralmente a negócios, referentes a minhas caravanas de comércio. Para todos os efeitos, estás aqui fazendo uma pesquisa sobre a história do povo das províncias do leste, e ficando em minha casa por causa de amigos mútuos que temos na capital. Vamos explicar que tua história deve incluir também a história dos grandes homens de Israel, e que eu sugeri que incluísses a história de Jesus em teu trabalho. Aqueles que eram íntimos de Jesus confiarão em ti com prazer, já que és recomendado por mim, na esperança de te converterem à sua causa, como muitos outros romanos influentes foram convertidos, tanto civis quanto militares.

– E quanto ao sumo sacerdote dos judeus, Caifás?

José sorriu cinicamente.

– Como já deves saber através de teus estudos, sou membro do Sinédrio, e minha contribuição para os tesouros do Templo todo o ano é bastante generosa. Caifás e seus subordinados estarão ansiosos para conhecer-te, uma vez que provavelmente suspeitarão que és um agente de Vitélio, ou mesmo do imperador, fingindo estar aqui para escrever uma história, mas na verdade para examinar a situação e as relações atuais entre eles e Pilatos. Farão de tudo para manter Vitélio e Tibério satisfeitos e mostrar que tudo aqui está em paz e sob controle.

– E quanto a Pilatos? Por que ele iria falar comigo?

– Pela mesma razão que Caifás. Ele consegue se manter em seu cargo aqui há dez anos por causa de sua amizade com Sejano, que era o consultor mais íntimo de Tibério. Mas agora Sejano está morto. Foi estrangulado por ordens do senado, após ter sido envolvido em uma conspiração para matar Tibério. O futuro de Pilatos ficou incerto. Ele já tropeçou várias vezes, e está bastante ciente de que os judeus não têm receio algum de passar por cima de sua autoridade, apelando para Vitélio ou diretamente para Roma, caso se sintam maltratados. Pilatos, como Caifás, fará qualquer coisa para agradá-lo.

Aquilo parecia fácil demais.

– Mas suponhamos que ele comece a suspeitar que minha visita e o que eu talvez descubra a respeito de Jesus possam implicá-lo numa conspiração para encobrir uma execução que, ao invés de suprimir uma rebelião em potencial, teve o efeito de fomentá-la ainda mais, detalhes estes que ele provavelmente nunca relatou a Roma?

José suspirou.

– Sempre há este perigo, é claro. Sem dúvida ele mandará seguir-te, caso teu interrogatório das testemunhas se torne muito óbvio, e se ele concluir que há alguma chance de descobrires fatos que poderiam pôr em risco sua posição, ele provavelmente daria um jeito de mandar matar-te e queimar teu corpo onde ninguém jamais o descobrisse. Pilatos faria qualquer coisa para proteger sua carreira. Também Caifás deves levar a sério, e também todos os primeiros seguidores de Jesus. Todos têm muito a perder, caso fossem envolvidos em algo que pudesse desagradar a Vitélio ou a Roma.

Cada vez mais eu tinha a impressão de que resolver um homicídio exótico cometido a portas trancadas seria brincadeira comparado com o que eu tinha pela frente. Suspirei.

– Bem, fui eu que pedi isso. Não consigo me lembrar quem escreveu que a maior ironia do destino é a realização de nossos desejos.

O velho riu.

– Quem gostarias de entrevistar primeiro?

– Se possível, o irmão de Jesus, Tiago.

José concordou.

– É possível. Tiago está todos os dias no Templo, rezando e pregando. Mas por que Tiago? Ele seria a primeira testemunha a ser chamada pela comissão em teu livro?

– Sim, pois ele seria a melhor fonte de informações em primeira mão, sobre os primeiros anos de Jesus. Como disse no programa de Carson, se a comissão fosse chamando as testemunhas sucessivamente, por ordem de importância dos papéis que desempenharam na vida de Jesus, isto possibilitaria a Vitélio – ou a meus leitores, no caso – acompanhar o desenrolar dos testemunhos como se estivesse lendo uma história, com início, meio e fim.

– Muito original!

– É muita gentileza sua – respondi eu, antes de perceber o que estava dizendo.

– Muito bem, então, Matias. Vou mostrar-te teus aposentos. Haverá um servo ali, que vai lhe preparar um banho, de modo que possas dormir com o mesmo conforto que terias em tua própria casa.

A banheira era luxuosa, o quarto aconchegante e a cama mais do que confortável. Mesmo assim não pude dormir, deixando por fim meu colchão macio para andar pelo quarto até de madrugada.

Em breve – dentro de poucas horas – eu começaria uma investigação cujos achados talvez pudessem mudar a história do mundo. Ninguém, nem mesmo o próprio Sherlock Holmes, teria pregado olhos com aquela possibilidade assustadora na cabeça.

quatro

Eu nunca vira um homem daquele tamanho. Vestido apenas com uma espécie de tanga de pele de animal e imensas botas amarradas até os enormes joelhos, cheios de cicatrizes, e a pele oleosa e escura reluzindo à luz do braseiro, o gigante permanecia tão rígido ao lado de seu mestre que parecia uma estátua de bronze.

– Este é Shem, meu guarda-costas e fiel companheiro – explicou José, depois de tomarmos nosso café da manhã com pão quente, mel e queijo. – Ele nos acompanhará sempre que nos ausentarmos de casa.

– Nós precisamos de um guarda-costas?

José balançou a cabeça, com pesar.

– O sucesso, como certamente descobriste, Matias, nos torna prisioneiros de nossas próprias conquistas. Seqüestros e extorsões são tão comuns aqui como no teu mundo. . . só que nós não dispomos de nenhuma força policial para nos proteger.

– Um escravo?

– Não, não, se um de nós dois é escravo, eu é que sou dele. Shem era um dos meus cameleiros há muitos anos atrás, quando fomos atacados por uns bandidos perto de Petra. Com apenas uma espada ele matou nove deles; os outros dois ele estrangulou. Desde então é meu amigo íntimo, meu orgulhoso nabateano, e como ele fala muitas línguas não haverá problemas de comunicação entre nós. – O velho apontou para meu rosto e meu pescoço. – Estás cheio de cortes no rosto, Matias.

– Tive sorte de não cortar o pescoço. Navalha de bronze é uma arma perigosa, José. Com a prática eu melhoro.

– Muito bem. Vamos ao trabalho. Minha carruagem está pronta, e Shem nos levará ao Templo, do outro lado da cidade, onde devemos encontrar Tiago.

Descemos para a cidade baixa na carruagem de José, um veículo despretensioso, porém resistente e confortável. Durante todo o caminho o velho não parava de falar. Logo, porém, as mansões majestosas e as ruas ladeadas por cedros ficaram para trás, e a viagem tornou-se um verdadeiro martírio. Uma nuvem de poeira barrenta começou a encher o interior da carruagem, que sacolejava sem parar, e daí para frente a viagem foi freqüentemente interrompida por paradas súbitas, irritantes. Levei dois tombos, e uma vez dei uma cabeçada na parede quando voltei ao meu lugar, depois de darmos uma guinada para desviar de um rebanho de carneiros. Shem conduzia com habilidade os quatro cavalos, com a ameaça de um chicote de couro maldoso, por uma estrada cheia de reses desgarradas, crianças chorando, cães extraviados e grupos de peregrinos que caminhavam vagarosamente para o Templo do Monte Mória.

Finalmente senti que estávamos subindo, e que portanto já tínhamos atravessado toda a cidade baixa. O calor era sufocante e não havia uma brisa sequer para dispersar a fumaça e o cheiro de lixo podre e de excrementos humanos, que vez ou outra faziam meus olhos lacrimejar. Eu ouvia sem muito interesse o que José dizia, enquanto tentava desviar minha atenção para a magnífica disposição dos assentos no teatro ao ar livre, construído por Herodes, quando a carruagem circundou uma movimentada praça e rumou para o norte. Momentos depois, já que eu tinha me recusado sequer a olhar para o palácio ocupado por Herodes Antipas durante suas visitas à cidade, o velho pegou meus braços e fitou-me nos olhos.

– Sentes-te mal, filho?

– Não. Estou bem.

– Tens medo? Estás arrependido daquele teu pedido?

– Também não. Durante o trajeto vim tentando me lembrar das perguntas mais importantes que acumulei ao longo dos anos para minha fictícia comissão investigadora perguntar ao irmão Tiago.

– E então?

Cerrei os dentes e obriguei-me a responder.

– Estou pronto.

Mas eu não estava pronto – não estava nada pronto – para enfrentar a construção imponente e esmagadora que se erguia diante de mim, quando desci do veículo, após Shem ter parado seus animais em frente a um dos portões do Templo. Nenhum dos desenhos, plantas baixas e miniaturas de barro que eu vira da assombrosa obra de Herodes fazia justiça a ela. Mudo, deixei que José me conduzisse até a entrada em arco, com Shem logo atrás, até que entramos no pátio pavimentado com blocos imensos de pedra polida, onde havia uma multidão. Aí apertei o braço do velho. Eu tinha que parar um momento para me refazer. Ergui a cabeça, com o assombro típico de um turista, para ver os magníficos picos de mármore e ouro que se erguiam, em camadas superpostas, a mais de cem metros do solo.

Lá em cima, eu sabia, havia degraus de mármore que conduziam a portas maciças, cobertas de ouro e prata, portas que eu não veria nunca por não ser judeu. Aquelas portas davam em uma área chamada Corte dos Sacerdotes, onde havia um altar ao ar livre, sobre o qual eram feitas oferendas e sacrifícios. Duas portas de bronze, com mais de vinte metros de altura se abriam daquele altar para o Santuário, onde só podiam entrar as autoridades de suprema hierarquia do Templo. Acima das portas gigantescas, de acordo com meus estudos, estava pendurada uma vinha esculpida em ouro maciço, de valor incalculável. Na penumbra do Santuário dois véus pesados, bordados com sedas preciosas, em azul, violeta e escarlate, combinavam com duas cortinas de linho iguais, finas, suspensas por ganchos de ouro e encaixes de prata para dividir o ambiente. A parte dianteira, chamada de Lugar Santo, continha o Candelabro de Ouro de Sete Braços, o *Menorah*, o Altar do Incenso e a Mesa para os Pães da Proposição, todos eles importantes elementos das cerimônias sacerdotais.

Do outro lado dos véus ficava o Santo dos Santos. No Templo de Salomão era ali que se encontrava a Arca da Aliança, uma caixa com tampa de ouro que encerrava as duas tábuas de pedra nas quais Deus, segundo os judeus, havia dado a Lei a Moisés. Agora o pequeno recinto estava vazio e escuro, e ninguém se lembrava quando e como a Arca havia se perdido ou se um conquistador a havia levado. Ainda assim, o Santo dos Santos, no qual só o sumo sacerdote podia entrar, e mesmo assim só uma vez por ano, no *Yom Kippur*, o Dia da Expiação, ficou sendo para todo judeu de fé o lugar da Presença de Deus.

Estávamos muito próximos da construção para ver a cúpula, mas eu havia lido que o telhado inclinado do Templo fora feito com imensas placas de ouro forjado, entremeadas com lajes de mármore rosa e puro alabastro, cobertas de espetos de ouro pontiagudos para empalar qualquer ave que tentasse deixar seus excrementos na superfície sagrada. Em um arco imenso, fora da parede e de frente para a cidade, Herodes havia colocado uma monstruosa águia de ouro, mas antes de sua morte ele havia sofrido a humilhação de ver a remoção e destruição daquela sua homenagem a Roma, aliás de péssimo gosto.

José ainda estava testando meus conhecimentos. Aproximando-se de meu ouvido, para se fazer ouvir em meio àquela gente que cantava, gritava, ria e se acotovelava, ele gritou:

– Sabes o nome deste pátio?

Eu sabia bem, e lhe disse. Este pátio externo, o chamado Pátio dos Gentios, era tão espaçoso que podia abrigar mais de trezentos mil visitantes, bem como inúmeros rebanhos de animais para o sacrifício. Aqui, tanto judeus quanto gentios tinham permissão para se misturar, fazer negócios, ou simplesmente descansar à sombra das imensas vigas de cedro, escoradas por longas fileiras de colunas coríntias de mármore, de uns cinco metros de circunferência, que rodeavam por completo o pátio ao longo de cada uma das quatro muralhas de mais de trezentos metros de comprimento.

Nenhum gentio podia ultrapassar os limites deste pátio e entrar em qualquer dos pátios superiores, que eram protegidos por grades de pedra. Em volta de toda a balaustrada, cheia de ornamentos, havia cartazes bem visíveis em hebraico, grego e latim: *Quem for apanhado, será culpado de sua própria morte.*

Não havíamos dado mais do que dez passos, com muita dificuldade, quando nos deparamos com os cambistas. Filas longas, barulhentas e impacientes de adoradores haviam se formado atrás de fileiras irregulares de mesas de madeira mal construídas, com pilhas de moedas. Em cada mesa, lembrando certos detalhes das pinturas de Rembrandt, estava sentado um aflito empregado do Templo, ocupado em pesar e trocar moedas sujas estrangeiras pelos siclos e minas sagradas – as únicas moedas aceitas pelos sacerdotes para o pagamento das taxas do Templo e outras obrigações sagradas. Atrás de cada cambista estava um guarda, de pé, imperturbável, com os braços cabeludos e musculosos cruzados no peito e um grande cassetete de madeira pendurado na cintura. Depois das mesas dos cambistas ficavam os estábulos fedorentos e improvisados onde se comprimiam milhares de carneiros e ovelhas, bodes e cabras, cujos berros e odores se espalhavam por toda a área. Perto dos animais havia gaiolas de pombos, muito mal empilhadas, em volta das quais reuniam-se peregrinos mais pobres, que não podiam comprar oferendas maiores para o sacrifício.

De onde eu estava podia contar vinte e um guardas uniformizados estacionados ao longo da parede interna do pátio. À minha esquerda, acima da muralha norte do Templo, erguia-se o forte romano de Antônia, com sua muralha adicional voltada para o pátio. De prontidão, na muralha, havia quatro soldados romanos, cada um deles com seus capacetes e armaduras típicas, armados de escudo, lança e espada, observando atentamente a todos nós.

– Por que estás de testa franzida, Matias? – perguntou José.

– Era tudo assim, há seis anos atrás, quando Jesus vinha aqui?

O velho deu de ombros.

– Não muda nunca.

– Havia guardas atrás de cada cambista, policiais do Templo ao longo das muralhas e soldados romanos lá em cima?

– Havia.

– Mesmo assim Jesus, sozinho, derrubou as mesas de dinheiro, abriu os estábulos e libertou os animais, destruiu as gaiolas e soltou os pombos. . . e ninguém pôs a mão nele?

– É o que contam os que estavam presentes naquela manhã. Eu não testemunhei este fato.

– Mas como é que ele ia poder fazer uma coisa dessas? Se eu tentasse isso, agora mesmo, me desacordavam ou matavam em dois minutos!

José sorriu misteriosamente.

– Todos os apóstolos estavam com ele, naquele dia, apesar de eles não imitarem seu corajoso ato de protesto contra as condições impróprias que prevaleciam, e ainda prevalecem, nesta casa de Deus. Guarda tuas indagações para eles. Agora vamos encontrar Tiago, para que possas começar tua missão.

Quando José se virou para servir de guia, tive um impulso repentino.

– Deixe que *eu* mostre o caminho a você, José!

Seu rosto escuro ficou pálido.

– Tu *sabes* onde Tiago está?

– Creio que sim. Entramos no pátio vindos do oeste, a julgar pela posição do sol. Tiago está provavelmente em algum lugar ao longo da muralha leste, pregando ou rezando na área chamada de Pórtico de Salomão, de onde se vê o Vale do Cedron.

O velho colocou a mão dentro da túnica e tirou o cordão de couro com o amuleto de ouro de seu pescoço.

– É um prazer estar contigo, Matias. Toma isto. Usa por baixo da túnica enquanto estiveres conosco. Talvez torne tua tarefa mais fácil. – Sorriu. – Talvez até te proteja de espíritos malignos.

O contorno de um peixe havia sido traçado naquela peça grosseiramente forjada. Sobre o peixe havia um rabisco grosso de uma âncora. Cinco letras gregas estavam cravadas no corpo do peixe. Era, como eu sabia, um dos símbolos mais antigos dos seguidores de Jesus perseguidos, mais tarde substituído pela cruz.

– Sabes o que representam as cinco letras gregas, Matias?

– Sei. Elas formam a palavra "peixe" em grego. Estas letras formam também um acróstico das iniciais das cinco palavras gregas que significam "Jesus Cristo, Filho de Deus, Salvador."

– E a âncora?

Ele me pegou. Eu tinha certeza que sabia, mas simplesmente não conseguia me lembrar. Fiz que não com a cabeça.

Alegre, José uniu as mãos em oração e elevou-as em direção ao Templo, num gesto exagerado de gratidão.

– Finalmente consegui confundir este mestre brilhante das palavras e da história. Talvez eu possa dar uma pequena contribuição a tua empresa, afinal.

Colocou ambas as mãos em meu ombro, curvou-se para frente e sussurrou:

– A âncora é nosso símbolo de esperança, esperança de que um dia o homem entenderá a verdade que foi crucificada, mas não destruída, aqui em Jerusalém, há seis anos atrás.

Pesei o amuleto em minha mão.

– Deve ser muito valioso, José, e agradeço sua generosidade, mas não posso aceitá-lo. Não sou mais um dos seus.

Ele insistiu:

– Fica com ele, de qualquer modo. Usa-o como um talismã, um amuleto para dar sorte, ou, se quiseres, apenas para agradar a um velho.

Esfreguei minha mão de leve na superfície áspera. Era quente e maleável, quase como se fosse um ser vivo. Talvez viesse bem a calhar em alguma situação perigosa. Afinal de contas, alguns desses cristãos primitivos eram pessoas meio perigosas. Talvez o amuleto me ajudasse a sair de alguma enrascada, caso eu cometesse algum deslize e eles percebessem que meu verdadeiro motivo era desmascarar seu líder crucificado.

Agradeci com um gesto, passei o cordão de couro pela minha cabeça e cuidadosamente enfiei o "sinal do peixe" por baixo da túnica, longe da vista de qualquer um.

Aguardava-se a volta de Jesus para qualquer instante.

Todos os dias seus seguidores, em número crescente, reuniam-se à sombra das colunatas do Pórtico de Salomão, ao longo da muralha leste do pátio do Templo, rezando e aguardando. Breve ele voltaria, em glória. Quem sabe, hoje mesmo!

É claro que Jesus viria ao templo primeiro. Não tivesse o profeta Malaquias, cinco séculos atrás, profetizado que "imediatamente virá ao seu Templo o Senhor que buscais", e onde é que Jesus iria aparecer, dentro da área do Templo, senão no Pórtico de Salomão, por onde havia andado e ensinado o povo tantas vezes?

Ansioso por ver Tiago, corria à frente de José, o qual, sob a proteção de Shem, havia ficado para trás, acotovelando-se no meio da multidão esmagadora que convergia para a área do pórtico de todos os lados. Parei e esperei. Para evitar que fosse arrastado para a frente firmei meus pés na calçada, que havia sido encharcada há pouco com urina acre de animal, e pus para frente os cotovelos para proteger minhas costelas do fluxo e refluxo de homens e animais. Peregrinos entoando salmos, sacerdotes rezando, soldados romanos mal-encarados, aleijados pedindo esmola, prostitutas com maquilagem exagerada e inúmeros camponeses rudes – todos eles uniam-se num coro de sons e num caleidoscópio de cores que entorpeciam os sentidos.

José finalmente me alcançou, com a respiração ofegante e apoiado no corpo suado de Shem.

– Vê, Matias – disse ele em voz ofegante. – Vê como eles esperam!

– Esperam por quem?

– Pelo Senhor. . . por Jesus!

Eu tinha que falar aquilo:

– Por que você não lhes diz a verdade? Você, mais do que ninguém, sabe que eles esperam em vão.

Ele fingiu não ouvir.

– Devemos encontrar Tiago perto da torre sul – gritou ele, apontando para a agulha da torre, que se elevava muito acima das colunas de mármore branco na junção das muralhas sul e leste. – Vem!

Finalmente chegamos a uma barreira maciça de pessoas que se recusavam a sair da frente e senti que estávamos nos aproximando da multidão que havia se reunido para ouvir Tiago. Protegendo meus olhos com as mãos, ergui-me na ponta dos pés até conseguir ver uma figura de toga, no mínimo a uns cinqüenta metros de distância, gesticulando com veemência enquanto andava de um lado para o outro sobre uma plataforma. Embora a multidão estivesse relativamente silenciosa eu só conseguia ouvir uma ou outra coisa do que ele estava dizendo:

– . . .Vós condenastes e matastes o justo e ele não fez resistência a vós. . . sede pacientes, irmãos, pois a vinda do Senhor. . . preparai-vos. . . preparai-vos. . .

O velho puxou minha túnica.

– Segue-me. Há um caminho melhor.

Fui conduzido até um canto na sombra, ao lado da muralha sul, perto do Pórtico Real e longe da multidão. O rosto do velho estava corado e ele respirava com dificuldade.

– Sentemo-nos e descansemos um pouco. Shem nos trará Tiago em breve.

Um homem alto, de túnica azul, passou perto de nós; guizos de ouro presos à bainha de sua roupa tilintavam a cada passo que dava. Curvou-se respeitosamente em nossa direção e seguiu.

— Um sacerdote do Templo? — pensei em voz alta.

— Sim. Pertence a uma das inúmeras ordens inferiores. Mais de sete mil sacerdotes são necessários para servir a Deus e a seu povo neste Templo, Matias.

— Burocracia, até aqui?

Ele riu.

— Decerto.

— Diga-me uma coisa, José, por que as autoridades permitem que Tiago, entre tantas outras pessoas, se dirija às multidões? Elas não estão se arriscando muito?

José deu de ombros.

— Este adro externo é para o uso de todos, judeus e gentios. Qualquer homem pode expressar suas idéias aqui, contanto que não blasfeme nem incite o povo à revolta. Por ter seguido sempre à risca a Lei Judaica, Tiago tem tanto direito quanto qualquer outro de vir aqui e ser ouvido. Não deves te esquecer nunca, durante teus interrogatórios de que os discípulos e outros seguidores de Jesus são todos judeus devotos. Este Templo, para eles, é ainda o lugar mais sagrado da terra, tal e qual sempre foi para Jesus. E mesmo que Tiago não aceitasse a Torá, com todas suas imposições mais severas, ainda assim ele poderia falar.

— Mas pelo pouco que eu pude ouvir, agora mesmo, ele está dizendo àquela multidão que se eles tiverem paciência, em breve terão o Messias.

— Qualquer um pode proclamar que ele, ou qualquer outro, é o Messias — explicou José com paciência. — Sua pesquisa com certeza revelou que o Messias devia ser um homem normal, imbuído do espírito de Deus, que viria um dia para libertar nosso povo da opressão. O Messias não seria Deus, apenas um instrumento de Deus; não é portanto uma blasfêmia o que Tiago diz. Muitos já se disseram ser o Messias, ou apontaram alguém como o Messias, no decorrer de nossa história. Até mesmo agora, aparece no mínimo um por mês, caindo rapidamente no esquecimento, quando seus atos não correspondem a suas palavras. Só quando alguns desses charlatões pretensiosos tentam organizar o povo para uma revolta contra nossos governantes é que os sumos sacerdotes agem, com todo o seu poder, antes que a ira de Roma se abata sobre nossa nação e os inocentes paguem pelos culpados.

— E Tiago? Ele por acaso não promove a causa de seu irmão morto de uma forma que poderia afetar a ordem? Olhe para aquela multidão! Se eles fossem organizados e munidos de armas, seria difícil controlá-los.

José suspirou.

— Desde que Tiago chegou a Jerusalém, logo depois da crucificação de Jesus, sua situação tem sido muito delicada. Ele tem atraído muitos dentre o povo, e convertido muitos devido a sua coragem e convicção. Felizmente, para sorte dele, conseguiu também converter vários sacerdotes e fariseus; assim, a hierarquia finge que não ouve suas proclamações mais inflamadas. Mesmo assim eu sei, de primeira mão, que as palavras de Tiago provocaram o sumo sacerdote por mais de uma vez, o que lhe poderá trazer graves conseqüências.

– José – interrompeu-nos uma voz rouca. – José, meu caro amigo!

Ao ouvir seu nome, o rosto do velho se iluminou, e ele pulou do banco. Fiz o mesmo, e meus joelhos fraquejaram quando aquela figura se aproximou de nós; finalmente vi-me face a face com o homem cujo irmão eu tinha condenado diante do mundo como um farsante.

cinco

À primeira vista Tiago me decepcionou. Vendo os dois velhos amigos se abraçarem, era difícil acreditar que José de Arimatéia, bem vestido, dono de uma poderosa caravana de comércio, prestava homenagem a este indivíduo insignificante, cuja aparência miserável em nada corresponde à imagem que eu tinha dele.

Estava decepcionado mas ao mesmo tempo satisfeito, como se sua aparência rude e seus modos discretos indicassem uma fraqueza que talvez eu pudesse explorar com minhas perguntas. Eu devia ter percebido que não era nada disso. Apesar de homem maduro, ainda me deixo levar pelas aparências.

Tiago era baixo, como a maioria de seus compatriotas. Seus cabelos negros, longos e descuidados lhe caíam soltos pelo rosto e sobre as costas largas. O rosto moreno, anguloso, ressaltado por uma testa ampla, sobrancelhas grossas e olhos castanho-claros, era circundado por uma barba cheia, não aparada, cheia de gotas de suor, que cobria parte de seu peito largo. A frente da túnica de linho desbotada estava rasgada, expondo joelhos grossos e calejados de tanto rezar, que realmente lembravam os de um camelo, como lembrava-me de ter lido.

Finalmente, José virou-se e apontou para mim:

– Este é um amigo meu chamado Matias, de Roma. Ele está preparando para seus concidadãos uma história de nossa nação e de nossos grandes líderes e profetas.

Tiago aproximou-se o bastante para dar-me um abraço breve. Abri a boca, mas minhas cordas vocais se recusaram a cooperar. Como era possível uma coisas dessas? Será que eu estava mesmo no Templo construído por Herodes, e tinha sido abraçado pelo próprio irmão de Jesus?

Agora que estávamos a apenas poucos centímetros um do outro, percebi que aquele homem estava quase morto de cansaço, após o sermão longo e exaustivo. Seus olhos estavam vermelhos, e ele piscava as pálpebras inchadas com freqüência, como se só conseguisse manter os olhos abertos a muito custo. Mesmo assim, sorriu cordialmente e disse:

– A paz esteja convosco, Matias, e com vosso trabalho. Outra história para a poderosa águia degustar? A grande obra de Tito Lívio bastou para Augusto. Tibério quer mais?

Senti-me como um aluno de primeira série, nervoso, lutando para dizer sua fala no teatrinho da escola. E a pergunta me pôs ainda mais nervoso. Como é que este galileu rude e supostamente inculto sabia o nome do maior historiador de Roma? Expliquei-lhe que a grande obra de Tito Lívio tratava basicamente de Roma, desde sua fundação; mas que se fazia necessário narrar a história dos outros grandes povos que agora faziam parte do império, e eu escolhera as províncias orientais para meu projeto.

– Mas em que vos posso ser útil? Se o que buscais é a história autêntica de nossa nação e de nossos profetas, sugiro que faleis com eles – disse ele, apontando para o Templo.

Olhei para José e ele meneou a cabeça, encorajando-me.

– Sois o irmão de Jesus, não é verdade?

Tiago fez que sim com a cabeça e me encarou até eu me sentir constrangido.

– Sou.

– Quero me informar a respeito de Jesus.

– Por quê? – perguntou ele, com seus olhos cansados percorrendo de cima a baixo a faixa roxa de minha túnica. – Jesus nunca foi rei nem general. Nunca venceu uma batalha, governou uma nação nem escreveu um discurso eloqüente. Por que vós – por que Roma estaria interessada nele?

– Perdão, senhor, mas tenho ouvido muitas histórias a respeito de Jesus, histórias em que não posso acreditar, especialmente os rumores de que ele ressuscitou dos mortos no terceiro dia após sua crucificação. Uma vez que autoridades romanas estavam envolvidas nesta execução, creio que compete a mim, como cidadão e escritor, saber a verdade sobre este homem, pois a vida de vosso irmão permanece um enigma para muitos.

Parei para pigarrear. Como tanto Tiago quanto José permaneceram calados, continuei.

– Não estou aqui a mando de César. Não estou aqui para apagar eventos do passado como os pedreiros cobrem as paredes das construções para esconder velhas cicatrizes. Não busco nada além da verdade sobre Jesus, e vós, como seu irmão, podeis fornecer-me informações que seria impossível eu saber de outras fontes. Posso contar com vossa ajuda, Tiago?

Minha voz tremia, mas eu não podia fazer nada. Sentindo-me totalmente desamparado, esperei por sua reação, certo de que poderia explicar minha posição de forma mais diplomática caso tivesse outra chance.

Tiago olhou para mim, e meu coração afundou. Aí ele resmungou algo, deu-nos as costas, foi mancando até o banco na sombra, e bateu no lugar ao seu lado.

– Vem sentar-te Matias. Desconfio que o que tens em mente tomará algum tempo, e já estou com as pernas cansadas.

Tive um impulso repentino de pular de alegria, o que deve ter ficado estampado em meu rosto, mas o olhar firme de José rapidamente acalmou-me. Ele me acompanhou até o banco e sentou-se do outro lado de Tiago, enquanto Shem continuava caminhando de um lado para outro, afugentando com sua presença assustadora qualquer estranho que por acaso viesse a se aproximar muito.

Eu não esperava que Tiago me contasse nada a respeito dos últimos dias da vida de Jesus e do local onde seu corpo fora escondido. De acordo com tudo que eu havia lido, ele tinha passado toda aquela semana fatal em Nazaré, e tudo o que me dissesse seria de ouvir falar. Eu queria apenas relatos em primeira mão. No entanto, seguindo os planos de minha comissão fictícia, eu precisava de fatos sobre os primeiros anos de Jesus, não só para ter um retrato completo de sua pessoa mas também na esperança de encontrar em sua juventude alguma pista que me ajudasse a entender melhor suas motivações e seus atos posteriores – atos que o levaram inexoravelmente à cruz, um destino que ele poderia ter evitado com tanta facilidade.

– Prossegue com tuas perguntas, historiador, – disse Tiago. – Já que Deus é sempre minha testemunha, fica certo de que não mentirei para ti.

Respirei fundo e fiz as primeiras perguntas, as mesmas que faria qualquer detetive ou repórter:

– Qual é tua idade?

– Tenho 39 anos.

– Soube que teus pais já faleceram.

Tiago fez que sim com a cabeça.

– Meu pai morreu há muitos anos, e minha querida mãe descansa há apenas um ano.

– Tens outros irmãos?

– Três irmãos, ainda vivos, e duas irmãs.

– Ainda estão em Nazaré?

– Em Nazaré ou nas redondezas.

– Jesus era o mais velho, não?

Tiago arregalou os olhos, surpreso por eu conhecer um detalhe tão insignificante, mas concordou, respondendo:

– Era sim. Era mais velho que eu três anos.

Senti que ele já estava ficando menos tenso, que sua resistência pouco a pouco diminuía. Agora eu teria de fazer com que ele continuasse falando espontaneamente, com um mínimo de perguntas. É assim que a verdade vem à tona mais depressa. Perguntei-lhe o que ele conseguia lembrar dos primeiros anos de Jesus.

– Há pouco para contar. Nosso pai era *naggara*, construtor de muitas coisas de madeira e pedra, e tanto Jesus quanto eu fomos seus aprendizes. Quando não estávamos na escola, estávamos com nosso pai, em sua oficina, ou em qualquer outro lugar, na aldeia ou no campo, consertando um telhado ou um arado, ou mesmo construindo uma casa. Os dias eram longos e árduos, especialmente no calor do verão. Ainda assim, apesar de pobres, tínhamos sempre o que comer, uma cama macia à noite e a fé em nosso Deus para nos fortalecer. Em verdade, como nossa mãe quase sempre dizia, tínhamos mais e éramos mais felizes do que Herodes.

– Tua família só se mudou para Nazaré depois que Jesus nasceu. Por que foram para lá?

– Não sei por que escolheram Nazaré; só sei que meu pai não gostava da terra nem do povo aqui do sul. Ele sempre dizia que era mais fácil cultivar uma floresta inteira de oliveiras na Galiléia do que criar um filho na Judéia.

Decidi brincar um pouco com ele, esperando relaxá-lo mais.

– Mas Tiago, não é verdade que o povo de Jerusalém diz que todos os galileus são tolos?

Tiago riu pela primeira vez.

– Pior do que isso, Matias. Chegam a dizer que de Nazaré nada de bom jamais há de sair.

Quanto à instrução de Jesus, Tiago explicou que toda criança de seis anos era obrigada a começar a freqüentar a escola, na sinagoga. Ali aprendiam os códices da Lei e a história de seu povo até a idade de dez anos, quando passavam a estudar o Mishna, ou lei tradicional, durante cinco anos.

– Depois dos quinze anos, que ensinamentos Jesus recebeu?

– Nenhum. Estudava sozinho as Sagradas Escrituras, sempre que não estava às voltas com sovelas, serras, marretas e cinzéis. Jesus fazia o trabalho de dois, já que a saúde de meu pai não era muito boa; além disso, só com muito sacrifício de minha família ele poderia freqüentar a escola superior dos rabinos. Então meu pai morreu e Jesus, como primogênito, tornou-se o chefe da família, alimentando-nos, vestindo-nos e aquecendo-nos com o fruto de seu trabalho, do nascer ao pôr-do-sol.

Resolvi ir um pouco mais fundo.

– Durante esses primeiros anos, o que fazia teu irmão quando estava perto de algum doente da aldeia? Esforçava-se para dar alívio e conforto àqueles que sofriam de algum mal da mente ou do corpo?

– Tanto quanto qualquer um de nós. Nazaré é um lugarejo. Todos cuidamos de nossos irmãos. Ninguém passava fome, ninguém sofria de algum mal sem receber cuidado e atenção, e ninguém morria sem assistência.

– Lembra-te de alguma ocasião em que Jesus colocou as mãos sobre alguém, ou recitou alguma reza para algum aleijado, doente ou cego, para curá-lo?

– Nunca! Se ele tivesse feito isso, os aldeões teriam zombado dele ou feito coisa pior. Mesmo assim, por dois dias e duas noites, quando nosso pai ardia em febre, lembro-me de Jesus sentado com ele, segurando-lhe as mãos, servindo-o e rezando. Ainda assim. . . meu pai morreu.

– E como Jesus reagiu quando seu pai morreu?

– Como todos nós. Chorou.

Tentei não mostrar minha decepção pelo meu tom de voz.

– Naqueles primeiros anos, antes da morte de teu pai, Jesus se envolveu em alguma situação que te parecesse estranha?

Tiago fechou os olhos.

– Nos últimos seis anos tenho meditado muito sobre nossa juventude. Houve apenas uma ocasião que eu poderia qualificar de estranha. Quando Jesus completou doze anos, pôde acompanhar nossos pais até Jerusalém e participar das cerimônias sagradas, aqui no Templo, pela primeira vez. Seu comportamento estranho durante aqueles dias de festa foi assunto de muitos cochichos entre nossos pais durante meses.

De repente pensei em minha mãe. A história bíblica de que ela mais gostava era a visita de Jesus ao Templo, narrada por Lucas; muitas vezes ela me contara essa história depois de me colocar na cama. Agora eu iria saber exatamente o que havia acontecido durante aquele evento marcante da vida de Jesus.

Tiago continuou.

– Nada de especial aconteceu durante a viagem até Jerusalém, nem durante o primeiro dia, quando nossa família entregou seu cordeiro pascal aos sumos sacerdotes para o sacrifício. No segundo dia, depois de trazerem seu feixe de cevada ao Templo, meus pais começaram sua jornada de volta por estradas cheias de peregrinos e animais. Pensavam que Jesus estivesse mais para trás, em companhia de nossos vizinhos. Só na manhã seguinte perceberam que meu irmão não estava com nenhum de nossos amigos. Rapidamente retornaram a Jerusalém e procuraram por três dias, até que finalmente o encontraram em um destes cubículos, sentado como estamos agora, entre alguns dos mais respeitados rabinos e mestres, não só fazendo perguntas como as outras crianças presentes, mas também respondendo a muitas delas, para espanto da multidão. Como faria qualquer mãe, minha mãe atravessou a multidão, agarrou Jesus e, zangada, perguntou por que ele fizera uma coisa dessas, causando tanta aflição a ela e a nosso pai.

– E o que foi que ele respondeu? – perguntei eu, morto de ansiedade.

– Jamais o saberemos com certeza. Esse incidente jamais foi discutido abertamente em nossa casa mas, pouco antes de morrer, minha mãe confiou-me alguns dos detalhes. Parece que depois de ter envergonhado Jesus, ralhado com ele na presença dos rabinos, ele colocou suas mãos no rosto dela e perguntou: "Por que me procuráveis? Não sabíeis que devia estar na casa de meu Pai?" No entanto, por causa do barulho que vinha do pátio lotado, ela não conseguiu ouvir muito bem, principalmente porque estava perturbada. Meu pai, ali de pé ao lado dela, disse-lhe mais tarde que achava que Jesus havia dito: "Por que me procuráveis: Não sabíeis que devo ocupar-me das coisas de meu Pai?"

– Deixa-me entender bem. Tua mãe achava que tinha ouvido Jesus dizer que ele tinha de estar no lugar que pertencia a seu Pai. No entanto, teu pai ouviu-o dizer que ele tinha que se ocupar das coisas de seu Pai. Está certo?

– Perfeito.

– Mais tarde eles pediram a Jesus que repetisse o que realmente havia dito?

– Se tivessem pedido, creio que minha mãe teria me contado. Creio que deram o assunto por encerrado. Nunca mais o discutiram com ninguém, nem mesmo com Jesus.

Exame minucioso. Apontei para aquela maravilha arquitetônica diante de nossos olhos e disse:

– Tiago, todo judeu considera este Templo a morada de seu único Deus, o qual ele também chama de "Pai", não é verdade?

– É.

– Não havia nada de incomum, portanto, no fato de Jesus referir-se ao Templo como o lugar de seu Pai?

– Tens razão. Creio que foi o que meu pai pensou ter ouvido Jesus dizer que os assustou.

– Falas da afirmação de que ele tinha que se ocupar das coisas de seu Pai?

Tiago fez que sim com a cabeça.

– Mas por que aquelas palavras os teriam alarmado? Um menino do interior se defronta pela primeira vez com os ruídos e a agitação de Jerusalém, mais a pompa, o fervor e a confusão generalizada deste Templo durante os dias de festa. Ele não poderia, neste clima todo, ter ficado tão impressionado com tudo o que viu, a ponto de decidir dedicar sua vida ao Pai, ou seja, a atividades religiosas, do mesmo modo que uma criança romana poderia querer tornar-se gladiador, depois de ir pela primeira vez aos jogos no Coliseu?

Tiago deu de ombros.

– Olha em tua volta, Matias. Tu és capaz de imaginar um jovem do interior, que foi sempre muito apegado a seus pais, de repente decidir abandonar o amor e a proteção deles para passar o resto de seus dias aqui, entre pessoas absolutamente estranhas?

Sem dúvida, ele tinha razão.

– Muito bem – admiti – mas há um outro aspecto estranho deste comportamento misterioso de teu irmão. Segundo tua mãe, Jesus disse: "Devo estar na casa de meu Pai". E segundo teu pai, ele disse: "Devo ocupar-me das coisas de meu Pai". Tens certeza de que, quaisquer que sejam as palavras verdadeiras, tanto teu pai quanto tua mãe lembram-se de ele ter usado a palavra "devo"?

– Disso tenho certeza.

– Não tens a impressão de que Jesus acreditava estar cumprindo um mandato ou ordem de ficar no Templo? Foi isso, talvez, mais do que qualquer coisa, que preocupou teus pais.

Seus olhos castanhos se iluminaram e ele colocou a mão de leve sobre meu joelho.

– Matias, tens uma inteligência rara.

– Sem sombra de dúvida! – exclamou José, que havia permanecido calado até agora.

– Por quê? – perguntei.

– Tens olhos para ver. . . e vês. Tens ouvidos para ouvir. . . e ouves. Bendito seja o ventre que te abrigou.

– Obrigado – murmurei, mas eu simplesmente não podia deixar que aquele momento importante se encerrasse com uma troca de gentilezas. Insisti:

– Tiago, eras o irmão mais próximo de Jesus em idade. Certamente tu e ele trocastes muitas confidências. Jamais falastes neste assunto?

– Bem que eu lhe perguntei várias vezes, com uma insistência pueril, mas ele só falava do sacrifício de nosso cordeiro no Templo.

– Ah! E como ele falava disso?

– Com muita tristeza e repulsa por toda a cerimônia. Não conseguia esquecer as túnicas dos sacerdotes manchadas de sangue, quando apresentaram nosso carneiro para a benção de Deus, cortando-lhe o pescoço, vertendo o sangue para dentro de uma taça e depois derramando-o sobre o altar. E depois que o corpo do animal foi devolvido a nossa família, Jesus não conseguiu ajudar meu pai a prepará-lo para assá-lo ao pôr-do-sol. O que ele comentou depois, com repulsa, foi o modo prescrito por nossas leis de suspender o carneiro sacrificado sobre as brasas para assar.

– Não estou entendendo.

– Jesus disse que viu nosso pai cravar dois espetos de romãzeira na carne do carneiro, um no peito e outro nas patas dianteiras, para servir de suporte sobre as chamas. Estes dois pedaços de madeira, encaixados de modo a formar uma cruz, lembravam-lhe o método usado por Roma para executar os que se opunham a César. Ele jamais se esquecera do rebelde crucificado que havíamos visto alguns anos antes, quando visitávamos nossos parentes em Cafarnaum. A aparência e o cheiro daquele corpo em putrefação, pendurado em toras de madeira cruzadas, cheio de mordidas de abutres, haviam nos assustado tanto que durante muitas noites acordamos chorando.

Esfreguei as palmas suadas das mãos na túnica. Aqueles meus alarmes internos estavam tocando novamente. Meu sexto sentido acusava que eu estava perto de descobrir algo significativo: um sinal, uma pista com estranhas implicações, um fóssil raro que jamais havia sido desenterrado em todas as investigações que eu fizera nos milhares de livros, dedicadas a Jesus. Resolvi ir mais fundo:

– Tiago, há mais alguma coisa ligada a essa história?

Minha insistência pareceu quase agradar-lhe. Cabisbaixo, ele falava olhando para a laje de mármore sob nossos pés.

– Isaías, um de nossos grandes profetas, era o favorito de meu irmão. Muitas vezes, nos meses que se seguiram à sua visita ao Templo, Jesus comparou o que havia visto aqui com as palavras daquele profeta, palavras que eu era muito jovem para entender na época.

– Tu te lembras delas?

Tiago ergueu-se e bateu com suas mãos no peito. Sua voz tremia quando ele respondeu:

– Elas hão de arder em meu coração para sempre. Isaías disse, ao descrever o Messias que viria para salvar os judeus: "Foi oferecido, porque ele mesmo quis, e não abriu a sua boca. Ele será levado como uma ovelha ao matadouro, e como um cordeiro diante do que o tosquia emudecerá, e não abrirá a sua boca."

Senti meus cabelos se arrepiarem na nuca.

– Tiago, ele estava comparando o cordeiro sacrificado de sua família com. . . uma crucificação romana e também com a descrição do Messias feita por Isaías?

Não tive resposta, por uma razão muito simples: Tiago, o severo, o corajoso, o veemente Tiago, respeitado e temido por todos, havia enterrado seu rosto nas mãos e soluçava! José foi até ele e envolveu o amigo em seus braços, enquanto Shem aproximava-se olhando-me carrancudo, novamente.

Minutos depois, Tiago e José voltaram a seus lugares. Eu estava pronto para pedir desculpas, mas o olhar orgulhoso e arrogante de Tiago avisou-me que seria mais sensato ignorar o que havia acontecido e prosseguir. Mudei de assunto.

– Jesus nunca tomou para si uma esposa?

A voz dele ficava cada vez mais rouca.

– Não, e toda vez que os mais velhos de nossa aldeia censuravam seu celibato, lembrando-lhe as palavras do profeta, que o Senhor Deus havia dito que não era bom um homem ficar sozinho, Jesus ria e respondia que, estando ele casado com toda uma família, seria com certeza apedrejado por adultério caso se oferecesse a outra.

– No entanto, chegou um dia em que ele se divorciou de toda a sua família, não foi?

Tiago concordou.

– O que causou esta grande mudança na vida de teu irmão?

– Aconteceu quanto tinha trinta e quatro anos de idade. Por essa época nossos outros irmãos e eu havíamos nos casado e vivíamos com nossas famílias na aldeia, enquanto Jesus permanecia com nossa mãe e irmãs. Uma noite ele bateu à minha porta e convidou-me para andar com ele; o que estranhei, pois ele geralmente passava tantas horas sozinho andando pelos montes, quando não estava trabalhando, que havia se tornado alvo de zombarias entre o povo. À medida que caminhávamos, Jesus, com a mão em meu ombro, me pediu que olhasse por nossa mãe e nossas irmãs, para que ele pudesse ir ouvir João Batista, que pregava em Betânia, a um dia de viagem de Nazaré.

– Foi aquele que teve a cabeça cortada por ordem de Herodes Antipas?

– Ele mesmo. Há mais de novecentos anos atrás, um de nossos maiores profetas, Elias, fez muitas maravilhas contra as forças maléficas da rainha Jezabel e do rei Acabe antes de ser arrebatado para o céu por um turbilhão de vento. Nosso povo acreditava que algum dia Elias reapareceria para preparar nossa terra para a vinda do Senhor. Na época alguns diziam que João era o próprio Elias, enquanto outros acreditavam que ele era apenas um precursor de Elias, que ainda estava por vir. Jesus queria ouvir o que João dizia às multidões às margens do rio Jordão.

Esta era uma boa oportunidade de esclarecer o significado de um termo que sempre me intrigara por ter inúmeras definições.

– Tiago – perguntei eu – me esclarece uma coisa. O que é um profeta?

– Um profeta é um mensageiro de Deus. A palavra em hebraico significa "um que fala por outro". Ele pode ser rico ou pobre, culto ou ignorante, nobre ou humilde. Elias era um pastor pobre, Isaías era professor e Jeremias vinha de uma família de sacerdotes. Os profetas sempre falam sem temer por sua própria segurança e seu próprio bem-estar. Avisam aos homens e às nações, a reis e mendigos, que apenas a ruína e a desgraça espera aqueles que não seguem as leis de Deus e caem no mal e no pecado. Há duzentos anos que não surgia um profeta em Israel; logo, quando João apareceu, causou muita alegria ao povo, e muita apreensão a Herodes, aos sacerdotes e a outras autoridades.

– Jesus foi ouvir este profeta?

– Foi, mas não voltou na época marcada, e minha mãe começou a ficar preocupada. Finalmente, parti à procura de João, que disse lembrar-se de Jesus, quando ele lhe veio pedir para ser batizado, mas não o tinha visto depois disso.

– Descreve o que Jesus pediu a João que lhe fizesse.

– O batismo? João proclamava que todos deviam arrepender-se de seus pecados, mudar seus costumes e purificar a mente, a alma e o corpo, a fim de estarem prontos para o Reino dos Céus, que estava por vir. Para preparar-se para aquele dia em que o escolhido viria julgar toda a humanidade, cada um dos fiéis que vinha até João às margens do Rio Jordão era imerso em suas águas como símbolo de que estava disposto a receber o. . . o. . .

– O Messias? Aquele que traria a paz universal e dominaria de um a outro mar, e desde o rio até os confins da terra?

Tiago parecia chocado por minhas palavras.

– Como é que um romano como tu sabe as palavras de um antigo salmo judeu?

Atrás de Tiago vi o olhar preocupado de José.

– Escrever a história de teu povo – respondi eu – sem estudar seus salmos e seu significado seria um insulto a todos os judeus.

Tiago pareceu satisfeito com a resposta.

– Então deves saber, Matias, que as palavras que repetiste foram cantadas em homenagem a nosso grande Rei Salomão, que governou esta terra há quase mil anos atrás.

– E estas palavras daquele velho salmo não teriam nenhum significado especial para as multidões que corriam para ouvir João anunciar, dia após dia, que o Reino dos Céus estava por vir – um reino que certamente precisaria de um rei?

Tiago sabia se controlar. Ao invés de tomar aquelas palavras obviamente irônicas como ofensa, ele simplesmente sacudiu os ombros largos e respondeu:

– Quem pode saber o que se passa na cabeça e no coração de um povo oprimido?

– Finalmente Jesus voltou para casa, depois de suas andanças?

– Voltou, depois de mais de quarenta dias. Veio num estado tão deplorável, que nenhum de nós teve coragem de repreendê-lo por ter ficado fora de casa tanto tempo, sem mandar uma notícia sequer. Suas roupas estavam cobertas de espinhos e meio rasgadas; o cabelo era um emaranhado só; o rosto e as mãos estavam negros de tão queimados do sol; os olhos pareciam duas brasas; estava tão magro que mal o reconhecemos.

– Ele explicou a causa de seu estado e de sua longa ausência?

– Disse-nos que por dois dias havia ouvido João pregar às margens do Jordão, antes de apresentar-se para ser batizado. Depois, quase como se houvesse perdido o juízo, ele se viu vagando pelo deserto, do outro lado do rio. Ali ele ficou durante semanas, sem comida e pouca água, ébrio, não de vinho, mas das palavras do João, que ecoavam sem parar como um trovão em sua cabeça: "Fazei penitência porque está próximo o Reino dos Céus. . . Eu vos batizo com água em sinal de penitência, mas aquele que virá depois de mim é mais poderoso do que eu e nem sou digno de desatar-lhe as correias das sandálias. Ele vos batizará no Espírito Santo e em fogo!"

– Jesus voltou direto a Nazaré depois de sua temporada no deserto?

– Não. Um dia, depois de ter ficado só por tanto tempo, viu que estava às margens do Jordão novamente, e deparou com João. Envergonhado, por causa de sua aparência, ficou de fora da multidão, a escutar, mas mesmo daquela grande distância João o viu, apontou em sua direção e gritou: "Eis o Cordeiro de Deus! Aquele que tira o pecado do mundo!" Ao ouvir aquelas palavras, Jesus disse que se virou e saiu a correr até cair de exaustão. Depois disso, só se lembrava de ter chegado à porta da casa de sua mãe, em Nazaré.

Ergui-me. Olhando-o, tentei escolher minhas palavras com muito cuidado.

– Tiago, sabes se teu irmão atribuiu algum significado especial a

João o ter aclamado cordeiro de Deus, lembrando a profecia de Isaías, e o que Jesus sentiu ao ver pela primeira vez o cordeiro sacrificado ser espetado em uma cruz de madeira?

Ele respondeu de imediato, como se a mesma idéia lhe ocorresse muitas vezes.

– Não sei. É mais fácil ver e entender o significado oculto das coisas depois que elas passam.

– Quando ele se recuperou, Jesus voltou a trabalhar?

– Apenas por pouco tempo – até que chegou a notícia de que João havia sido detido por Herodes e estava preso no castelo de Maquero. Logo depois, minha mãe veio até minha casa aos prantos pedindo-me para conversar com Jesus, que não comia nem pegava no martelo ou na serra desde que havia sido informado da captura de João. Encontrei-o sentado em sua cama, cabisbaixo. Chamei-o várias vezes, mas não recebi resposta. Agarrei-o então pelos ombros e o sacudi de leve, e quando ele ergueu os olhos vi que estava chorando. Ele curvou-se em minha direção, abraçou-me na cintura, e senti que seu corpo tremia. Levantou-se, então, beijou-me nas duas faces, e disse: "Tiago, cuida de nossa mãe e nossas irmãs. Devo ir-me. Devo continuar a obra de João."

– Ele usou a palavra "devo" novamente?

– Usou. Então beijou minha mãe e minhas irmãs e partiu, antes que pudéssemos convencê-lo a ficar. Não levou nada, só as roupas do corpo.

– Sabes para onde ele foi?

– Logo chegaram notícias de que ele andava de uma aldeia a outra, pregando a palavra de João e pedindo que todos se arrependessem de suas faltas, para se prepararem para o Reino dos Céus que se aproximava. A maioria dos aldeões, bem como seus irmãos, maldavam que o tempo que havia passado exposto ao sol do deserto, após João tê-lo batizado, devia ter-lhe afetado o juízo. Por mais de dois meses ele não nos mandou nenhuma notícia, e cada vez ficávamos mais preocupados com ele, pois havia espiões de Herodes espalhados por toda parte. Uma tarde ele voltou para a aldeia, e no dia seguinte, no sábado, ele nos acompanhou até a sinagoga.

Nunca hei de me esquecer daquela manhã.

O dia decisivo em que Jesus chocou a sinagoga, a aldeia e a família.

– Por favor, conta-me – pedi eu.

– Os rituais de culto transcorriam como de costume, na primeira parte. O ministro dirigia nossas preces, recitamos o Shema e foram dadas as bênçãos. Após erguermos as mãos e cantarmos algumas elegias, o ministro aproximou-se da arca e retirou um pergaminho da Lei. Este era o momento em que as palavras de nossos profetas deveriam ser lidas por uma pessoa escolhida no Templo. O ministro olhou em volta por um instante, desceu até nós e entregou o pergaminho a Jesus. Houve alguns resmungos e até alguns protestos em voz alta por parte daqueles que julgavam impróprio que se honrasse Jesus, que havia abandonado sua mãe e sua família. Eu estava sentado ao lado dele, e lembro-me de ter tido um pressentimento súbito de perigo. Creio que minha mãe sentiu o mesmo pois avistei-a entre as mulheres, balançando a cabeça para mim, como se estivesse me fazendo um sinal. Eu não sabia o que fazer.

Tiago respirou profundamente antes de continuar.

– Jesus apertou o pergaminho contra o peito e fechou os olhos. Com passos decididos, aproximou-se da arca. Cuidadosamente desenrolou o pergaminho e leu as palavras de seu profeta favorito, Isaías: "O Espírito do Senhor está sobre mim, pelo que me ungiu; e enviou-me para anunciar a boa nova aos pobres, para sarar os contritos de coração, para anunciar aos cativos a redenção, aos cegos a restauração da vista, para pôr em liberdade os cativos, para publicar o ano da graça do Senhor."

Aquelas palavras especiais! Estudiosos da bíblia discutiam há séculos a possibilidade de elas terem realmente sido usadas naquele sábado. Eu tinha que descobrir.

– Deixa-me interrompê-lo por um momento, Tiago. Havia um grande número de pergaminhos na arca, e o ministro podia ter escolhido qualquer um deles?

– Há vários; porém o ministro não tem escolha. Nossos textos sagrados se dividem em mais de cento e setenta segmentos, cada um deve ser lido em cada sábado, seguindo uma ordem, até que todos sejam lidos, após o que são repetidos. São necessários mais de três anos para completar um ciclo.

– Então este texto, em particular, que Jesus leu, não foi escolhido nem pelo ministro nem por Jesus, mas era o texto previsto para aquele sábado?

– Correto. Quando Jesus terminou a leitura, devolveu o pergaminho desdobrado ao ministro e voltou para o meu lado. Todas as atenções estavam voltadas sobre ele, e a sinagoga estava silenciosa como um túmulo. Jesus ergueu a cabeça e com voz forte, para ser ouvido por todos os presentes, e anunciou: "Neste dia acaba de cumprir-se esta escritura!"

A voz de Tiago havia se tornado quase um sussurro, e eu quase não conseguia ouvi-lo, em meio ao clamor do pátio.

– Lembro-me de um grito de mulher, que despertou a multidão, paralisada diante do anúncio que saíra dos lábios de meu irmão. As pessoas rapidamente ficaram de pé, e lá do fim ouvi uma voz perguntar: "Quem é esse homem que finge ser nosso salvador?" Outro perguntou: "Não é ele o carpinteiro, filho de Maria, irmão de Tiago, José, de Judas e de Simão? Não vivem também aqui entre nós suas irmãs?"

Não pude deixar de perceber a concentração com que José de Arimatéia ouvia cada palavra, como se nunca antes tivesse ouvido narrar aquele incidente da vida de Jesus.

– O que fez Jesus? – perguntou ele com ansiedade; aí, dirigindo-se a mim pediu desculpas.

Tiago sorriu para o velho e continuou.

– Jesus ainda estava de pé, e apesar de não me atrever a olhar para ele ouvi-o dizer com sua voz grave, corajoso e sem medo: "Um profeta só e desprezado na sua pátria, entre os seus parentes e na sua própria casa." Suas palavras chocaram-me e enraiveceram-me. Todos nós havíamos sido incluídos nesta condenação. De repente as pessoas correram em sua direção, atirando-me ao chão. Quando agarraram meu irmão, eu ainda podia ouvi-lo gritando algo sobre nossos profetas Elias e Eliseu, e suas palavras pareciam incitar mais a multidão. Ainda de joelhos, vi quando ele se livrou de vários que o prendiam e correu para trás da arca. Aí ele desapareceu pela porta dos fundos, com a multidão em seu encalço. Corri para perto de minha mãe, que havia desmaiado, levantei-a em meus braços, carreguei-a para casa. Mais tarde soubemos que as pessoas quiseram atirar Jesus do morro perto de nossa aldeia, mas ele escapou.

Fingi ignorar os fatos.

– O que Jesus disse, exatamente, que os ofendeu a tal ponto de eles quererem matá-lo?

Tiago respirou e apertou as mãos.

– Ele era um homem como todos nós, que ganhava o pão de cada dia com o suor de seu rosto. Fora criado em Nazaré, brincara em nossas ruas, e a única instrução que havia recebido tinha sido dos próprios aldeões, em nossa pequena sinagoga, que não possuía um rabino. Como é que eles podiam aceitar uma afirmativa dessas, de que ele havia sido escolhido por Deus, dentre todos os grandes homens e sábios de Israel, para ser seu mensageiro especial de liberdade e vingança – o Messias?

– E tu? – indaguei. – Acreditavas que ele tivesse algo especial? Se não fosse o Messias, ao menos um profeta, como João ou Elias, ou os outros que vieram antes?

– Não. Jesus era meu irmão, que eu sempre amara e respeitara. . . ao menos até aquela manhã, quando ele reprovou a todos nós. Naquele instante fiquei contente de poder me livrar dele, apesar da angústia de minha mãe quando ele fugiu.

– Mais tarde, tu ou alguém de tua família foi ouvi-lo pregar pela Galiléia?

– Só uma vez, depois de termos recebido a visita de quatro homens da lei, chamados fariseus, aqui do Templo. Fizeram muitas perguntas sobre ele, exatamente como tu fazes hoje, e ficamos com medo. Se por um lado Herodes não havia se voltado contra ele, agora havia um novo perigo: que ele fosse chamado para dar satisfação de suas palavras e ações perante o Sinédrio, nossa corte judiciária superior. Embora o Sinédrio não tivesse autoridade nenhuma na Galiléia, apenas aqui na província da Judéia, minha mãe queria desesperadamente avisar Jesus do perigo que ele estava correndo. Quando ouvimos que ele estava ali por perto, em Cafarnaum, ela persuadiu a mim e a meu irmão a acompanhá-la até lá, para que ela pudesse lhe suplicar que voltasse para casa antes que fosse tarde demais.

Outra cena famosa, discutida, comentada, tantas vezes distorcida para se adaptar a vários pontos de vista, ao longo dos anos, que não mais parecia verossímil.

– Jesus acatou teus conselhos? – perguntei.

– Ele sequer quis nos ver! Estava pregando em uma casa tão cheia de pescadores e de pobres da rua e do porto que a multidão se espalhava pelo pátio, de modo que não pudemos entrar. Quando mandei avisá-lo que sua mãe e seus irmãos estavam lá fora, ele respondeu em voz bem alta, para que todos ouvissem: "Quem é minha mãe e quem são meus irmãos? Eis aqui minha mãe e meus irmãos! Todo aquele que faz a vontade de meu Pai, que está nos céus, esse é meu irmão, minha irmã e minha mãe." Desta vez minha mãe não chorou. Agarrou meu braço e disse: "Vamos para casa."

– Jesus voltou mais alguma vez a Nazaré?

– Só mais uma vez. Passou pela aldeia para fazer uma visita a nossa mãe, muitos meses depois. Àquela altura, ele já havia reunido um pequeno grupo de discípulos, que estavam com ele.

– Como foi recebido por sua família?

– Como sempre, minha mãe e minhas irmãs trataram-no com carinho, amor e atenção especiais, enquanto eu e meus irmãos, quando as mulheres não estavam presentes, o tratávamos com desprezo. Nós o ridicularizávamos, dizendo que tínhamos ouvido muitas histórias sobre seus milagres, que ele curara aleijados e cegos, e até mesmo expulsara demônios. Dissemos que não acreditávamos em nada daquilo. Nós chegamos a desafiá-lo, dizendo que se ele fazia realmente estas coisas espantosas, ele não devia mantê-las em segredo, realizando-as nas menores aldeias, mas que devia ir a Jerusalém, para que as multidões e os sacerdotes do Templo pudessem ver seu poder e ouvir que ele falava como um verdadeiro profeta de Deus.

– E o que Jesus disse?

– Sua única resposta foi que ainda não era chegada sua hora. Nós rimos, zombamos dele e o deixamos.

Agora nos aproximávamos da pergunta mais importante que eu tinha de fazer a Tiago. Já ia me sentando quando por alguma razão inexplicável, resolvi ajoelhar-me diante dele, colocando audaciosamente minhas mãos em seu colo.

– Tiago, disseste-me, creio, que já eras casado nesta época. Caso não tivesses responsabilidades familiares, terias pensado em entrar para o grupo de teu irmão?

– Não! – urrou ele, como se pregasse na plataforma. – Enquanto eu tentava, da melhor forma possível, viver minha vida dentro das leis de nossa Tora e praticar as injunções de nossos profetas, Jesus, segundo aqueles que o viam e o ouviam, violava abertamente algumas de nossas leis mais sagradas. Ele comia e bebia com os publicanos e as prostitutas, não observava o sábado, menosprezava nossos grandes escribas e a sabedoria dos fariseus, não lavava as mãos antes de partir o pão e – pior de tudo – se atrevia a *perdoar* os pecadores! Nem mesmo Moisés ou Abraão ou Elias tinham aquele poder. Apenas nosso Pai do Céu pode sanar a chaga do pecado. Eu tinha certeza de que Jesus estava em um caminho que o levaria à vergonha e à destruição, e eu não queria participar daquilo.

Gotas de suor pingavam do rosto de Tiago sobre meus pulsos. Seus lábios tremiam, e rugas profundas de angústia marcavam sua testa. Eu quase me odiei por torturá-lo com aquelas lembranças. E a tudo suportava, de boa vontade, como se estivesse se submetendo a uma penitência.

– Nunca viste teu irmão ressuscitar ninguém, nem fazer um cego ver, um aleijado andar, nem curar um leproso, como muitos diziam que ele fazia?

– Nunca.

– Alguma vez o viste realizando alguma façanha que talvez pudesse ser considerada um milagre, algo contrário às leis da natureza?

– Não.

– Alguma vez o ouviste dizer que era o Messias, o salvador e rei dos judeus que todos aguardavam?

– Não.

– Alguma vez o ouviste dizer que era o filho de Deus?

– Não.

– Não estavas com ele durante sua última semana em Jerusalém, antes da execução?

– Não. Eu estava em Nazaré, com nossa família.

– Então não estavas com ele no horto, na noite em que ele foi preso?

– Matias, na verdade tu não fizeste todas estas perguntas para um mero livro de história, não é? Será que de minha resposta depende tua própria paz de espírito?

– Não, nada disso. Estavas presente quando ele foi julgado e condenado à morte pelo respeitável júri de cidadãos honrados, o Sinédrio?

– Não.

– Não estavas no meio da multidão, ali no pátio do Forte Antônia, na manhã em que Pilatos o julgou, o flagelou e o condenou a morrer na cruz?

– Não.

– Não assististe a sua crucificação?

– Não – soluçou ele.

– Não ajudaste este homem, José, a sepultá-lo?

– Não – soluçou ele.

Tomei ambas as suas mãos e olhei-o fixamente nos olhos.

– No entanto, agora, aqui neste pátio, os seguidores de teu irmão se reúnem e fazem adeptos todos os dias, e se multiplicam mais depressa do que moscas. E quem está sendo aclamado e honrado como um dos líderes desta multidão, seis anos após a morte de Jesus? Tu, Tiago! Tu!

Ele baixou os olhos.

– Enquanto teu irmão incitava o povo e violava as leis, tu te envergonhavas e te afastavas dele. Mas depois que ele foi crucificado, passaste a te expor ao mesmo castigo que ele, pregando sua filosofia nas ruas e mesmo aqui, no Templo, sob as vistas daqueles que o julgaram e condenaram! Tu dizes que te recusaste a juntar-te a ele enquanto ele estava vivo e pregava, porque estavas certo de que o caminho que ele havia escolhido o levaria à vergonha e à destruição. Por que é que *tu* agora estás no mesmo caminho, Tiago?

Não houve resposta.

– Por que, Tiago?

Ainda nenhuma resposta. Fechei meus olhos, frustrado. Tiago já havia suportado muita coisa em Jerusalém, durante aqueles anos, para ficar intimidado com um reles escritor, se nem mesmo a ameaça constante das espadas de Roma e das injunções dos sacerdotes o haviam intimidado.

De repente senti ambas as suas mãos em minha cabeça, seus polegares fortes acariciando minha nuca, como se eu fosse uma criança. Quando abri os olhos, os seus estavam a apenas alguns centímetros de distância. Não havia a menor sombra de raiva ou ódio naquele rosto fatigado pelo tormento a que eu acabara de submetê-lo – apenas compaixão.

Senti o sangue pulsar-me nas têmporas. Tentei responder mas não consegui.

– Matias, tu tencionas interrogar outras pessoas sobre Jesus?

Fiz que sim com a cabeça.

– Muito bem. Vamos nos encontrar de novo, tu e eu, depois de teres falado com todos eles. A essa altura entenderás, tenho certeza, muito mais do que és capaz de entender agora, e estarás também mais preparado para minha resposta a tua última pergunta.

Beijou-me na testa, soltou-me o braço e foi abraçar José. Depois se foi, mas não antes de virar-se e gritar, em meio ao tumulto que havia em sua volta, uma única palavra.

– Mizpah!

O Senhor nos proteja durante nossa ausência.

Emocionado e esgotado, virei-me para o velho de Arimatéia e disse, num tom cansado:

– José, leve-me para casa, por favor.

seis

Jerusalém tinha um serviço perfeito de despertador comunitário. Toda manhã, logo que surgia o primeiro raio de sol no horizonte, nas cadeias montanhosas de Moab e Gilead, ao leste, as cornetas dos sacerdotes anunciavam ruidosamente o nascer de um novo dia. Nem mesmo uma pessoa com o sono mais profundo, no canto mais remoto desta cidade cercada de muralhas, podia ignorar a mensagem estridente e pertinaz daquelas cornetas. Foi o toque de alvorada que eu precisava na manhã seguinte à minha primeira visita ao Templo.

Mateus, o próximo na minha lista de "testemunhas" foi tão fácil de localizar quanto Tiago. José conhecia bem os seus hábitos, e o encontramos pouco depois da aurora, exatamente onde o velho havia dito – rezando no horto de Getsêmani.

Além da muralha leste, despontavam picos agudos de calcário, que desciam centenas de metros para o Vale do Cédron. Além do vale, descortinava-se uma cadeia irregular de montanhas verdejantes, o Monte das Oliveiras. O horto ficava ao pé do monte, bem perto do portão da cidade, bastando atravessar uma ponte de pedra, ainda assim, ficava protegido dos olhares dos transeuntes, e daqueles que se encontravam no pátio do Templo, por imensos ciprestes, figueiras, amendoeiras, romãzeiras e especialmente oliveiras, de onde se originou o nome, Getsêmani, que significa "galga".

Deixando a carruagem com Shem, José e eu entramos no horto, esquivando-nos de vários galhos baixos de oliveiras com folhas prateadas, enquanto percorríamos uma passagem estreita por entre arbustos e matacões parcialmente cobertos por folhagens. Flores cresciam em profusão, derramando-se dos canteiros abandonados, e agora lutavam para sobreviver contra o mato cerrado, coberto de orvalho, que chegava quase à altura do joelho. Também galhos de pinheiros, já sem vida, ainda se agarravam tenazmente a troncos verdes e vivos. Sobre nossas cabeças, cada árvore parecia abrigar uma família de andorinhas, as quais nos informavam, por meio de gritos zangados e estridentes, que não apreciavam esta nossa intromissão.

– Jesus vinha muito aqui, não é, José?

– Vinha. Era o seu lugar favorito, depois das colinas de Nazaré. Ele passou muitas horas aqui, sozinho e com seus seguidores rezando, ensinando, ou simplesmente se refrescando, longe do calor da cidade.

– Veio até mais do que devia, não é?

O velho não caiu na armadilha.

– Estás te referindo à noite em que ele foi preso? Matias, nunca te esqueças que ele estava aqui, naquela noite, de livre e espontânea vontade. Sabendo do grave perigo que corria, ele podia muito bem ter fugido para o norte, rumo à Galiléia, e ter escapado de seus inimigos. Mas estas são coisas que deverás descobrir sozinho, filho.

Shem agora havia nos alcançado, mantendo-se a uma boa distância; avançávamos horto adentro – aliás mais um pomar do que um horto. De repente o velho parou e colocou a mão em meu peito.

– Olha! – sussurrou ele.

Bem em frente, à nossa direita, havia uma pequena clareira. No centro, havia um homem de joelhos, a cabeça erguida para o céu e as mãos unidas firmemente, os braços apoiados em um rochedo.

– Fica aí – disse José. – Deixe-me ir sozinho para que ele não se assuste. Vou contar-lhe o propósito de nossa visita e se ele estiver disposto a falar contigo farei um sinal.

José aproximou-se vacilante do apóstolo, que rezava, até que Mateus virou-se e viu seu velho amigo. O rosto dele imediatamente iluminou-se e mais uma vez baixou a cabeça antes de levantar-se. Vendo, de meu esconderijo, os dois amigos se cumprimentarem, por um triz não saí correndo. Mas correr para onde? Como voltar *dali* para Phoenix, no Arizona?

Finalmente vi José apontando em minha direção. Mateus balançava a cabeça afirmativamente, parando vez ou outra para interromper o velho. Aí ergueu as mãos e ouvi José chamar meu nome. Tropecei duas vezes até chegar à clareira.

Mateus tinha cabelos castanhos, curtos, que mal tocavam seus ombros magros. Sua barba era muito bem aparada, e cobria um maxilar anguloso e maçãs acentuadas. Seus olhos grandes, acinzentados, pareciam desproporcionais, e sua pele era tão clara que parecia não ter sido jamais exposta ao vento e ao sol inclementes da Judéia. Um manto de lã azul envolvia sua figura alta, cobrindo parcialmente uma túnica de algodão que se abria apenas nos tornozelos, deixando expostas sandálias de madeira amarradas com uma corda grossa. Ele veio me cumprimentar, com ambos os braços estendidos, com cordialidade.

– Tens um belo nome, Matias.

Sorri, de leve, e murmurei:

– Também tu, Mateus.

– José me disse que estás escrevendo uma história dos judeus e queres incluir o papel que Jesus desempenhou em nossas vidas.

– Sim – respondi – e procuro também a verdade sobre sua morte.

Mateus sorriu com indulgência.

– Mas Jesus não está morto. Podes verificar este fato sem minha ajuda. A apenas algumas centenas de côvados daqui, além da muralha, a oeste da cidade, fica o lugar onde ele foi enterrado. José já te levou até lá, para que possas ver com teus próprios olhos o túmulo vazio?

Se eu não tomasse cuidado, poderia estragar a entrevista antes mesmo de ela começar.

– Perdoa-me, Mateus, mas mesmo quando eu vir o sepulcro não ficarei satisfeito. Como teu amigo Tomé, preciso de mais fatos, mais verificações. Para mim um túmulo vazio é apenas um buraco. Não prova nada. José disse que tu talvez pudesses me ajudar a descobrir a vèrdade, onde quer que ela nos leve.

Mateus hesitou e depois apontou para José.

– Até que escolheste um bom advogado. No entanto – seus olhos brilharam por um instante – deves ter cuidado com ele. Só estou te avisando. Muitos incrédulos como tu ficaram fascinados por ele, e agora estão entre nossos seguidores mais fiéis. Fico feliz de poder responder às tuas perguntas; porém, todos nós que vivemos para Jesus temos que nos sustentar e também pagar nossos dízimos. Logo, tenho que estar no mercado até a hora terceira, para ajudar Obadias, o ourives, quando ele abrir sua loja. O coitado é um excelente artesão, mas um péssimo guarda-livros, e estava muito necessitado de um, até que nos conhecemos.

– Agradeço-te muito por tua ajuda. Vamos nos sentar aqui e ficar à vontade, para conversarmos.

Apontei para um pedregulho grande e achatado perto do qual Mateus havia orado. Virei-me para sentar-me. . .

– Não! !! – ambos exclamaram, e os gritos angustiados ressoaram pelo horto.

Ainda agachado fiquei imóvel. Achando-me um perfeito idiota, ergui-me novamente e olhei para José, na esperança de que ele me dissesse o que fazer. Porém, Mateus veio e pegou minha mão.

– Perdoa-nos, Matias. Como é que irias saber que esta laje de pedra é sagrada, para nós? Foi nesta rocha que Jesus rezou em sua última noite, antes de ser preso.

Desci e esfreguei minha mão na superfície dura e áspera, lembrando-me das pinturas idealizadas de Jesus rezando no horto. Ainda havia poeira branca em minha palma úmida quando seguimos Mateus até um lugar gramado à sombra de uma oliveira secular. Lá nos acomodamos. Shem, agachado, aproximou-se do caminho por onde havíamos vindo, e seu corpo escuro rodava; ele estudava atento as sombras que se moviam no horto. Comecei do início. Apesar de termos acabado de ser apresentados, perguntei, meio nervoso:

– Como te chamas?

Mateus sorriu.

– Isto depende de quem está se dirigindo a mim, se é um amigo ou um inimigo. Sou Mateus, algumas vezes chamado Levi, filho de Alfeu de Cafarnaum.

– Qual é tua idade?

– Tenho quarenta e sete anos de idade.

– Eras amigo íntimo de Jesus?

– Fui o quinto a ser chamado por ele, depois que ele começou a pregar em Cafarnaum, onde eu morava e trabalhava.

Escolhi com cuidado as palavras, para testar a sua reação:

– Pelo que me consta, tu abandonaste o excelente cargo de coletor de impostos, para o qual havias sido nomeado pelo tetrarca da Galiléia, Herodes Antipas, para seguir Jesus. Por que um homem abandonaria sua família, seus amigos e sua profissão para vagar com um bando de ciganos que não tinham um tostão no bolso?

O apóstolo encarou-me mais incrédulo do que enraivecido. Finalmente começou a rir consigo mesmo.

– Matias, com certeza a fonte que te forneceu tais informações deve ter-te dito também que aquilo que generosamente chamas de profissão é considerado por nossa gente um meio de vida mais pecaminoso que a prostituição. Eu não era apenas um coletor de impostos, mas o mais humilde dos coletores de impostos, um mísero *mokhes*, aquele que recebe, ele próprio, os tributos, ao invés de contratar outros para fazer este serviço sujo. Por sofrer na carne todo tipo de escárnios e xingamentos daqueles que passavam pelo posto de coleta, eu podia ficar com uma porcentagem maior dos impostos, antes de enviar o restante a Herodes, que por sua vez enviava uma parte ao seu imperador, em Roma. Amigos eu não tinha, fora minha própria família e outros coletores de impostos das redondezas.

– Mas eras um dos homens mais ricos de Cafarnaum.

– Muitos de nós pagam caro por sua riqueza. Como publicano, eu era proibido de levar meu dinheiro ao Templo para qualquer finalidade. Não podia servir de juiz, nem mesmo de testemunho, em qualquer processo, e quase todo rabino afirma que o publicano que se arrepende está perdendo seu tempo.

– Então por que te tornaste um coletor de impostos?

Ele deu de ombros.

– Quem pode dizer por que se tornou o que é? Por que escreves? Para mim, que não sei qualquer outro ofício e não tenho a mínima inclinação para o comércio, coletar impostos era um ganha-pão.

– Como foi que conheceste Jesus?

– Ele veio a Cafarnaum sozinho, trazendo uma mensagem de esperança para nosso povo diferente de tudo que já ouvíramos antes. Às vezes falava em nossa pequena sinagoga, mas geralmente estava à beira da praia, do nascer ao pôr-do-sol, ensinando e confortando os pobres e os doentes do cais, que por ignorarem as leis de Moisés sentiam-se indignos de entrar na casa de Deus mais próxima. Uma manhã, quando ele estava por perto, deixei minha cabine sozinha e fui ouvi-lo. As palavras que ouvi de sua boca naquele dia mudaram minha vida para sempre.

– Era tão grande assim o poder de suas palavras?

– Era. Eu havia perdido todas as esperanças de que Deus iria apagar de seu livro meu pecado: o de ser publicano. Mas eis que aquele homem dizia haver ainda uma chance para mim e para todos os outros miseráveis pecadores. Ele dizia àqueles que se apinhavam em sua volta que o Reino de Deus estava próximo, e que todos nós – todos! – podíamos nos preparar para aquele dia. A salvação, ensinava ele, estava ao alcance de todos, e mesmo o pior dos pecadores podia renascer aos olhos de Deus, contanto que adquirisse a fé e a humildade das criancinhas. Ele chegava a nos ensinar o que dizer, em nossas orações pela salvação, e nos avisava sempre para rezarmos em segredo, não como os hipócritas que vão às sinagogas, onde podem ser vistos e ouvidos por todos. O prêmio deles, prometia ele, viria apenas dos homens, enquanto que o nosso viria do Pai, que conhecendo nossas necessidades em segredo, nos recompensaria.

– Quando foi que te tornaste um dos seguidores de Jesus?

– Logo em seguida. Eu ia ouvi-lo sempre que podia, esperando encontrar coragem para aproximar-me dele, tocá-lo, fazê-lo dizer algumas palavras a mim. Mas minha vergonha sempre me impedia de fazê-lo. Então, uma manhã, após Jesus ter pregado para uma imensa multidão, da proa de um pequeno barco, ele passou perto de minha cabine com quatro de seus seguidores. Aproximou-se tanto de mim, que eu poderia tê-lo alcançado e tocado sua túnica. Lutei para dizer o que estava em meu coração, mas as palavras ficaram entaladas em minha garganta. Quando ele se distanciou, comecei a chorar, certo de que jamais teria outra oportunidade igual. De repente ele parou e virou-se até me encarar. Jamais hei de esquecer aquele olhar de amor, compaixão e tristeza em seus doces olhos castanhos, como se ele pudesse entender tudo o que eu estava pensando. Dirigiu-se a mim e disse apenas: "Segue-me."

– E o que fizeste? – perguntei, desnecessariamente.

– Deixei tudo para trás: meus registros, o dinheiro que havia coletado naquele dia, minha casa, meus irmãos e meus pais. E fiquei com ele pelo resto de seus dias na terra, até aquela noite terrível, em que ele foi preso aqui neste horto.

– Tens algum arrependimento?

– Arrependimento? Tenho muitos. Arrependo-me de ter me acovardado e fugido com os outros, como Jesus previra, quando ele foi capturado; de não ter entendido totalmente o significado de suas parábolas e profecias quando ele as contou pela primeira vez; de não ter lutado, com tudo o que eu tinha dentro de mim, contra aqueles que procuravam desacreditá-lo, desde o início; de não tê-lo confortado mais nem tê-lo servido melhor; e mais do que tudo, de ter sido tão cego e ignorante que só o reconheci como Filho de Deus quando ele foi crucificado. Mesmo assim, minha oportunidade virá novamente.

– Tu também esperas que ele volte?

– Matias, ele jamais se foi. Está sempre comigo, e me guia até mesmo neste momento em que estou falando contigo. Ele nos prometeu que quando fôssemos levados perante os gentios, em seu nome, não devíamos pensar nas palavras que dizíamos, pois elas nos seriam dadas pelo espírito de nosso Pai, naquele instante, e este falaria através de nós.

De alguma forma, o que me dizia Mateus parecia ter um significado diverso do texto de qualquer uma das traduções da Bíblia que eu possuía.

– Ele está falando por teu intermédio, agora?

– Está. Eu acredito!

– De tudo o que pude recolher, concluo que Jesus era indiscutivelmente um sábio. Se isso é verdade, por que ele recrutou o mais desprezível dos judeus, um coletor de impostos, para ajudá-lo em sua missão? Não eras um fardo sobre seus ombros?

– Naquela mesma noite do dia em que fui chamado, antes que eu tivesse tempo de ponderar sobre essas perguntas, ele próprio me disse o que queria de mim.

– E o que queria ele?

– Depois do pôr-do-sol, naquele dia em que havia me tornado um de seus seguidores, dei uma festa em minha casa para comemorar o acontecimento mais feliz de minha vida. Jesus e seus discípulos eram meus convidados de honra. Depois do jantar, já bem tarde da noite, três homens respeitáveis, conhecedores da lei, três fariseus, atravessaram a multidão e se aproximaram dos discípulos Pedro, André, Tiago e João. Perguntaram aos quatro por que seu mestre se sujava daquela forma, comendo entre publicanos e pecadores, em uma casa profana igual à minha. Jesus, que estava sentado ao meu lado, ouviu a pergunta e levantou ambas as mãos, até que todos ficaram em silêncio. Repetiu a pergunta que os fariseus haviam feito, alto o bastante para que todos ouvíssemos, e então lhes respondeu, dizendo: "Não são os que estão bem que precisam de médico, mas sim os doentes. Ide e aprendei o que o profeta disse com estas palavras: 'Eu quero misericórdia e não sacrifício, pois eu não vim chamar os justos, mas os pecadores.'"

– Os fariseus ficaram satisfeitos com a resposta?

Mateus suspirou.

– Eles nunca ficam satisfeitos. Cochichavam entre si, e aí o mais corajoso perguntou a Jesus, diretamente: "Por que jejuam os discípulos de João e os dos fariseus e os teus discípulos não jejuam?" Lembro-me que Jesus respondeu, pacientemente: "Podem os convidados para o casamento afligir-se enquanto o noivo está com eles? Dias virão em que lhes será tirado o noivo. Então eles jejuarão." Ouvindo isto, os fariseus logo saíram de minha casa.

– Tens certeza que ele disse que o noivo lhes seria um dia tirado? Ouviste-o dizer isso?

– Tenho certeza.

– Quando Jesus te disse o que queria de ti?

– Mais tarde, quando apenas ele e seus discípulos estavam presentes, Jesus me pediu que saísse com ele, sozinho, para o pátio. Sentamo-nos em uma rocha grande, embaixo da única árvore que há em minha propriedade. Com o braço em meu ombro, começou a relembrar-me nosso grande profeta Isaías, que há mais de setecentos anos anunciou a palavra de Deus, apesar das perseguições de seu inimigo, o rei Manassés. Isaías havia sabiamente profetizado que algum dia Manassés o condenaria à morte, profecia esta que no final se cumpriu: Isaías foi amarrado em uma mesa e partido ao meio por uma serra. Ainda assim, as palavras poderosas de Isaías conservam-se até hoje, pois ele havia escolhido e instruído certos discípulos para continuar seu trabalho, e colocar as palavras dele em papiros e couros, a fim de que elas pudessem existir para sempre. Isaías havia dito: "Reuni meu testemunho e selei meus ensinamentos no coração de meus discípulos." Esta, explicou Jesus, era também *sua* intenção, e ele a realizaria por intermédio da minha pessoa.

— Tu haverias de recolher suas palavras para as gerações futuras?

— Exato. E também seus feitos.

— Incluindo. . . os milagres?

— Ele não disse nada sobre milagres. Estávamos sentados naquela escuridão, e ele disse-me que logo escolheria doze entre seus seguidores para serem seus apóstolos, e alertarem o povo que o Reino de Deus estava próximo. Eu haveria de ser um dos doze; no entanto, minha obrigação era permanecer sempre ao seu lado, a fim de recolher tudo o que fosse dito. Disse ele: "Como testemunhaste esta noite, em tua própria casa, eles já me espionam e procuram razões para me destruir, como fizeram com João Batista. Desde já, meus dias estão contados. Herodes, Pilatos e os oficiais do Templo estão à minha espera, com suas armadilhas, e não há lugar para me esconder. As raposas têm suas tocas, e as aves do céu seus ninhos, mas o Filho do Homem não tem onde repousar a cabeça."

— Ele disse realmente que seus dias estavam contados?

Mateus fez que sim com a cabeça.

— Quando é que começaste a registrar as palavras e feitos de Jesus?

— Logo na manhã seguinte.

— Segundo tuas anotações alguma vez Jesus usou a palavra "Messias" referindo-se a sua própria pessoa quer diante das multidões, quer em particular?

— Não.

— Alguma vez Jesus se disse ser o "Filho de Deus"?

— Não.

— Acabaste de dizer que Jesus se referiu a si próprio como "Filho do Homem". Esta é uma expressão comum entre os judeus, não é? Significa apenas um homem, ou qualquer homem nascido dos homens, certo?

Mateus sorriu.

— É verdade. Ainda assim, aqueles que conhecem as palavras de nosso profeta Daniel podem dar outro significado desta expressão, um significado bastante diverso de seu uso comum.

Tentei mostrar-me irritado batendo na grama com raiva.

— Vós, judeus, chamais os romanos de pagãos porque têm inúmeros deuses, mas vós próprios tendes uma infinidade de profetas. Há sempre um cujas palavras se aplicam a qualquer situação. O que disse Daniel?

— Daniel teve muitas visões a respeito do nosso povo. Depois de uma dessas visões ele falou: "E eu considerava estas coisas numa visão da noite, e eis que vi um como o Filho do Homem, que vinha com as nuvens do céu, e que chegou até o Ancião de dias, e eles o apresentaram diante dele. E ele lhe deu o poder, glória e o reino; e todos os povos, todas as tribos de todas as línguas o servirão; o seu poder é um poder eterno, que lhe não será tirado, e o seu reino tal, que não será jamais destruído."

– Seria esta uma boa descrição do que os judeus esperam de seu Messias?

– As expectativas variam muito, de pessoa para pessoa.

Ele era muito mais esperto do que parecia, e obviamente já tinha sido submetido a esse tipo de interrogatório antes.

– Estás sugerindo que Jesus imaginou-se o "Filho do Homem" da profecia de Daniel, e que propositalmente usava aquela expressão como uma espécie de código secreto, para ser reconhecido por aqueles que queriam se unir a ele, sem se expor à ira de Pilatos e Herodes?

Mateus e José trocaram olhares furtivos.

– Mas isto não faz sentido – reclamei. – Seria tão improvável aquelas massas incultas entenderem o sentido implícito daquelas palavras, se é que havia algum, quanto qualquer espião de Pilatos ou Herodes.

– Talvez – concordou Mateus relutante.

– E ainda assim, foi entre os que ignoravam as palavras da maioria dos profetas que Jesus ensinou e pregou, quase todos os dias de sua vida pública. Como é que explicas isto?

– Ele amava os pobres e. . .

– Eu sei, eu sei – interrompi – mas se ele os amava tanto, e queria conduzi-los a uma vida melhor, por que não lhes disse claramente que era o Messias que tanto esperavam, ou mesmo, como muitos agora alegam, o Filho de Deus? Por que ele se escondia atrás de pronunciamentos misteriosos de antigos profetas e falava por meio de parábolas complexas, com mensagens tão ambíguas, que mesmo tu, tão íntimo dele, admites não ter entendido muitas delas?

Mateus, pelo menos externamente, permanecia impassível às minhas insinuações.

– Jesus nos disse certa vez, quando lhe perguntamos por que falava em parábolas: "Porque a vós é dado compreender os mistérios do Reino dos Céus, mas a eles, não. Eis porque lhes falo em parábolas: para que vendo, não vejam e ouvindo, não ouçam nem compreendam."

– Decididamente, não é a melhor maneira de preparar as massas para um novo reino – disse eu, maliciosamente.

Levantando-me para esticar as pernas, pude sentir o olhar zangado de José de Arimatéia sobre mim. Que seja assim, pensei eu. Se o velhinho tinha poder para me trazer até aqui, ele devia ter também inteligência para não subestimar seu prisioneiro do século XX. .

– Mateus, ainda tens as anotações que fizeste quando estavas com Jesus?

– Tenho. Estão trancadas em um cofre e bem guardadas por um amigo fiel.

– Estão em papiro ou couro?

– Em ambos.

– Por que tu as guardas?

– Por que não haveria eu de guardar as palavras do Mestre como se guarda um tesouro? – perguntou ele, consternado.

– Mas tu estás sempre com Tiago e os outros, no pátio do Templo, dizendo ao povo que o Reino de Deus está próximo, e que há de vir antes mesmo que alguns deles fechem os olhos. Se este grande evento está para acontecer dentro de tão pouco tempo, que necessidade há de conservar as palavras dele, se elas serão logo ouvidas novamente, diretamente dele?

– Eu fiz o que me pediu o Filho de Deus. . .

Aí explodi:

– Filho de Deus, pois sim! Tu me disseste que *nunca* ouviste Jesus se dizer *Filho de Deus*! Por que colocas mentiras na boca de um morto?

O horto ficou totalmente em silêncio. Até mesmo os pássaros briguentos pararam momentaneamente o seu chilrear, e só as folhas dos galhos mais altos dos eucaliptos farfalhavam de leve à brisa suave.

Esperei, até compreender que não haveria resposta. Então, em um tom bem mais calmo, perguntei:

– Mateus, se Jesus não voltar dentro dos próximos cinco, dez, ou vinte anos, e se tu sobreviveres apesar de todo o perigo que circunda os que o seguiram, o que vais fazer com tuas anotações?

– Não sei. – O discípulo deu de ombros. – Eu vivo apenas um dia de cada vez. Jesus ensinou-nos a não pensar no amanhã, pois o dia de amanhã terá as suas próprias preocupações. A cada dia basta o seu próprio mal.

Insisti:

– Mas já se passaram seis anos e seu líder crucificado ainda não voltou. Vamos supor que se passem mais seis anos, e mais seis, e ainda assim ele não tenha voltado. Tu possuis o único relato escrito de seus ensinamentos. Os que ainda reverenciarem sua memória na época não dariam muito valor às cópias destas palavras, caso tu as revelasses?

Num tom quase condescendente, respondeu:

– Digo-te mais uma vez que não muito longe daqui há um túmulo vazio. Aquele que de lá foi ressuscitado, por Deus, há de voltar. Nisso estou disposto a apostar minha vida.

Num gesto inconsciente levantei meu pulso esquerdo para ver a hora. Mas que bobagem! José sorriu e desviou o olhar. Ainda havia tanta coisa que eu queria saber de Mateus: os milagres, as viagens pela Galiléia, a entrada triunfal de Jesus em Jerusalém no princípio de sua última semana, a explosão dos vendilhões do Templo. Se eu estivesse escrevendo, ao invés de estar vivendo esta situação, poderia fazer com que a comissão se estendesse por tanto tempo e por quantas páginas fosse necessário, a fim de perguntar a Mateus sobre fatos específicos, na ordem em que ocorreram. Mas eu não estava escrevendo.

– Por quanto tempo mais podemos conversar, Mateus?

O apóstolo virou-se e olhou para o sol com os olhos semicerrados, através dos galhos.

– Talvez por mais uma hora, ou isso. Mas depois tenho que ir. Sempre que me atraso, o ourives se preocupa. Ele está certo de que minha vida corre risco por causa de minha ligação com Jesus. No entanto, se Deus quiser, poderás me encontrar aqui todas as manhãs, caso precises de mais algum testemunho em tua busca da verdade.

Sua tranqüilidade me surpreendeu. Apesar de toda minha agressividade, ele estava pronto para outra. Estariam todos eles, como Mateus e o irmão de Jesus, tão acostumados ao escárnio, à humilhação e ao ridículo que só conseguiam suportar a adversidade sorrindo e dando a outra face? Seria aquela serenidade genuína ou apenas uma máscara para proteger-se das farpas lançadas por seus inimigos mais poderosos? Ou estariam apenas praticando o que pregavam – destruindo seus inimigos amando-os tanto que eles se tornavam seus amigos?

Eu precisava de tempo para organizar as idéias. Pedi licença e fui para o sol. Respirei fundo. Senti um cheiro de flores silvestres que me fez lembrar de Kitty. Será que ela ia acreditar em tudo isso, caso eu tivesse oportunidade de lhe contar? Quem acreditaria nisso?

Não tinha ilusões sobre minhas possibilidades de êxito: havia uma em mil. Para saber a verdade sobre a farsa da ressurreição, eu tinha que descobrir tudo que cerca de quinze indivíduos haviam feito desde a hora em que o corpo foi descido da cruz até a descoberta do túmulo vazio, no domingo de manhã. Tinha que haver algum álibi no grupo, ou talvez mais de um, que não seria possível sustentar. Mas o desafio quase impossível que eu enfrentava era examiná-los seis anos depois do crime.

Quando me virei, José e Mateus estavam me observando, curiosos. Sorri, com coragem, e voltei para onde eles estavam, esperando estar com um ar de confiança convincente.

– Mateus, naquela noite em que Jesus foi preso, ele e vós, seus doze apóstolos, fizestes a ceia da páscoa bem cedo, aqui em Jerusalém, não foi?

– É verdade.

– Onde foi a ceia?

Mateus hesitou, até que José lhe disse:

– Podes contar a ele.

– No cômodo de cima da casa que pertence à viúva Maria, irmã de Pedro, mãe de João Marcos.

– Segundo informações que recebi havia também várias mulheres na festa, entre elas a mãe de Jesus e Maria Madalena. Onde foi que elas fizeram a ceia?

– Com a viúva Maria, seu filho e alguns vizinhos no andar de baixo da casa.

– Mateus, sei que tu tiveste seis anos para pensar e discutir sobre os acontecimentos daquela noite com os outros envolvidos. A essa altura já deves ter uma idéia mais bem formada de tudo o que foi dito e feito. Não sei se isto é possível, mas gostaria que tentasses responder às minhas perguntas apenas baseado no que tu pessoalmente, te lembras de ter visto, ouvido e vivido, durante aquela ceia e depois. Por exemplo, logo no início da refeição, contaram-me que Jesus deu uma ordem a Judas, e este imediatamente deixou o recinto. Do lugar em que estavas na mesa, tu ouviste o que Jesus disse a ele?

– Não, mas. . .

– Na hora, estranhaste que Judas tivesse que sair durante a refeição?

– Não. Judas estava sempre dando recados, fazendo compras, arrumando um lugar para dormirmos. Lembro-me de ter pensado que Jesus o havia mandado descer para falar com a viúva Maria sobre alguma coisa relacionada à comida, mas na verdade sua ausência não era nada de anormal.

– A ceia daquela noite foi longa, não foi?

– Foi. Foi a refeição mais longa que fizemos juntos. Além dos rituais costumeiros da ceia de Páscoa, Jesus tinha muito que dizer sobre o futuro. Algumas coisas que ele disse nos alegraram, enquanto que muitas outras nos assustaram.

Resisti à tentação de entrar na mensagem da última ceia, e em vez disso perguntei:

– Para onde fostes após terminardes a ceia e deixardes a casa?

– Pensávamos que iríamos voltar à casa de Marta e Maria em Betânia, enquanto as mulheres ficariam com a viúva, até que voltássemos para a cidade de manhã. Com Jesus à frente, passamos pela cidade baixa e pelo portão da fonte, em direção ao norte; atravessamos as muralhas da cidade, até que finalmente chegamos aqui ao horto.

– Jesus havia dito algo que vos levasse a acreditar que passaríeis a noite aqui?

– Não. Estava frio demais para dormirmos fora de casa, e Betânia é perto daqui, atrás do Monte das Oliveiras. Há cinco noites que dormíamos lá. Pensamos que estávamos à espera de Judas, que voltaria após fazer o que Jesus lhe havia pedido. Daí poderíamos voltar todos juntos a Betânia.

– Mateus, sei que o tempo aqui é calculado pelo nascer e pelo pôr-do-sol. A que horas mais ou menos chegastes aqui em Getsêmani?

Ele olhou para cima e franziu a testa:

– Mais ou menos na hora quarta após o pôr-do-sol.

– E a ceia começou logo depois do pôr-do-sol?

– Logo depois, como é nosso costume na Páscoa. . . logo depois de aparecerem as três primeiras estrelas e de ouvirmos os três toques de corneta do Templo.

– Então, pela hora que chegastes aqui, Judas já havia estado ausente há quase quatro horas?

– Mais ou menos.

– Ninguém se preocupou por ele demorar tanto a se juntar ao grupo?

Mateus fez que não.

– A noite se alongava e nossa única preocupação era voltar para o aconchego de nossas camas em Betânia. Houve quem reclamasse da demora de Judas, embora soubéssemos que ele estava sempre trabalhando por todos pois era o portador da bolsa.

– O que aconteceu quando chegastes aqui no horto?

Mateus levou-nos para o outro lado da pedra onde havia apoiado suas mãos quando o encontramos.

– Jesus disse que esperássemos enquanto ele rezava. Ele se ajoelhou aqui, contra essa rocha, e ali – apontou para um lugar a alguns passos de distância – ali ficaram Pedro, Tiago e João, perto dele, como ele pedira. Nós outros seguimos em frente, até uma caverna conhecida, que nos protegeria da umidade, até que Judas voltasse. Ali! Vês?

Eu mal podia distingui-la. Bem escondida atrás de um grupo de oliveiras havia uma pequena elevação de calcário, com os lados escavados, formando uma caverna redonda e profunda. Mateus parou ali naquela encosta, um tanto íngreme e disse:

– Nós oito nos sentamos aqui dentro, amontoados uns sobre os outros, e aguardamos. Pouco depois, como já era tarde e nossos estômagos estavam cheios, para não falar no vinho que bebêramos em abundância durante a ceia, adormecemos todos no chão úmido da caverna.

– E por quanto tempo dormistes?

– Não sei. Depois eu só me lembro da mão pesada de Tiago, irmão de João, me sacudindo e cochichando que nosso Mestre estava sendo levado preso pelos oficiais do Templo. Em princípio pensei que estava tendo um pesadelo, e demorei para atinar nas palavras dele. Àquela altura, todos os outros, incluindo Tiago, haviam fugido da caverna, e desaparecido morro acima, na escuridão.

Reação normal, numa situação dessas. Correr em direção contrária ao perigo, subir a montanha e descer até a casa em Betânia.

– E tu? – perguntei.

– Eu tinha sido uma verdadeira sombra de Jesus, desde que ele havia me chamado. Aquele hábito de segui-lo fazia parte de mim. Em vez de correr, caí de joelhos e comecei a engatinhar por esse capim alto, até que pude ver as inúmeras tochas e ouvir os gritos ferozes de uma multidão tão vasta, que eu não conseguia achar Jesus, Pedro ou João, no meio dela, apesar da luz forte. Aí uma das tochas separou-se das outras e começou a vir em minha direção.

– O que fizeste?

– Agi como um covarde, como todos os outros, e corri pela escuridão, subindo o morro. Lembro-me de ter parado, perto do topo, para pegar fôlego, e quando olhei para baixo e vi o horto à luz do luar, caí de joelhos, envergonhado, lastimando minha falta de coragem. Nenhuma tocha me seguira. Estava sozinho, e podia ver as luzes dos guardas, que se dirigiam para o sul, fora das muralhas da cidade. Então ouvi meu nome, baixinho. Era Bartolomeu. Juntos seguimos o caminho monte acima e encosta abaixo, até chegarmos à casa de Marta e Maria em Betânia.

– E os outros?

– Antes de romper o dia, todos os nove – Tiago e nós oito, que havíamos dormido durante a prisão de nosso Mestre – já estávamos de volta àquela casa, onde tínhamos passado tantas horas felizes com Jesus.

– Depois que vos reunistes, o que fizestes?

O apóstolo deu de ombros, com uma expressão triste.

– Não sabíamos o que fazer. Fomos tomados por uma profunda tristeza e por um grande terror. Marta, Maria e alguns dos homens choravam. Nós outros, aturdidos, permanecemos calados. Lembra-te que a maioria de nós era do campo, de modo que mesmo quando tudo estava bem Jerusalém nos intimidava. A prisão de nosso rabino, e também de Pedro e João, talvez, representasse o fim de tudo. Tomé repetia sem parar que estava certo de ter visto soldados romanos entre os que o prenderam, e esta possibilidade aumentava o nosso pavor. Alguém, não me lembro quem, queria partir imediatamente para a Galiléia, antes que fôssemos todos presos, mas como podíamos fazer isso? Como é que íamos abandonar Jesus, Pedro e João, e também as mulheres, que ainda estavam na cidade? Ainda assim, como íamos ficar escondidos na casa de Marta e Maria, quando todos sabiam que elas haviam nos hospedado durante aquela última semana?

– Então, vós todos agora sabíeis ser fugitivos da lei. O que decidistes fazer por fim?

– Minha sugestão foi aceita. Pegamos alguns cobertores e nos escondemos no bosque atrás da casa, enquanto as duas mulheres vigiavam a estrada, de suas janelas da frente. Caso avistassem muitas tochas ou lanternas se aproximando da cidade, levantariam uma lamparina de óleo na janela de trás, como sinal para que escapássemos. A noite, porém, passou tranqüila.

– E quando chegou a manhã?

– Àquela altura estávamos exaustos, sem dormir. Pensamos em fazer uma tentativa de voltar à cidade para avisar as mulheres, que estavam na casa da viúva, mas ninguém tinha coragem nem forças para se aventurar e se arriscar a ser preso pelas patrulhas, nem mesmo os três cujas mães estavam ali. Marta, lembro-me bem, trouxe-nos um pouco de pão e queijo, logo depois que rompeu o dia, e combinamos que, durante o dia, o sinal seria um pano branco pendurado na janela, caso Marta ou Maria vissem qualquer soldado se aproximando.

Era isso! Agora eu ia descobrir.

– Quanto tempo permanecestes escondidos no bosque?

– Mais de dois dias, até a hora sexta mais ou menos, do dia seguinte ao sábado.

– Todos os *nove*? Nenhum deixou o bosque, por qualquer motivo, ainda que por pouco tempo?

Se ele estava mentindo, estava mentindo muito bem. Olhou diretamente nos meus olhos e fez um gesto de desespero.

– Para onde poderíamos ir? O que fazer? Resgatar Jesus e os outros do sumo sacerdote e dos guardas? Ou de Pilatos e de seus milhares de legionários armados? Nós? Nove covardes, com apenas um punhal para todos? Nove ovelhas que haviam sido tosquiadas de sua fé e que haviam fugido, durante a noite, exatamente como Jesus previra, após a derrota do pastor?

– Então nenhum de vós sabíeis que Jesus tinha sido julgado e condenado por sedição; crucificado e enterrado no sepulcro de José, e que Pedro e João ainda estavam livres? Betânia fica a pouca distância de Jerusalém. Como é que vós não recebestes notícias tão terríveis?

– Jesus morreu na cruz enquanto a maioria do povo se preparava para o sábado, que começaria ao pôr-do-sol. Nesse dia quase não se vê ninguém nas estradas. As notícias só se espalharam no primeiro dia depois do nosso dia santo.

O Domingo de Páscoa!

– Como é que tu e os outros ficastes sabendo da execução?

– Por intermédio de João, que foi direto à casa de Marta e Maria, sabendo que nos encontraria lá, depois de ter visto o túmulo de José de Arimatéia vazio e com a pedra deslocada, exatamente como Maria Madalena lhes havia dito. João contou-nos tudo o que sabia, desde o julgamento de Jesus diante do sumo sacerdote e de Pilatos, até a horrenda crucificação e o sepultamento, feito por José. Mas enquanto João falava, havia algo em sua maneira de falar que nos espantava. Em vez de chorar e recriminar-se, ele estava alegre, e apesar de nosso sofrimento e profunda dor, nos entreolhamos, consternados. Então João nos contou que Jesus havia ressurgido de seu sepulcro, mas nenhum de nós acreditou nele. Zombamos dele quando nos disse que não devíamos contar aquilo a ninguém, pois mesmo que o fizéssemos, quem acreditaria numa loucura daquelas? Lembro-me que João tentou nos fazer lembrar que Jesus havia previsto sua morte nas mãos das autoridades, e que ele ressuscitaria, ao terceiro dia, mas zombamos dele até que ele se foi.

– E o que fizestes?

– Ficamos onde estávamos, até escurecer, e então voltamos à cidade, para a casa onde havíamos celebrado a ceia da Páscoa, a fim de confortar a corajosa mãe de Jesus, que, segundo João, presenciara a crucificação de seu filho. Mas Maria não quis aceitar nossas condolências. Disse-nos que Jesus estava vivo e não precisava de lágrimas. Pedro, que estava em casa, também estava alegre, e disse-nos que fôssemos logo ao túmulo para ver com nossos próprios olhos como Nosso Senhor havia ressurgido dos mortos, tal qual previra.

– Mateus! José!

Uma voz rouca e ressonante nos interrompeu. Voltei-me e deparei com um homem musculoso, trajando apenas uma tanga de couro e sandálias, e correndo em nossa direção. Deu uma palmada no traseiro de Shem e sorriu. Atirou seu cajado de madeira num canto e levantou José do chão, num abraço esmagador. Virou-se então para Mateus e desculpou-se por não ter podido vir bem cedo.

– Mateus – disse o velho, ofegante, ao recobrar a respiração – este é Tiago.

O quarto a ser chamado por Jesus. Era o robusto filho de Salomé e Zebedeu, pescador da Galiléia, como seu pai e seu irmão, desde criança. Impetuoso e temperamental, ele, mais do que João, havia conquistado para ambos o título de "filhos do trovão". Certa vez, quando uma aldeia de samaritanos não demonstrou o devido respeito a Jesus, ele pediu ao mestre para convocar as chamas do céu e consumi-los, mas Jesus lembrou-lhe: "Não foi para perder as almas que veio o Filho do Homem, mas para salvá-las." Jesus devia ter encontrado muitas qualidades admiráveis nesse homem extrovertido, com um certo ar selvagem, pois era quase tão querido quanto seu irmão João, o favorito de Jesus, a quem chamava de "meu discípulo amado".

José de Arimatéia fez o possível para facilitar as coisas para mim. Após fazer as apresentações, contou a Tiago sobre minha missão e explicou-lhe que Mateus já havia auxiliado bastante em minha busca da verdade sobre Jesus. Daí foi direto à pergunta que eu pensava que eu próprio faria.

– Tiago – disse o velho – naquela terrível noite em que prenderam Jesus, para onde foste ao fugir na escuridão, depois que avisaste aos outros da prisão de Jesus?

Tiago olhou para José com raiva, abrindo e fechando os punhos.

O velho levantou a mão e assegurou-lhe:

– Não há perigo em contar a Matias. Ele é meu amigo. Ignora sua fita roxa, e em vez disso tenta considerá-lo como um possível convertido. Não ouvimos o irmão do Senhor, no pátio, dizendo ao povo que aquele que converte os pecadores terá a vida eterna?

As palavras de José não me impressionaram muito, mas tiveram o efeito desejado em Tiago. Meio nervoso, o homenzarrão passou os dedos curtos e grossos pelos longos cabelos negros e disse:

– Queres saber para onde eu, o covarde, fugi naquela noite em que abandonei o Senhor?

– Quero – disse delicadamente o velho.

– Corri para o bosque, subi o monte, e fui até a casa de Marta e Maria, correndo como se o próprio Satanás estivesse me perseguindo.

Finalmente encontrei coragem para perguntar:

– Foste o primeiro a chegar?

– Não – respondeu-me ele, ainda com um olhar suspeito para mim. – André e Simão já haviam chegado. Mas muito antes de romper a aurora todos os outros tinham ido bater à porta das duas irmãs em Betânia.

– Todos os *nove* estavam lá? Tens certeza?

Tiago evitou meu olhar.

– Como poderia esquecer?

– E o que fizestes após vos reunirdes?

– Fomos para o bosque, atrás da casa, e nos deitamos no mato, como vermes.

– E quanto tempo ficastes lá?

– Mais de dois dias. Até que João veio nos dizer que Jesus tinha sido crucificado e enterrado, mas que o túmulo no qual fora colocado estava vazio. Ele estava tentando nos convencer de que nosso Senhor havia ressuscitado dos mortos.

Aproximei-me um pouco mais de Tiago, até que ele não pôde mais evitar o meu olhar.

– Ninguém deixou os companheiros, ainda que por pouco tempo, durante aqueles dois dias e duas noites no bosque?

– Ninguém!

O "filho do trovão" não pestanejou uma vez sequer.

sete

O sol forte nos cegou momentaneamente quando saímos da sombra fresca das árvores e vinhas de Getsêmani. Shem já aguardava na carruagem, perto da entrada do horto, mas antes de entrarmos, José aproximou-se de mim e me disse, em voz baixa:

– Discretamente, olha do outro lado da estrada, e dize-me o que vês.

Virei a cabeça bem devagar, fingindo estar examinando as rodas empoeiradas na traseira da carruagem.

– Estou vendo um homem bem baixo, calvo, sentado em uma rocha, com um facão nas mãos. Parece que está cortando tiras de madeira bem finas de um pequeno tronco que segura entre as pernas.

– Ele não está nem colecionando lascas de madeira, nem fazendo uma bengala, Matias. Aquele é um agente secreto de Pilatos ou de Caifás. Apesar de estares comigo há apenas dois dias, teus passos já estão sendo vigiados.

– Tem certeza, José? Aquele indivíduo é tão burro que nem procurou uma sombra para se sentar. E aposto como não toma um banho há um mês.

– Às vezes me surpreendes, Matias. Como escritor de histórias de mistério deves saber que o espião que se parece com a imagem que todos fazem de um espião não serve para nada.

Mesmo assim eu não podia acreditar que uma figura tão suja como aquela estivesse nos seguindo. Depois de subirmos no veículo, continuei olhando-o da janela. Ele talhava aquela madeira como se fosse a coisa mais importante do mundo. José não se mostrava muito preocupado. Aparentemente, coisas como esta faziam parte do seu cotidiano. Disse-me ele:

– Viram-te, sem dúvida, ontem comigo no Templo. Alguma autoridade deve estar se perguntando por que um novo visitante da cidade, obviamente um cidadão romano de certa posição, ainda não teve tempo de fazer-lhe uma visita.

– Isso é de praxe?

– É, para todos que vêm aqui a negócios.

– E quanto aos historiadores e escritores?

– Como estás em minha companhia, tomam-te por comerciante; e dos comerciantes que planejam fazer negócios aqui se espera que façam contribuições generosas a dois tesouros: o de Pilatos e o do Templo.

– Corrupção na cidade de Davi?

José sorriu.

– Foi inventada aqui. Porém, tenho certeza que se fizermos uma visita de cortesia a Pilatos e outra a Caifás tudo ficará resolvido.

– Ah não! Eu quero fazer a eles muito mais do que uma visita de cortesia. Tenho umas perguntinhas muito especiais para aqueles dois.

O velho balançou a cabeça e seus olhos brilharam.

– Eu já imaginava. Posso arrumar isso quando quiseres. E agora, como ainda é cedo, quem é o próximo da lista?

– Marta e Maria.

– As irmãs de Betânia? Ainda precisas confirmar o que acabaste de ouvir de Mateus e de Tiago? – perguntou ele, incrédulo.

Não disse nada. Se eu tivesse revelado a ele os verdadeiros motivos que me levavam à Betânia, ele talvez me tivesse entregue a Shem, com instruções para se perder de mim no meio do mato.

José coçou as rugas da testa.

– Uma visita a Marta e a Maria, a esta altura, iria te comprometer.

– Por quê?

Ele apontou disfarçadamente para o entalhador do outro lado da estrada, que nem sequer levantou os olhos para nós, apesar de estarmos a uns dez metros.

– Sem dúvida nenhuma, nosso amigo baixinho tem um cavalo apeado nas redondezas – explicou José – e ele certamente vai nos seguir. Suponhamos que ontem tenhamos sido vistos no pátio do Templo falando com Tiago; e hoje de manhã fomos nos encontrar com Mateus, e juntou-se a nós Tiago, irmão de João; agora vamos à casa de Marta e Maria. O que estes cinco têm em comum?

Não levei muito tempo para responder.

– Eram amigos íntimos de Jesus.

– Exatamente. Agora, se tu fosses o sumo sacerdote ou Pilatos, ambos servidores fiéis de Vitélio, que tipo de suspeita passaria por tua cabeça, caso soubesses que um cidadão romano havia chegado à cidade e só se encontrava com amigos íntimos de Jesus? E que, pior ainda, estava hospedado na casa do homem que tinha pedido o corpo de Jesus para sepultá-lo?

– Se eu tivesse alguma coisa a esconder, acho que já tinha começado a perder o sono. Mas só tenho mais cinco dias, José, e quero aproveitar cada minuto que me resta. Amanhã tencionava visitar Pedro e João, mas gostaria muito de completar essa parte das investigações primeiro. E a única maneira de fechá-la a meu gosto é fazer uma visita a Betânia.

– Ora, ora, não perde as esperanças. Eu não disse que a viagem era impossível, disse?

José desceu da carruagem e se dirigiu à parte da frente, onde trocou algumas palavras rápidas e discretas com Shem, enquanto ambos fingiam verificar os arreios e as rédeas. Aí voltou, e assim que bateu a porta partimos. Depois de percorrermos apenas algumas centenas de metros, ele cutucou-me com o cotovelo e apontou para a janela de trás. Nosso entalhador não estava mais sentado na rocha, nem em nenhum outro lugar. De complicações como essa eu não precisava. O que eu estava tentando fazer já era difícil o bastante sem interferências de terceiros. José espichou-se para trás e baixou a cortina escura de algodão que cobria a janela aberta, impedindo a visão de quem quer que estivesse atrás da carruagem. Pouco depois fiquei sabendo o porquê.

Nossos quatro cavalos quase não reduziram o galope ao virarem para a esquerda, rumo ao leste. Jerusalém agora estava às nossas costas.

– Segue mais um pedaço, até Jericó! – gritou o velho, em meio aos estalos e rangidos de sua carruagem.

Esta, com os eixos empenados e as rodas enferrujadas, se sacudia pela estrada de terra batida que circundava a base do Monte das Oliveiras. Eu mal conseguia me manter no meu lugar, de modo que não podia nem apreciar a paisagem. Vez ou outra dava para eu ver as campinas que se estendiam à minha direita, e as rochas de calcário pontudas, que tornavam quase impossível reconhecer as ovelhas e cabras que pastavam pelo campo. De vez em quando José abria a cortina e balançava a cabeça, satisfeito. Aparentemente nosso espião havia nos perdido de vista. Aí o velho se curvava, diante de mim, para estudar o terreno, enquanto éramos jogados de um lado para o outro. A viagem prosseguiu por mais um tempo, até que ele gritou:

– Prepara-te!

Agora eu não estava apenas dolorido, mas também confuso.

– Me preparar para quê?

– Logo nos aproximaremos de uma curva fechada na estrada. Quando dobrarmos, Shem reduzirá a velocidade, por um instante. Abre a porta, assim que ele reduzir, e pula para fora. Eu pulo atrás de ti.

Apesar da poeira, fiquei boquiaberto.

– Você deve estar brincando!

Ele fez que não com a cabeça. E não estava brincando mesmo.

– Preparar!

De repente a carruagem virou abruptamente para a direita, e ouviu-se um rangido de madeira no metal, quando Shem aplicou seu freio de mão. José se colocou na minha frente e abriu a porta com força.

– Pula, Matias!

Obedeci, rolando pela grama macia e olhando, de joelhos, o velho seguir-me, com uma agilidade surpreendente. Caiu de pé e correu em minha direção, com a mão estendida.

– Vem! Corre!

Empurrou-me para um trecho coberto de oliveiras, ainda novas e com poucas folhas. Escondemo-nos entre elas, deitados de bruços. Depois de tomar fôlego, avancei e cuidadosamente fiz uma fresta entre os galhos, e vi nosso veículo desaparecendo após dar uma volta na estrada.

José evidentemente estava se divertindo. Não estava sequer ofegante quando se deitou ao meu lado e explicou-me seu plano de ação.

– Se nosso amigo estiver nos seguindo, ele logo estará passando por aqui. Por isso, fica com a cabeça baixa. Coitado, ele vai ter o dia mais difícil e mais frustrante de sua vida. Shem conduzirá nossa carruagem até Jericó, e por esta estrada ruim são duas horas de viagem. Aí ele dará uma volta e passará por este mesmo caminho, pegando-nos bem aqui por volta das quatro horas. Este tempo dá para visitares Betânia?

– Dá, mas qual é a distância daqui até. . .

– Betânia fica logo atrás daquela colina, à nossa direita. Apenas uma pequena caminhada.

– Você é uma raposa. Shem é nossa isca?

– É, e para qualquer um que esteja nos seguindo, ainda estamos no banco de trás da carruagem. Vai ser. . .

Calou-se de repente. Pequenas nuvens de areia e poeira vinham em nossa direção. Por fim um cavaleiro apareceu, vestido com uma longa túnica preta e capuz. Passou em seu garanhão cinza, a menos de quinze metros de onde nós estávamos, cuidadosamente ajustando seu passo, para que pudesse ver as nuvens de poeira deixadas pela carruagem de José.

– Ele não é tão bobo assim – murmurou o velho. – Lá atrás, perto do horto, vimos uma calva que talvez levantasse suspeitas se a víssemos de novo; por isso ele agora se cobriu. Não faz mal. Shem vai dar muito trabalho a ele. E vamos ao nosso trabalho, Matias.

O Monte das Oliveiras é uma serra que se estende por mais de um quilômetro, no sentido norte-sul, paralela à muralha leste de Jerusalém, chegando a atingir mais de novecentos metros de altitude. Seu cume é uma chapada que declina em direção ao leste, rumo ao Rio Jordão e ao Mar Morto a mais de trinta quilômetros de distância.

Betânia, em aramaico, significa "casa da pobreza", e o nome era apropriado. Ao chegarmos no alto de uma colina rochosa, na campina, José apontou para um pequeno grupo de choupanas de telhado plano, talvez cinqüenta ao todo, de ambos os lados da estrada.

– Como podes ver – disse ele – vir a pé da cidade até aqui, por cima do morro, é bem mais perto do que circundar o monte, como acabamos de fazer.

– E provavelmente cansa bem menos – resmunguei, esfregando minhas nádegas doloridas.

José riu.

– Respira esse ar puro. Aqui não há fumaça, nem fedor dos rios. Não dá nem para ver a cidade daqui. Vê que paz. – Suspirou. – Não há barulho, perturbação. Não é de admirar que Jesus preferisse ficar aqui, sempre que vinha a Jerusalém.

Devido à própria inclinação do terreno, aumentamos o passo à medida que nos aproximávamos da aldeia. À minha direita eu avistava uma pedreira de calcário, de uns seis metros de altura, mais ou menos, que se estendia ao longo da base de um pequeno morro por mais de cem metros.

– A tumba de onde Lázaro foi ressuscitado fica ali – comentou José apontando para o morro acinzentado, cheio de veios de ferro.

Parei um pouco e pasmei. Quantas vezes eu havia me debruçado sobre aquela famosa cena de ressurreição? Quantas vezes eu havia lido e relido cada frase do décimo primeiro capítulo do evangelho segundo João, o qual relatava, sem rodeios, que Jesus tinha ressuscitado um morto? Quantas vezes buscara naquelas palavras simples uma pista, algum indício que me ajudaria a relacionar aquela história da ressurreição com a que se seguiu alguns meses depois?

– Matias, tu vens ou não? – Corri para alcançá-lo. – Não precisas ficar tentando ver a tumba daqui – assegurou-me José. – Se tivermos tempo, depois que acabares a entrevista com Marta e Maria, se quisermos visitá-la de perto, tenho certeza que elas não fariam nenhuma objeção.

Se tivermos tempo? Eu tinha que ver aquele túmulo de perto, bem de perto!

– José, o que aconteceu com Lázaro? Tudo o que consegui levantar sobre ele foram algumas velhas tradições referentes a suas visitas ao sul de Gaul.

– Lázaro não parou desde que Jesus foi crucificado. Ele sempre viaja, sozinho, de Hebron até Antióquia, pregando nas sinagogas e contando ao povo como Jesus o levantou dos mortos. E ninguém melhor do que Lázaro para falar sobre sua própria ressurreição. – José riu. – Ele diz a todos: "Olhai para mim, tocai minha pele. Eu já estive morto e agora estou vivo pela graça e pelo poder de Jesus e de seu Pai, que está no céu." Ah! – exclamou José – finalmente chegamos.

A casa de Marta e de Maria era maior do que a da maioria de seus vizinhos, apesar de construída também em forma de cabana e da mesma pedra áspera que era tão abundante no campo e nas montanhas. Duas janelas pequenas com treliças ladeavam uma sólida porta de madeira, e pregado na ombreira da porta havia um *mezuzah* fino, de cobre. Antes de bater, José disse:

– Esta era a casa de Simão, um homem de posses, com quem Marta foi casada. Simão contraiu lepra da pior espécie e morreu antes que os dois tivessem sido abençoados com um filho. Os irmãos de Marta, Lázaro e Maria vieram para cá morar com ela logo depois da morte de Simão.

Antes que eu pudesse responder qualquer coisa, ouvi claramente o ruído de um trinco sendo aberto. A porta, pendurada por três dobradiças velhas de couro, abriu-se com cautela alguns centímetros de início. Aí veio um grito abafado de alegria lá de dentro.

– Ah, José, José. . . faz tanto tempo!

– Marta, Marta!

As duas irmãs correspondiam às imagens superficiais que eu havia feito delas, baseado nas descrições precárias de João e Lucas. Marta era forte, dona de uma vontade imperiosa, enquanto sua irmã mais nova, Maria, ficava timidamente em segundo plano, estalando, nervosa, seus dedos longos e finos, e concordando em silêncio com tudo que Marta dizia. Ambas tinham uma linda tez azeitonada, e traziam os cabelos negros em coque, presos na nuca. Seus vestidos também eram parecidos, de um tecido ordinário, azul escuro, e chegavam até os tornozelos, cobrindo também os braços até os pulsos. Marta, pensei eu, beirava seus quarenta anos; Maria, trinta e cinco.

Seguimos as irmãs por uma entrada estreita até um grande recinto que obviamente era a sala de visitas. Apesar de pouco mobiliada, com móveis espaçados, era bastante ampla, de modo que eu podia facilmente imaginar todos os apóstolos dormindo nela, quando seu Mestre visitava Betânia. Três portas com cortinas, provavelmente levavam aos quartos. A casa era escura e úmida, e Marta desculpava-se por suas condições, enquanto jogava carvão sobre os tições em brasa, num buraco fundo no centro do chão azulejado.

Após a ladainha típica de perguntas sobre a saúde e os parentes, que todos os amigos fazem quando se reencontram, José habilmente fez com que eu entrasse na conversa e explicou o propósito de nossa visita. Para surpresa minha, Marta, bem como sua irmã, parecia ansiosa para cooperar, como se sentisse que era sua obrigação contar a todos tudo o que sabia sobre Jesus. Eu era capaz de apostar que ela passaria horas no pátio do Templo, buscando possíveis adeptos. Ciente de nosso encontro marcado com Shem, eliminei todas as perguntas preparatórias que havia planejado fazer, e fui direto à ressurreição de Lázaro, dirigindo todas as minhas perguntas a Marta.

– Quando seu irmão adoeceu como a senhora entrou em contato com Jesus?

Ela estava sentada ao meu lado, em um banco comprido e limpo, perto do fogo com Maria à sua esquerda e José à minha direita. Parece que aquele não era o tipo de pergunta que ela esperava ouvir. Trincou os dentes e olhou-me com aquele olhar que uma professora de curso primário dirige a seu aluno mais estúpido. Finalmente, curvou-se para frente e olhou para o velho, pedindo auxílio. Sem virar minha cabeça, eu sabia que ele daria sua aprovação.

Marta então começou:

– Durante nossa Festa da Dedicação, chamada Chanucá, houve um desentendimento entre Jesus e os fariseus no Templo. Eles se aproximaram dele, enquanto ele passava sozinho pelo Pórtico de Salomão, e desafiaram-no a parar de falar por meio de enigmas, e dizer abertamente a todos que ele era o Messias. Ele se recusou, dizendo-lhes que as obras que fazia em nome de seu Pai deveriam bastar para eles, mas sabia que, uma vez que eles não faziam parte de seu rebanho, jamais acreditariam nele. Quando ele disse: "Eu e o Pai somos uma coisa só", começaram a atirar pedras nele por haver blasfemado, mas ele os impediu, perguntando: "Muitas foram as obras que fiz em nome de meu Pai. Por qual delas pretendeis apedrejar-me?" Enraivecidos, tentaram agarrá-lo, mas Jesus escapou e veio direto para cá. Tudo isso ele me contou antes de partir, dizendo que estava conduzindo seu rebanho para além do Jordão, para a Peréia, para protegê-lo, mas que voltaria antes da Páscoa. Eu temia por ele. Pedi que não voltasse tão breve, mas ele disse que tinha que voltar.

– Ele usou a palavra "tenho"?

– Usou.

– A Peréia é grande. Como seu mensageiro encontrou Jesus quando seu irmão ficou doente?

– A estrada daqui a Jericó atravessa o Jordão e também a Peréia. Jesus havia confiado a Lázaro que ele e seus apóstolos não ficariam nunca longe da estrada. Caso acontecesse qualquer coisa na cidade que achássemos que ele devia saber, era só ir até lá. Quando meu mensageiro, Joel, filho de um vizinho, foi a cavalo ter com eles, eu lhe havia dito que perguntasse onde se encontrava o Mestre ao longo da estrada de Jericó, e quando ele o encontrasse, devia dizer apenas: "Senhor, ouça, aquele a quem amas está enfermo."

– Quando morreu Lázaro?

– Apenas algumas horas depois de eu ter enviado o mensageiro.

– Então é provável que, quando Jesus recebeu a mensagem, Lázaro já estivesse morto?

– Sim.

– E quantos dias se passaram até que Jesus finalmente apareceu?

Marta baixou a cabeça.

– Já estávamos no quarto dia de luto. Maria e eu estávamos sentadas nesta sala, com nossos amigos, vizinhos e muitos representantes do Templo que respeitavam muito Lázaro, pelas generosas contribuições que fizemos ao longo dos anos. Tomé, um de seus apóstolos, entrou na sala e cochichou em meu ouvido que Jesus estava fora da aldeia, aguardando. Fui com ele imediatamente.

– Por que Jesus não veio logo que soube da doença de Lázaro?

– Quando Joel deu meu recado a Jesus, este lhe disse que a doença não era para a morte, mas para a glória de Deus. Uma vez que Lázaro já estava morto, pela hora que Joel chegou e repetiu as palavras do Senhor para mim, fiquei confusa com elas. Deus me perdoe, mas comecei a duvidar do Mestre pela primeira vez.

– Mas Jesus finalmente veio.

– Veio, e quando segui Tomé ao longo da estrada que saía da aldeia, perguntei a ele o que havia feito Jesus mudar de idéia. Tomé disse que não sabia, mas depois de terem ficado na Peréia por mais dois dias, Jesus surpreendeu-os, dizendo: "Voltemos para a Judéia." Todos os apóstolos estavam com medo de ir, e lembraram a Jesus o perigo que enfrentaram quando tinham tentado apedrejá-lo no Templo, há tão pouco tempo; Jesus disse-lhes que seu amigo Lázaro dormia, e que ele queria ir acordá-lo, mas eles lembraram-lhe que o sono é bom para uma pessoa doente. Jesus então comunicou que Lázaro estava morto, e assustou-os dizendo estar contente por não estar ali quando o amigo morreu, pois o que testemunhariam agora iria aumentar a fé que tinham nele. Tomé afirma ter dito a Jesus que iria com ele, e apressou os outros a acompanhá-los, de forma que se houvesse algum perigo, morreriam todos juntos, com seu Mestre.

– Por que Jesus aguardava fora da aldeia, em vez de vir diretamente aqui, à sua casa?

– Ele deve ter imaginado que haveria muita gente do Templo aqui. Quando eu o vi, longe dos outros, corri em direção a ele e gritei: "Senhor, se tivesses estado aqui, meu irmão não teria morrido! Mas sei também agora que tudo o que pedires a Deus te será concedido."

– A senhora esperava que ele fizesse um milagre?

– Não, não. Eu apenas pedi a Nosso Senhor que intercedesse a Deus em favor de nosso amado irmão. Jesus tomou minhas mãos e disse: "Teu irmão ressurgirá." Disse a ele que sabia que Lázaro iria viver novamente na ressurreição do último dia, e o Senhor respondeu com palavras que eu jamais esquecerei.

– Por favor, queira repeti-las para mim.

– Jesus disse: "Eu sou a ressurreição e a vida. Aquele que crê em mim, ainda que esteja morto viverá. E todo aquele que vive e crê em mim, jamais morrerá. Crês isto?" Respondi: "Sim, Senhor, eu creio que tu és o Cristo, Filho de Deus, aquele que devia vir ao mundo!" Aí ele pediu-me para ver Maria, e eu voltei para casa e chamei-a em segredo.

Voltei-me para Maria.

– E o que a senhora fez?

A voz de Maria tremeu, como se ela estivesse revivendo, mais uma vez, os acontecimentos daquela tarde.

– Quando levantei-me para ir ter com ele – disse Maria – aqueles que estavam a me confortar, pensando talvez que eu estivesse voltando ao túmulo para rezar, vieram comigo, e eu não pude impedi-los. Corri para Jesus e caí a seus pés, dizendo, aos prantos, como Marta havia feito: "Senhor, se tivesses estado aqui, meu irmão não teria morrido!"

– E o que fez Jesus?

– Ele me levantou, com um gemido estranho. Aí perguntou-me onde Lázaro havia sido posto e eu peguei sua mão e levei-o até o túmulo. A essa altura, todos aqueles que haviam tomado luto conosco, em casa, estavam conosco. Quando apontei para a pedra que havia fechado a entrada do túmulo, Jesus colocou ambas as mãos no rosto, e quando ele as retirou vi que havia chorado. O meu Senhor – chorando! Virei-me de costas, incapaz de olhar para seu rosto coberto de tristeza. Alguém do grupo, não sei quem, disse alto: "Não podia ele que abriu os olhos do cego de nascença, fazer que este não morresse?" Jesus, tenho certeza, ouviu a pergunta, pois gemeu novamente, como se estivesse em grande agonia. Então disse: "Tirai a pedra!"

Marta interrompeu imediatamente.

– Como uma idiota, tentei impedi-lo. Disse a Jesus que o corpo já devia cheirar mal, já que meu irmão estava morto há quatro dias. Ele colocou a mão em meu ombro e lembrou-me, novamente, que se eu acreditasse, veria a glória de Deus. Diante daquilo, rendi-me inteiramente à sua vontade e pedi a alguns homens que estavam por perto que retirassem a pedra da entrada.

– E depois que a pedra foi retirada?

– Jesus caminhou até a entrada; os outros afastaram-se. Alguns até mesmo fugiram. Então ele olhou para o céu e disse: "Pai, rendo-te graças porque me ouviste. Eu bem sei que sempre me ouves, mas falo assim por causa do povo que está em roda, para que creiam que tu me enviaste!" Então clamou em voz alta: "Lázaro, vem para fora!" e suas palavras ecoaram na pedra, e eis que nosso irmão veio para fora da pequena entrada, ainda atado de pés e mãos por seu sudário, com a face e a cabeça cobertas por um lenço de algodão, exatamente como havia sido colocado. Jesus disse: "Desatai-o e deixai-o ir." E nosso amado irmão foi-nos entregue são.

– O que fizeram as pessoas?

– Muitos se alegraram, elogiaram seu nome e creram nele. Outros saíram rapidamente, em especial os do Templo, e tenho certeza de que foram contar tudo o que viram às autoridades.

Eu tinha que fazer as perguntas mais óbvias, apenas para ver a reação das mulheres. Voltei-me para Marta e disse:

– Vez ou outra alguém é enterrado vivo, por engano. Isto poderia ter acontecido no caso de seu irmão?

Tanto os olhos quanto os lábios de Marta se estreitaram, na iminência de um sorriso. Aparentemente eu não tinha sido o primeiro a sugerir tal possibilidade.

– Meu senhor, mesmo que Lázaro estivesse vivo quando foi colocado no túmulo, ele teria morrido após os rituais de sepultamento e o enterro. Eu e minha irmã envolvemos seu corpo em um pano de algodão, bem firme, do pescoço aos pés. Depois de colocado no túmulo, foi posto um lenço sobre sua face, e as ligaduras foram cobertas com murta, aloé, hissopo, óleo de rosas e água de rosas. Depois ele foi encerrado naquela caverna úmida, com pouco ar. Nenhum ser humano poderia ter suportado tais condições por quatro dias, sem comida nem água.

– Qual o espaço que há dentro da tumba?

– Há apenas três nichos lá dentro, cavados na pedra. Um é para Lázaro, um é para Maria e outro é para mim.

– O que fez Jesus depois?

– Descansou um dia em nossa casa antes de partir, dizendo-nos que voltaria para a Páscoa. Aí foi novamente para a Peréia, mas não antes de recebermos notícias de que o Sinédrio havia se reunido, e que o sumo sacerdote, Caifás, havia determinado que Jesus devia morrer, antes que todos acreditassem em seus milagres, feitos, segundo Caifás, por obra do Satã. O Sinédrio concordou que, caso permitissem que Jesus continuasse, todos em breve o seguiriam e os romanos seriam forçados a derrotá-los, destruindo a nação. Caifás havia dito: "Convém que morra um só homem pelo povo, e que não pereça toda a nação."

– Diga-me, quem ousaria trazer notícias dessa reunião a Jesus? Certamente teria que ser alguém do próprio Sinédrio.

Marta se esquivou. Vi medo em seus olhos acinzentados pela primeira vez. Seus lábios tremiam.

– Vamos, Marta, conta a ele – pediu José.

– Foi ele – cochichou ela, apontando para o velho.

Não ousei olhar para José.

– Quando foi que a senhora viu Jesus novamente? – perguntei.

– Ele voltou para nós, com seus apóstolos, uma semana antes da Páscoa. . . sua última Páscoa. Comemoramos com uma ceia em sua homenagem; muitos vieram honrá-lo e também maravilhar-se com nosso irmão, que havia morrido mas agora vivia.

– Aconteceu alguma coisa estranha nessa ceia?

Marta virou-se para Maria e disse com firmeza.

– Conta a ele.

Maria empalideceu e esfregou tanto as mãos que tive medo que ela fosse rasgar sua pele, se continuasse. Por fim juntou as mãos, como quem reza, e disse:

– Eu havia economizado uma libra de bálsamo nardo precioso para meu casamento. Mas desde que Jesus entrara em minha vida, não tive mais desejo de conhecer nem servir homem nenhum, a não ser o Senhor. Eu o servi em tudo que ele precisava, durante a ceia, e então fui ao meu quarto e voltei com o bálsamo. Quebrei o vidro em minhas mãos e perfumei primeiro sua cabeça e então seus pés, ajoelhei-me e enxuguei-lhe os pés com meu cabelo, para mostrar-lhe quanto eu o amava. O nardo era meu, e eu podia fazer dele o que bem quisesse, mas um dos apóstolos, Judas, veio e envergonhou-me na frente de todos, perguntando-me porque o ungüento não havia sido vendido e o dinheiro dado aos pobres. Comecei a chorar, até que senti a mão do mestre em minha cabeça e o ouvi dizer: "Por que molestais esta mulher? É uma ação boa o que ela me fez. Pobres, vós os tereis sempre convosco. A mim, porém, nem sempre tereis. Derramando este perfume em meu corpo, ela o fêz em vista da minha sepultura."

Maria voltou-se para a irmã, escondendo seu rosto no pescoço de Marta, como uma criança à procura de conforto. Odiando-me cada vez mais pelo que estava fazendo, virei-me para Marta novamente:

– Alguém perguntou a Jesus o que ele queria dizer quando falou de seu sepultamento?

– Ninguém. Estávamos todos com medo, mesmo Pedro e Tiago. Só depois viemos a entender.

Com um gesto, indiquei a sala espaçosa:

– Todas as noites, durante a semana da Páscoa, Jesus e os doze dormiram aqui?

– Dormiram. Até a noite em que ele foi preso.

– Era comum todos os apóstolos hospedarem-se aqui, toda vez que vinham à cidade, com Jesus?

– Não. Eles geralmente se dividiam, de dois em dois, e ficavam com diversas famílias de nossa aldeia. Mas, durante as comemorações da Páscoa, todas as casas estão cheias de parentes que vêm de outras partes, fazer visitas; então, os doze dormiram aqui, nesta sala, alguns em camas, alguns no chão, sobre cobertores, para protegerem-se do frio. Lázaro ocupava um quarto, e Maria e eu dividíamos outro. O Senhor dormiu no terceiro, aquele – apontou ela.

– Naquela noite em que Jesus foi preso no horto, a senhora e sua irmã esperavam que ele e os outros voltassem para casa, depois de terem feito a ceia pascal na cidade?

– Esperávamos, apesar de Jesus ter-nos avisado que se demorariam. Logo, não nos preocupamos, até. . . até a hora sexta, talvez, depois do pôr-do-sol.

Ou seja, meia-noite.

– E onde estava seu irmão, Lázaro?

– Na cidade, ceando com nossos primos.

– Onde está Lázaro agora?

Marta suspirou.

– Não sei. Em algum lugar de Israel, dando seu testemunho do Senhor. Mas onde quer que suas andanças o levem, ele sempre volta para celebrar a ceia da Páscoa conosco.

– Quando Jesus foi preso, como souberam da notícia?

Marta fechou os olhos e tremeu. Com o brilho âmbar e cálido das brasas refletindo em seu rosto firme, lembrei-me do quadro de Tintoretto em que ela censura Maria por sentar-se aos pés de Jesus, em vez de ajudá-la a preparar o jantar.

Respondeu ela:

– Maria e eu estávamos aqui descansando, com os olhos pesados de sono, quando fomos assustadas por batidas violentas na porta e por alguém que nos chamava lá fora. Quando abri o trinco, André correu para dentro, com a face corada e sem fôlego. De início ele falou tão rápido que não entendemos suas palavras. Finalmente ele se acalmou um pouco e nos deu a terrível notícia, de que nosso Senhor havia sido levado preso enquanto rezava em Getsêmani. Logo depois chegou Tomé, e então Mateus e Bartolomeu. Antes do dia raiar, nove deles estavam sentados aqui. Apenas Pedro, João e Judas estavam ausentes. Ninguém sabia por onde Judas andava, mas todos estavam certos de que Pedro e João haviam sido presos com Jesus.

Olhei ao redor. Não era difícil imaginar nove galileus rudes, apavorados, nessa sala escura.

– O que faziam e diziam eles?

Havia desprezo na voz de Marta.

– Nada. Ficavam a balbuciar, soluçar e torcer as mãos em desespero. Pareciam todos uns meninos assustados. Lembro que Mateus repetia, sem parar: "Ele disse que isto iria acontecer, ele disse que isto iria acontecer." Filipe não parava de insistir que fugissem todos para o norte, sem demora, para um lugar seguro como a Galiléia, até que Mateus perguntou a ele, irado, se abandonaria as mães de três deles e a mãe de Jesus, que ainda estavam na cidade, desprotegidas. Tomé dizia que estava certo de haver soldados romanos entre os policiais do Templo que haviam prendido Jesus. Tiago concordou e disse que eles seriam todos capturados se ficassem nesta casa, já que se sabia muito bem que nós os havíamos abrigado por quase uma semana. Foi Mateus que sugeriu, finalmente, que eles pegassem cobertores e se escondessem no bosque, atrás da casa, enquanto Maria e eu vigiávamos a estrada que vinha da cidade. Caso víssemos qualquer tocha se aproximando, poríamos uma lamparina na janela dos fundos que dá para o bosque, avisando para fugirem.

– Posso ver esse bosque?

Marta consentiu. Nós quatro saímos pela porta da frente, e fomos até os fundos da casa. Aproximadamente a uns cem metros de distância, no meio da campina, cheia de pedras, havia um bosque de aproximadamente meio hectare, mas cerrado o bastante para esconder nove homens. Virei-me e verifiquei. Havia uma janela nos fundos da casa na qual seria possível ver uma lamparina, do esconderijo no bosque. Mais uma vez eu tinha chegado ao momento crucial de minha investigação.

– Quanto tempo os homens permaneceram no bosque?

– Dois dias! – exclamou Marta, sua voz cheia de ira e desaprovação. – Até a quinta ou sexta hora do dia depois do sábado, quando João chegou dizendo que Pilatos havia crucificado nosso Senhor, e que seu corpo já não estava mais no túmulo onde José e Nicodemos o haviam colocado, porque ele havia ressurgido dos mortos, tal qual havia profetizado.

Senti o olhar de José de Arimatéia sobre mim, ele queria ver minha reação diante da história de Marta.

– Alguém deixou o bosque e depois voltou, durante aqueles dois dias?

Ambas as irmãs negaram com a cabeça. Negativo. Maria se manifestou:

– Marta e eu nos revezávamos para levar comida e água para eles durante os dois dias e as duas noites. Eles estavam sempre amontoados, todos os nove. . . às vezes chorando, às vezes dormindo.

– E ninguém tomou conhecimento do que acontecia na cidade, até que João chegou?

– Na hora em que ficamos sabendo, nosso Senhor já não necessitava mais de nossa ajuda – soluçou Maria.

Eu ainda não tinha acabado minha missão em Betânia. Como havia recebido permissão das irmãs para visitar o túmulo, José e eu atravessamos o campo, apressadamente, em direção ao penhasco de calcário. O velho falou pouco enquanto caminhávamos, mas parecia satisfeito consigo mesmo.

– Tem alguma coisa que você queira acrescentar ao que acabamos de ouvir? – perguntei eu, sarcástico.

Ele balançou a cabeça.

– Não, não, *tu* é que estás conduzindo a investigação, e *tu* é que terás que tirar tuas próprias conclusões. Eu sou apenas o teu guia, lembra-te?

Coloquei meu braço em volta dele e o abracei.

– Ora, vamos, meu velho, eu sei que você está morrendo de vontade de me contar mais alguma coisa.

Ele riu.

– Mas se a tua comissão tivesse falado com as mesmas testemunhas que tu falaste, tenho certeza que admitiria ter ouvido um testemunho dos mais eloqüentes, testemunho este que afirma, sem sombra de dúvida, que nenhum dos nove que fugiram do horto teria condições de retirar o corpo de Jesus do sepulcro. Mateus te contou que eles haviam todos fugido do horto, e no final se escondido no bosque por dois dias. Depois Tiago, o filho do trovão, confirmou o testemunho de Mateus, e as irmãs endossaram o de ambos. Agora tens duas razões para acreditar que nenhum dos nove poderia estar envolvido no crime de que suspeitaste. Primeiro, eles só tomaram conhecimento de que Jesus estava morto e enterrado depois que foi descoberto o túmulo vazio; e segundo, eles estavam muito aterrorizados e divididos para fazer qualquer coisa desse tipo, mesmo que tivessem sabido.

– Pensei que *eu* é que fosse a comissão.

– Tu és, meu filho, tu és.

– Bom, eu gostaria de me pronunciar sobre o assunto só depois de examinar esta tumba. Ela talvez apresente algum testemunho que possa destruir alguns álibis e toda a sua lógica brilhante.

– Testemunho? De uma tumba?

Não entrei em detalhes.

Encostada em uma parede lisa do penhasco, havia uma imensa pedra redonda, talhada, que me lembrava as velhas mós dos índios americanos, usadas para moer o milho. Tinha aproximadamente uns 20 centímetros de espessura e um metro e meio de altura, com pequenos matacões que serviam de calço, na parte de baixo, e evitavam que ela rolasse.

Incrédulo, perguntei:

– É esta?

– O que é que esperavas? É um túmulo, nem mais, nem menos. Vês ali como ainda há marcas de tinta branca na pedra? Ela foi aplicada depois que Lázaro foi depositado em seu lugar de repouso, a fim de avisar aos passantes que não profanassem o local.

– Nenhuma outra marca? Nenhuma inscrição?

– Para quê? Acaso os mortos lêem? Os proprietários do túmulo não sabem quem está enterrado ali? Deus certamente não precisa de sinais de identificação.

– Por que não há mais nenhum outro túmulo neste penhasco? Acho esse lugar ideal para enterrar os mortos de Betânia.

– Toda essa terra pertencia a Simão, e agora é de Marta. Este é o túmulo da família e está em propriedade particular.

– E onde é a entrada da tumba?

– Está coberta pela pedra redonda.

Como eu suspeitava. Senti que estava ficando tenso.

– Pelo que sabemos, José, aquela pedra foi removida a pedido de Jesus, antes deste mandar Lázaro vir para fora.

– Correto.

– Mas agora a tumba está vazia, não é?

– É claro que está vazia. Não ouviste Marta falar? É para eles três, e os três estão vivos. Portanto, a tumba está vazia.

– Então por que está fechada? Por que há aquela pedra na entrada, uma vez que não há nenhum corpo para ser protegido? Por que alguém se preocuparia em cerrar a tumba novamente, depois que Lázaro saiu?

O velho estava absolutamente imóvel. Olhava para mim, mas sei que não me via.

– Eu n-n-n-não sei, Matias, não sei. . .

O campo estava tão silencioso que quase se podia sentir o silêncio, como a gente sente a umidade grudenta de um nevoeiro pesado. Minha sandália esquerda sem querer deslocou uma pequena pedra, que rolou pelo chão de calcário áspero sob nossos pés, até que seu barulho ecoou na muralha de pedra. Depois de dar alguns passos, encontrei-me em frente à pedra redonda, manchada de tinta. Então fora aqui que Jesus tinha se arriscado tanto? Caso ele não tivesse ressuscitado Lázaro, depois de dizer que ia fazê-lo, até mesmo seus apóstolos o teriam abandonado. Se ele efetivamente ressuscitasse Lázaro, aqueles que o odiavam e temiam sua popularidade cada vez maior, evidentemente marcariam sua execução para breve. Apenas algumas semanas antes ele havia escapado daqueles que tentaram apedrejá-lo no Templo. Por que ele havia voltado, colocando-se em uma situação da qual não podia recuar?

Como teria soado a voz de Jesus, quando proferiu sua famosa ordem ao morto? Teria se amplificado com a acústica natural do lugar, a ponto de atravessar a distância até a outra ponta do penhasco e se espalhar pela aldeia de Betânia?

Levei à boca as mãos em concha, e respirei fundo e gritei tão alto quanto pude:

– Lázaro, vem para fora!

As palavras repercutiram como trovão ao longo da pedreira. Mais uma vez gritei:

– Lázaro, vem para fora! – e houve outro barulho de trovão, perseguindo, em vão, o primeiro.

– Lázaro, vem para fora! – gritei novamente, até sentir José me sacudindo por detrás.

– Pára, Matias! Chega! Vamos sair daqui.

– Não – disse eu, abaixando-me, soltando-me de suas mãos e correndo para o tronco nu de uma pequena árvore morta que escorava a pedra contra a parede do penhasco. Pegando esta alavanca improvisada, enfiei sua ponta mais grossa embaixo da base da pedra que cobria o túmulo, e puxei para trás com toda a minha força.

– Pára, Matias! Por favor! Tu não podes profanar o túmulo!

– Como é que pode se profanar um túmulo em que não há nenhum morto? – berrei eu enquanto puxava.

Ignorei seus pedidos incessantes, forçando a pedra, repetidamente, até que a imensa pedra começou a balançar-se, apesar de todas as outras pedras que a mantinham no lugar. Chutei algumas das pedras para fora e fiz força novamente. A pedra moveu-se, mas apenas um pouco. Puxei com toda força. Ela cedeu mais um pouco, e depois ainda mais. Deixei cair o pau e encostei o ombro na pedra. O suor, salgado e quente, escorria em meus olhos e pelo meu rosto, chegando até a boca. Meu peito arfava e me doía. Empurrei. Gemi. Escorreguei e caí de joelhos, com todo o meu peso contra a pedra teimosa. Até que ela cedeu, aos poucos: dez centímetros, vinte, cinqüenta, até que no final eu tinha conseguido rolar a pedra completamente para fora da entrada do túmulo. Aí escorreguei, esgotado, pela superfície lisa do penhasco.

José estava na minha frente, com as duas mãos no rosto.

– Matias, o que fizeste? Que Deus te perdoe. Que Deus *me* perdoe por ter-te trazido aqui.

Bati na pedra dura.

– José, sente-se aqui, por favor.

Ele se ajoelhou, com um joelho só, e permaneceu com a cabeça virada para não olhar dentro da tumba. Fui até ele e toquei-lhe o rosto delicadamente.

– Ouça-me, por favor. Antes você disse que eu era o investigador e você o meu guia, não é? – Ele consentiu, com tristeza. – E você me trouxe aqui, depois de eu ter manifestado aquele desejo idiota no programa de Carson para que eu pudesse descobrir a verdade, qualquer que fosse ela, certo? – Ele consentiu novamente. – Não havia nenhuma condição em nosso acordo, havia? Eu podia ir a qualquer parte, olhar qualquer coisa e falar com qualquer um em minha busca da verdade, certo?

Sem se virar, ele apontou para trás, por cima do ombro, em direção à tumba.

– E esperas encontrar a verdade ali dentro?

– Não sei.

– Tudo o que vais encontrar lá dentro, Matias, são três nichos vazios e alguns vermes.

– Talvez sim. . . talvez não.

– Mas o que mais poderia estar lá dentro? O que estás procurando, meu filho?

– Estou procurando os restos de um corpo.

– Um corpo? De quem?

– O corpo de Jesus.

Por um instante pensei que ele fosse desmaiar.

– Jesus? – gritou ele. – Por que esperas encontrar os restos dele aqui? Por quê?

– Porque se o culpado for um dos apóstolos, este seria o lugar mais lógico para ele escondê-lo. Meus estudos, quase do início, levaram-me a suspeitar que alguns dos apóstolos, ou outros elementos ligados a Jesus, fizeram o que achavam necessário para que as profecias de Jesus parecessem haver-se realizado. Uma das possibilidades que considerei foi que, depois do anoitecer, mas antes do dia clarear, naquele terceiro dia, o corpo de Jesus tenha sido removido do túmulo e trazido para cá, em uma maca ou num carrinho, e colocado no túmulo vazio que já fora ocupado por Lázaro. Depois esta tumba foi cerrada novamente, na certeza de que o corpo estaria a salvo e jamais seria descoberto, por estar na propriedade particular de Marta. Seria fácil espalhar o boato de que Jesus havia ressurgido dos mortos, com aquele sepulcro vazio servindo de principal testemunho. . . uma testemunha muda, a melhor que há.

— Mas havia soldados guardando meu túmulo.

— Quando eu souber quem retirou o corpo, aí saberei o que aconteceu com os soldados.

— E quanto aos nove que estavam escondidos no bosque, atrás da casa das irmãs? Como é que qualquer um deles poderia ter feito tal coisa se, pelo que ficaste sabendo, nenhum deles sequer sabia que Jesus estava morto, muito menos a localização do túmulo?

— Está bem; para fins de argumentação, vamos excluir aqueles nove nomes da lista dos suspeitos. Mas ainda sobraram Pedro e João, que estavam em Jerusalém e sabiam da crucificação e do sepultamento. E ainda há o sumo sacerdote, Caifás, e mesmo Pilatos, que poderia ter facilmente mandado alguém retirar o corpo e escondê-lo em algum lugar, para que seu túmulo não fosse um perigoso ponto de encontro daqueles que ainda acreditavam em Jesus. É claro que se qualquer um daqueles dois estiver envolvido, cometeu um erro crasso. Na verdade, ajudou a promover o mito da ressurreição com o roubo do corpo, e agora é tarde demais para qualquer um deles admitir o seu erro. Os últimos da minha lista são os dois que enterraram Jesus.

— Isto é, Nicodemos. . . e eu? Suspeitas inclusive de mim?

— Você não suspeitaria, se fosse a comissão investigadora?

Ele suspirou.

— Bem, ao menos conseguimos diminuir bastante a lista de suspeitos.

— É. E quatro daqueles que ainda estão na lista poderiam muito bem ter escondido o corpo bem aqui, nesta tumba.

Deixei José e arrastei-me até a boca do túmulo. Com a luz refletida da pedra branca eu podia ver o que havia lá dentro, bem diante de mim, um nicho talhado na rocha, longo e largo o bastante para abrigar um corpo. Estava vazio. À minha esquerda havia outro nicho. Também estava vazio. E à minha direita havia um terceiro nicho. Nada! Ainda de joelhos, abaixei a cabeça e xinguei. Havia um cheiro suave de água de rosas no chão de pedra; nenhuma outra pista, de qualquer espécie, de que um morto havia sequer ocupado a pequena câmara.

Saí do túmulo vagarosamente. O desapontamento transformou-se logo em cansaço. Comecei a me sacudir, a me limpar, até ficar de pé. José me olhava, ansioso, ainda de joelhos, exatamente onde eu o havia deixado.

– O que foi que descobriste, Matias, dize-me?

– Só alguns vermes, José – lamentei-me. – Exatamente como você havia me dito. Só alguns vermes.

oito

Desde minha mocidade que eu não ouvia um galo cantar, mas abri os olhos certo de que havia acabado de escutar um. Muito simbólico, pensei eu, acordar com um galo cantando na manhã em que eu pretendia falar com Pedro.

Eu já havia tomado banho e me barbeado quando as primeiras batidas tímidas na porta do quarto anunciaram a chegada de minha refeição matinal. Nicolau, o criado sírio que José havia reservado para mim, estava do lado de fora, com seu costumeiro sorriso servil, só que hoje ele não empurrava seu carrinho de bronze cheio de baixelas cobertas.

– Mestre José manda desculpar-se pelo inconveniente – disse ele timidamente – mas gostaria que o senhor fosse ao peristilo, esta manhã, para tomar a refeição com ele e seu convidado.

– Convidado? Então vamos.

A mansão de José, construída na encosta de um morro, era composta por duas alas octogonais, ligadas pelo longo vestíbulo ladeado de estátuas que estávamos descendo. Todos os quartos e as salas onde se faziam as refeições eram localizados na ala superior. O local para onde nos dirigíamos, a ala inferior, abrigava o que José modestamente chamava de centro cultural. Duas salas continham sua coleção de esculturas, e em uma delas o velho havia me apresentado, na noite anterior, a Hermógenes, segundo José um dos mais talentosos escultores surgidos na Grécia. Com a ajuda de um martelo e um cinzel, Hermógenes fazia surgir no mármore a cabecinha de uma criança, tão perfeita que parecia de verdade. Perguntei a meu anfitrião como todas essas preciosas esculturas não eram confiscadas pelos sacerdotes, devido ao Segundo Mandamento: "Não farás nenhuma imagem em pedra, ou qualquer figura semelhante a algo que esteja acima, nos céus, embaixo, na terra, ou na água, sob a terra." José apenas dera um sorriso e me lembrara que não era *ele*, José, quem esculpia as imagens, e nenhuma lei proibia o mecenato.

Três outras salas na ala inferior estavam repletas de pergaminhos de diversos tamanhos, de papel vegetal, couro e papiro. Outras duas continham sua coleção de quadros. Havia uma oitava sala na ala inferior, mas o velho propositalmente se esquivara daquela porta fechada, enquanto me mostrava a casa, e eu deliberadamente evitei fazer perguntas sobre ela.

As salas circundavam um amplo peristilo sem teto, mas protegido da luz direta do sol por um telhado de treliças permitindo a entrada de alguns raios de sol, que banhavam mais de duzentas variedades de flores do deserto que José vinha recolhendo há muitos anos. Nicolau me conduziu através de uma das bibliotecas, abriu a porta que dava para uma varanda cheia de plantas e apontou na direção do velho e de seu convidado. Estavam sentados em volta de uma mesa de vidro redonda, conversando com animação. José se levantou quando me viu, e estendeu os braços até eu chegar à mesa. Aí ele delicadamente passou os dedos em meu rosto e exclamou:

– Nenhum corte! A cada dia que passa aprendes a manejar melhor aquela arma traiçoeira.

Mais dormindo do que acordado, respondi:

– Obrigado. A essa altura, qualquer tipo de progresso é bem-vindo!

Ele sorriu e disse, com muita naturalidade:

– Matias, apresento-te Pedro.

Aquilo me acordou! Pedro! Simão! Cefas! A pedra! O melhor amigo de Jesus. Junto de seu mestre desde os primeiros dias. . . até perder a coragem, bem no final. Mas teria sido isso mesmo? Impulsivo. Leal. Principal porta-voz dos apóstolos. Corajoso. Duro. Força impulsionadora do número crescente de conversões. Reconhecido até pelo brilhante Paulo como o mais poderoso e respeitado dos cristãos. O líder.

Quando nos abraçamos, seus bíceps pareciam dois pedaços grossos de aço retorcido. Seu sorriso era caloroso e aberto, mas aqueles olhos negros e profundos me diziam o que eu já sabia através de meus estudos: que ele sabia ser um adversário terrível para qualquer um, até mesmo para os sumos sacerdotes, como eles já haviam tido a infelicidade de constatar. O rosto anguloso e bem curtido de Pedro não tinha rugas nem marcas, exceto algumas rugas profundas na testa larga, e os cabelos castanho-avermelhados quase cobriam seus ombros largos. Tinha uma barba cheia, com alguns fios brancos. Sua túnica larga, de algodão cru, chegava até a barriga da perna, musculosa. Em torno do poderoso pulso direito usava uma tira de couro grossa, ornada com tachas.

Tentei prestar atenção nas palavras de José:

– . . .dizendo a Pedro que nós havíamos planejado procurá-lo hoje, e eis que ele aparece em minha casa, para despedir-se de mim, antes de viajar para Cafarnaum, onde ele morava antigamente, para visitar a família da mulher. Matias, já tomei a liberdade de explicar o propósito de tua missão, e Pedro está disposto a responder a tuas perguntas, contanto que possa pôr-se a caminho antes que o sol esteja muito alto.

Enquanto eu ouvia o velho falar, sentia o olhar do apóstolo em mim. Fiz o possível para manter minha compostura. Eu tinha algumas perguntas bem desagradáveis para fazer a este homem a quem Jesus havia adequadamente chamado de "pedra", e eu estava começando a duvidar se teria coragem. Se certa vez ele ousara contradizer Jesus, a quem havia dedicado sua vida, como reagiria comigo, caso eu começasse a tocar em lembranças que ainda deviam causar dor, angústia e arrependimento?

Havia tanta coisa que Pedro poderia contar-me! Quantos milhares de livros haviam sido escritos sobre ele, quantas questões levantadas, quantas conclusões tiradas, quantos mistérios ainda perduravam sobre seus anos passados com Jesus? Na noite passada, antes de adormecer, eu sabia exatamente como conduzir minha entrevista. Afinal de contas, meu objetivo aqui não era escrever a biografia definitiva da vida de Jesus, mas especificamente descobrir o que havia acontecido com o corpo depois do sepultamento. Tinha revisto, em minha mente, aquelas perguntas que meus três tribunos fariam a Pedro, no meu livro, e eu tinha decidido fazer exatamente o que estava previsto em meu manuscrito inacabado. Mas isso fora na véspera. Agora, olhos nos olhos com o homem, percebi que a coisa não seria assim tão fácil – na melhor das hipóteses.

Pedro esperava, pacientemente, com ambos os cotovelos apoiados no tampo brilhante da mesa, as duas mãos no queixo, sob a barba. Ele parecia totalmente despreocupado, pronto para responder a qualquer pergunta. Decidi acabar logo com toda aquela serenidade. Se eu conseguisse fazê-lo perder o equilíbrio, ele talvez dissesse coisas que eu jamais ouviria em condições normais.

– E como está tua sogra?

– O quê? – gritou ele. Então, em um tom de voz mais baixo, mas ainda surpreso: – O que foi que disseste?

– Perguntei como tua sogra está de saúde. Ela está bem?

Minha pergunta surtiu o efeito desejado. Obviamente abalado, Pedro respondeu:

– Ela está bem, senhor. – Sorriu, cauteloso. – Mas o que é que o estado de saúde de uma senhora em Cafarnaum tem a ver com tua busca da verdade sobre Jesus?

– Ele não salvou sua vida uma vez?

A calma desapareceu. Surgiu um grande assombro estampado no rosto.

– Tua busca da verdade tem sido bastante aprofundada, meu amigo – replicou ele. – Sim, o Senhor salvou sua vida quando ela se encontrava perto da morte.

– Como?

– Aconteceu pouco depois de meu irmão, André, e eu termos abandonado nossas redes e nossos barcos para segui-lo. Ainda estávamos em nossa aldeia, e Jesus pregava em nossa sinagoga. A mãe de minha mulher, havia apenas alguns dias, tinha sido acometida por uma febre alta, uma doença fatal, comum na costa. Já havíamos tentado a fórmula mágica recomendada em nosso Talmude, repetir quatro determinados versículos do Êxodo, dia após dia, mas ela continuava a piorar, e já tínhamos poucas esperanças. Contamos a Jesus o ocorrido, mas, em vez de apenas nos consolar, ele pediu que o levássemos até nossa casa; quando entramos no quarto onde dormia a moribunda, ele ajoelhou-se ao lado de sua cama e tomou-lhe a mão. Então levantou-se e sentou-a na cama. Ela abriu os olhos, e logo colocou os pés nos chão. A febre havia passado e ela foi direto para a cozinha, depois de beijar Jesus, para preparar um jantar para nós.

– Dirias que foi um milagre?

Pedro fez um gesto de desafio com a cabeça:

– Que nome lhe darias?

Evidentemente, ele já havia lidado com gente como eu antes.

– Não sei – respondi. – Não tive tantas experiências com milagres quanto tu segundo dizem. Porém, passemos agora a outra época e outro lugar. Desde o princípio, as palavras e os atos de Jesus enraiveceram as autoridades – Herodes, o sumo sacerdote, os fariseus e os saduceus – de modo que em muitas ocasiões, para fugir das zombarias e dos desafios, ele conduzia seus seguidores mais próximos para longe da Judéia e da Galiléia, para lugares onde estivésseis fora de perigo, não é verdade?

– Sim. Os poderosos, hipócritas, sentindo-se atingidos pelas palavras do Senhor todos os dias, constantemente tramavam ciladas contra Jesus para destruí-lo. Ele os chamava de "geração de víboras", que, por ser maléfica, não iria jamais dizer ou praticar coisas boas.

– Mas os ataques constantes que faziam não acabaram por surtir efeito? Muitos dos que haviam sido leais seguidores de Jesus não começaram a desertar, depois de pouco tempo, porque temiam as autoridades?

Pedro esfregou os olhos com suas mãos peludas.

– De certa feita – disse ele com tristeza – Jesus perguntou a mim e aos outros onze se planejávamos abandoná-lo também.

– Cesaréia de Filipe!

Todos os músculos do apóstolo se retesaram.

– O quê?

– Cesaréia de Filipe! – repeti.

– E o que tem isso?

– O que aconteceu lá?

– Como sabes sobre Cesaréia de Filipe? – perguntou ele, lançando um olhar furtivo para José.

– Fui levado a concluir que algo de muito importante aconteceu perto de Cesaréia de Filipe, algo que nenhum dos apóstolos jamais esqueceu, até hoje.

– Especialmente este apóstolo aqui – suspirou Pedro.

– Dize-me, Pedro, a situação com as autoridades estava ficando tão intolerável que Jesus foi obrigado a levá-los para uma cidade estranha, de gentios, bem ao norte, onde as pessoas não gostavam muito dos judeus, e ninguém sabia quem vós éreis?

Prendi a respiração, quando ele abaixou a cabeça. Afinal de contas, ele não tinha obrigação nenhuma de me contar. Ele podia muito bem levantar-se, despedir-se de nós e sair. Mas por tudo o que eu havia lido, este apóstolo severo jamais evitara um confronto de qualquer natureza, depois da crucificação, e eu estava apostando que ele não ia correr da raia agora. E ele não correu. Apontando para a faixa roxa de minha túnica, disse:

– Contarei tudo, Matias, mas estou certo de que não compreenderás as conseqüências dessa história.

– Conta-me, assim mesmo.

– Jesus falava a uma multidão em Magdala, numa praia da Galiléia, quando os fariseus e os saduceus o interromperam, como sempre. Pediram que ele lhes mostrasse um sinal, vindo diretamente do céu, que atestasse suas palavras e seus atos. Acusaram-no de muitas coisas: que ele pregava um reino futuro muito diferente daquele que nossos profetas haviam lhes ensinado a esperar, que ridicularizava nossos costumes e nossas tradições, que violava a lei sem nenhum constrangimento, e que falava com uma autoridade indevida. "Um sinal do céu", pediam eles, "mostra-nos um sinal para que saibamos que tu não és um falso profeta."

– O que fez Jesus?

– Ele permaneceu calmo e esperou até que eles se cansassem de suas próprias vozes. Aí respondeu, dizendo: "Quando vem a tarde dizeis: Haverá bom tempo porque o céu está avermelhado. E de manhã: Hoje haverá tormenta, porque o céu está de um vermelho sombrio. Hipócritas! Sabeis distinguir o aspecto do céu, e não podeis discernir os sinais dos tempos? Uma geração má e adúltera procura um sinal. Mas não lhe será dado outro sinal senão o de Jonas.

– O sinal de Jonas?

– Há mais de seiscentos anos atrás Jonas avisou ao povo de Nínive que se arrependesse rapidamente de seus pecados, pois logo enfrentaria o julgamento. Suas palavras foram ignoradas, e a cidade no final foi destruída.

– O que aconteceu depois que Jesus censurou os fariseus e os saduceus?

– Ele os deixou no meio da multidão e trouxe-nos para a beira da praia, onde embarcamos em um pequeno bote, e navegamos para o norte de Betsaida. Naquela viagem ele avisou-nos para que estivéssemos preparados e nunca permitíssemos que as doutrinas dos fariseus e saduceus abalassem nossas crenças. Quando chegamos em Betsaida, ainda fomos mais para o norte, por terra, durante um dia, até chegarmos às colinas perto de Cesaréia de Filipe. Ali, longe das multidões e de seus perseguidores, Jesus pôde nos doutrinar por muitos dias, na paz e na tranqüilidade.

– E aí algo aconteceu?

Pedro concordou, com pesar.

– Novamente falei demais.

– Conta-me.

– Certa manhã, estávamos sentados numa encosta vendo as nuvens passarem vagarosamente pelo pico do Monte Hermon, ao norte, quando Jesus interrompeu nossos pensamentos, perguntando-nos quem o povo achava que ele era. André respondeu que alguns diziam que ele era João Batista; Tomé disse que outros acreditavam ser ele Elias, Jeremias ou um dos outros profetas. Aí Jesus disse: "E vós, quem dizeis que eu sou?" Lembro-me dos estranhos olhares que trocamos, mas ninguém ousava responder ao mestre. Então me ergui, finalmente, e disse: "Tu és o Cristo, o Filho de Deus vivo!"

– O Cristo, ou seja, o Messias que viria libertar os judeus de seus inimigos e restaurar a nação? O escolhido?

– Sim.

– Alguma vez ouviste Jesus dizer, em público ou em particular, que era o Messias?

– Não.

– Em outras palavras, tu disseste a ele algo que ele próprio jamais havia afirmado a qualquer um?

– Disse.

– Como ele reagiu à tua declaração?

– Ele parecia surpreso e satisfeito ao mesmo tempo. Disse-me que nem a carne nem o sangue haviam revelado aquilo a mim, mas que seu Pai, que estava no céu, o havia feito. Então pediu a todos os discípulos que não dissessem nada do que haviam ouvido a ninguém. Contou-nos que logo ele teria que ir a Jerusalém, padecer muito nas mãos dos anciãos, dos sumos sacerdotes e escribas, e que seria morto, mas ressuscitaria no terceiro dia. Foi então que eu disse algo que provocou sua ira. Eu havia escutado, com o coração angustiado as suas profecias de agonia, humilhação e morte. Como poderia um mal tão terrível abater-se sobre o Messias? "Tem compaixão de ti, Senhor" – disse eu. – "Isso jamais te acontecerá!"

– Jesus disse que ele *tinha* de ir a Jerusalém?

– Disse.

– E irritou-se por recusares a aceitar suas palavras?

– Mais do que isso. Ele colocou suas mãos em mim e sacudiu-me, gritando: "Arreda! Satanás, tu és para mim pedra de tropeço, porque não cogitas das coisas de Deus, mas das dos homens!"

– Como se ele estivesse ciente do que estava para lhe acontecer, e negando sua profecia, tudo fosse mais difícil de suportar?

– Sim, mas não compreendi isso na hora. Então, como todos os outros estavam cheios de medo, por haver ele demonstrado ira, o que raramente ocorria, o Mestre abraçou-me, como se quisesse desculpar-se e disse: "Se alguém quer vir após mim, a si mesmo se negue, tome sua cruz e siga-me. Aquele que tentar salvar a sua vida, perdê-la-á. Aquele que a perder, por minha causa, reencontra-la-á. Pois, que aproveitará o homem se ganhar o mundo inteiro e perder sua alma?"

Olhei por acaso para José. O velho aguardava, tenso, o momento em que eu abandonaria o papel de repórter para assumir a função de tribuno romano, decidido a investigar e descobrir a verdade para sua comissão. A espera de José terminou naquele instante.

– Pedro, tu eras sem dúvida o apóstolo mais próximo de Jesus, não eras? – Ele concordou. – Mas Jesus jamais disse explicitamente, nem mesmo a ti, que ele era o Messias, antes de tu o dizeres em Cesaréia de Filipe, não é verdade?

– É verdade – admitiu ele, recostando-se em sua cadeira, como se de repente tivesse sentido necessidade de aumentar a distância que havia entre nós. À medida que ele recuava, eu avançava para frente, e por fim coloquei os cotovelos na mesa.

– Pedro, creio que entendo por que Jesus não queria que dissessem ao povo que ele era o Messias. Sua vida já estava correndo perigo, e se qualquer um de vós proclamasse tal coisa, certamente apressaria o seu fim. Mas por que ele não disse a ti, seu amigo mais próximo e de mais confiança quem ele era? Por que no final coube a *ti* dizer isso a ele?

Nenhuma resposta. Tentei novamente.

– E, o que é mais importante, como sabias que ele era o Cristo, se ele nunca te havia dito isso antes? Obviamente, nenhum dos outros apóstolos pensou que ele fosse o Cristo, senão o teriam dito, quando a pergunta lhes foi colocada. Como sabias, Pedro? Ou estavas apenas adulando Jesus e tentando dar-lhe forças?

– Eu sabia!

– Como?

– Se tivesses ouvido o Mestre falar e tivesses presenciado seus milagres, Matias, tu também terias acreditado. Se tivesses testemunhado a cura do leproso, do servo paralítico do centurião, da mulher que há doze anos perdia sangue, da filha de Jairo, do homem com a mão ressequida e de tantos outros, cujos nomes encheriam teu livro – então tu, também saberias que ele era o Messias!

– E os outros que o acompanhavam e observavam os mesmos feitos e as mesmas obras que tu, por que eles não souberam o que tu afirmas saber?

– Com o tempo, os olhos de todos eles se abriram para a verdade – disse ele.

– Incluindo Judas?

Seus ombros se curvaram. Nenhuma resposta. Mas ele estava agüentando firme, e eu não podia deixar de admirar sua paciência. Cauteloso, pensei: lembre-se por que você está aqui. Disse eu:

– Ao longo da história do povo judeu, foram realizados muitos truques de mágica extraordinários chamados pelo povo de milagres. Dize-me, como descreverias um milagre?

Pedro ponderou minha pergunta por alguns minutos, antes de responder.

– O milagre verdadeiro não é um truque de mágica que qualquer um pode aprender a fazer. É a demonstração do ilimitado poder de Deus, e geralmente vai de encontro às leis da natureza, tais como as conhecemos. O milagre é a expressão da vontade e do propósito de Deus, e quando testemunhamos um milagre, renova-se em nós a fé em que Deus está sempre conosco.

– Aceito essa definição. Jesus realizou milagres?

– Os milagres foram feitos por Jesus – corrigiu-me Pedro – mas o poder para fazê-los veio de Deus.

– Do teu Deus ou do meu?

– Romanos ou judeus, Matias, só há um Deus!

– Dize-me, Pedro, Moisés fez milagres quando transformou um cajado em serpente, a mando do faraó, e mais tarde, quando dividiu as águas do mar, para que seu povo pudesse escapar dos exércitos do Egito?

– Fez.

– Elias fez milagres quando ressuscitou o filho da viúva e quando mandou que as chamas consumissem as tropas de Ocozias?

– Fez.

José olhava fixo para mim. Eu tinha certeza que aquela raposa velha achava que sabia onde eu queria chegar.

– Pedro – continuei – quando Eliseu deu água ao Rei Josafá no ermo de Edom, curou um leproso e fez a cabeça de um martelo flutuar na água, estas coisas eram truques de mágica ou milagres?

– Milagres.

– Quando Daniel foi atirado na cova dos leões pelo rei Dario e surgiu, na manhã seguinte, são e salvo, foi milagre?

– Foi.

Passei meu dedo vagarosamente pelo tampo de vidro.

– Teria algum desses grandes homens que realizavam milagres verdadeiros alguma vez afirmado ser Deus, o Filho de Deus, ou o Messias?

Finalmente Pedro entendeu onde eu o havia conduzido.

– Não – suspirou ele.

– Então o milagre, em si, nunca foi considerado pelo teu povo como sinal de que aquele que o faz fosse mais do que um profeta, não é verdade?

– É verdade.

– E o Messias judeu, aquele que algum dia viria para libertar o povo do cativeiro, salvá-lo de seus inimigos e estabelecer o Reino de Deus aqui na terra? Esperava-se que ele provasse sua autoridade fazendo milagres para o povo?

– Não.

– Então por que chamaste Jesus de Cristo, Messias, com base nos milagres que, segundo dizes, ele realizou, quando não se esperava que o Cristo, há muito aguardado, fizesse milagre?

O homenzarrão, nervoso, abria e cerrava os punhos.

– Matias – disse, quase sussurrando – eu teria acreditado que Jesus era o Cristo sem milagre algum. Suas palavras, por si só, colocavam-no muito acima de qualquer profeta que jamais existiu.

Tínhamos voltado ao ponto de partida.

– E ainda assim, os mais sábios de seus filósofos, os fariseus e os saduceus, estavam sempre desafiando Jesus a lhes mostrar um sinal para atestar suas palavras. Por quê?

– Eles tentavam, de modo desonesto, distorcer as palavras e os atos de Jesus. Quando se tem pouca fé, é-se obrigado a exigir sinais todos os dias. Como disse Jesus: "Bendito seja aquele que não precisa ver o avermelhado do céu à tarde, para saber que amanhã haverá tempo bom."

– Por falar em fé, sei que um dia, quando Jesus entrava em Cafarnaum, um centurião pediu-lhe que curasse um servo seu, que estava doente, vítima de uma paralisia. Lembras-te o que aconteceu?

Pedro fez que sim.

– Lembro-me como se fosse ontem. Jesus disse: "Eu irei e o curarei." Mas o centurião respondeu: "Senhor, eu não sou digno de que entreis em minha casa. Dizei uma só palavra e meu servo será curado." Quando Jesus ouviu, disse: "Em verdade vos digo: não encontrei semelhante fé em ninguém de Israel!"

– Jesus usou a palavra "fé"?

– Usou.

– E o servo ficou curado?

– Jesus disse ao centurião: "Vai, seja-te feito conforme a tua fé." E o servo ficou curado naquela mesma hora. Ele mora em Cafarnaum até hoje, caso queiras verificar minha história.

– Certa vez tu e os outros apóstolos ficastes aterrorizados com uma tempestade no lago, que fazia arremessar as ondas contra vosso barco. Alguns de vós fostes até Jesus, que dormia, e dissestes: "Senhor, salva-nos, que perecemos!" O que respondeu ele?

Pedro chegou a enrubescer.

– Como sabes dessas coisas?

– O que disse Jesus quando foi acordado? – insisti.

– Ficou zangado conosco e perguntou: "Por que sois tímidos, homens de pequena fé?"

– A palavra "fé" foi usada por ele novamente?

– Foi. Então ele ficou de pé sobre o barco e censurou os ventos e o mar, e eis que veio uma grande bonança, que nos assustou mais do que a tempestade, pois ficamos imaginando que tipo de homem seria aquele, que até mesmo os ventos e o mar lhe obedeciam.

– Esse mar, Pedro, como bem sabes, é famoso por suas tempestades causadas pelos ventos do deserto que passam pelas montanhas da costa e chegam até o meio das águas, provocando ondas em todas as direções. Essas tempestades no Mar da Galiléia não acabam geralmente tão rápido quanto começam?

Pedro sorriu, paciente.

– Fui pescador durante toda a minha vida. Nenhuma borrasca de verão como esta que descreveste teria causado qualquer preocupação, pois sobrevivi a centenas delas. Mas aquela tempestade me convenceu que dormiríamos todos no fundo do mar aquela noite, se Jesus não nos houvesse salvo.

– Houve um outro caso que já mencionaste de uma mulher que sofria de um fluxo de sangue constante há doze anos. Ela chegou perto de Jesus e tocou-lhe as vestes. Segundo dizem ele virou-se para ela e disse:

"Tem confiança, filha, tua fé te salvou." Ele usou novamente a palvra "fé"?

– Tuas fontes são boas, Matias. Eu estava ao lado dele quando aquela mulher avançou, e estas foram exatamente as palavras que ele lhe dirigiu.

– Lembras-te dos dois cegos?

– Lembro-me. Eles vieram a Jesus, em Cafarnaum, chorando: "Filho de Davi, tem compaixão de nós." Quando eles pediram para ser curados, ele disse: "Credes que eu posso fazer isso?" Eles responderam que sim. Então Jesus tocou nos olhos dos dois, dizendo: "Seja-vos feito segundo vossa fé." E os olhos deles se abriram.

– Aqueles que acreditavam, que tinham fé de que ele podia fazer milagres, eram curados de suas enfermidades, e aqueles que não acreditavam não eram curados. Esta é uma conclusão razoável?

Pedro discordou:

– Não, não é. Havia muito mais em seus feitos do que lhes atribuis. Tu não entendes. . .

– Pedro, Pedro, sejamos razoáveis. Certamente sabes separar a verdade da paixão, depois de todos esses anos. Disseram-me que Jesus nunca realizou um milagre em sua aldeia, Nazaré. Por quê? Porque as pessoas de lá o conheciam como carpinteiro, e carpinteiros, por mais habilidosos que sejam, não fazem milagres. Seus próprios conterrâneos não acreditavam no poder de Jesus; logo, ele não podia fazer nenhum milagre para eles! Lembras-te de um outro incidente, relacionado a uma figueira em Betânia?

Pedro arregalou os olhos.

– Como podes saber disso tudo? Quem és tu, Matias?

– Fala-me da figueira.

– Jesus estava com fome, e foi até uma figueira, no campo. Como não havia frutos, por não ser época de figos, ele a amaldiçoou e a árvore murchou. Então ele virou-se para nós, que estávamos com ele, e disse: "Em verdade vos digo: se tiverdes fé e não duvidares, não só fareis o que me vistes fazer contra a figueira, mas, se disserdes a este monte: sai daí, e lança-te no mar, assim acontecerá. Tudo o que, rezando, pedirdes com fé, o conseguireis."

Repeti lentamente suas últimas palavras.

– Com fé o conseguireis?

– Foi isso que ele disse.

– Em uma ocasião, tu e alguns dos outros apóstolos tentastes curar um jovem insano e não o conseguistes, não é verdade?

– Sim – murmurou ele. – E como não fomos capazes de fazer nada, o pai do menino foi ter com Jesus.

– O que fez Jesus?

– Disse apenas: "Oh, geração incrédula e perversa! Até quando estarei convosco? Até quando hei de suportar-vos? Trazei-o para mim."

– Jesus chamou a todos vós de incrédulos?

– Para vergonha nossa.

– E o que ele fez depois?

– Curou o menino. Mais tarde, fomos até ele e perguntamos por que nenhum de nós fora capaz de curá-lo e ele respondeu: "Por causa de vossa pouca fé. Porque em verdade vos digo: se tiverdes fé como um grão de mostarda, direis a este monte: passa daqui para lá! E ele há de passar. E nada vos será impossível."

– Fé, novamente?

– Do tamanho de um grão de mostarda.

– Pedro, a esta altura já tiveste vários anos para meditar sobre aqueles eventos que ocorreram durante a última semana da vida de Jesus. Dize-me, a fé de Jesus era tamanha que ele realmente acreditava que podia fazer mais do que mover montanhas, depois de entrar em Jerusalém, uma semana antes da Páscoa?

– Não compreendo tua pergunta.

– Jesus acreditava que apenas com seus doze apóstolos, poderia libertar o povo do domínio de Roma, apesar dos soldados de Pilatos e mesmo das imensas legiões de Vitélio, a apenas dois dias de viagem, na Antióquia? Ele esperava realizar o milagre dos milagres contra todas as forças inimigas?

Pedro, como os outros, não mostrou nenhum sinal de perturbação ou de impaciência durante todo o meu interrogatório. Agora ele respondia:

– Matias, receio que ainda não tenhas entendido a natureza dos milagres. O poder de realizá-los não vem da fé de uma pessoa, mas de Deus. No entanto, a fé deve estar presente para que seu coração e sua mente estejam abertos e Deus possa entrar neles. Só aí, quando o Reino de Deus estiver dentro de ti, é que poderás remover montanhas.

– E derrubar governos! – repliquei sarcástico.

Naquele instante um servo se aproximou silenciosamente da mesa e colocou um cálice de prata ornamentado diante de cada um de nós. Aí o jovem encheu-os de vinho tinto, colocou a garrafa diante de José e saiu. A interrupção não poderia ter surgido em melhor hora. Apesar de Pedro ter sido mais do que indulgente, eu sabia que meu tempo estava se esgotando, e precisava de uma pausa para planejar minhas últimas perguntas de modo que Pedro fosse levado a explicar por onde andou depois que Jesus foi preso. Inexplicavelmente, nenhum de nossos quatro evangelhos menciona o nome de Pedro uma vez sequer durante todas aquelas horas dramáticas entre os julgamentos de Jesus e sua visita apressada ao sepulcro vazio, com João, uns quatro dias depois. Onde estivera ele, e o que fizera enquanto seu mestre estava sendo julgado e crucificado?

Acabei meu cálice e disse:

– Pedro, sei que os dias da crucificação e do sepultamento de Jesus devem estar cheios de lembranças tristes para ti, mas. . .

Ele estendeu a mão do outro lado da mesa e bateu de leve em meu braço.

– Não mais, Matias. Agora percebo o que era muito ignorante e cego para entender na época.

– Ótimo. Pouco antes de Jesus ser preso, ele fez uma certa profecia referente a ti e ao cantar do galo?

Seu rosto se anuviou, momentaneamente.

– Fez. Nós havíamos acabado a ceia da Páscoa na casa de minha irmã Maria e de meu sobrinho Marcos. Nós doze tínhamos saído de casa cantando hinos e o jovem Marcos nos acompanhou até o portão da cidade, até que o mandamos para casa.

– Todos vós acreditáveis estar voltando a Betânia, para repousar?

– Sim, mas enquanto andávamos, Jesus nos disse certas coisas que retardaram nossos passos. Disse que o abandonaríamos naquela mesma noite, pois estava escrito que o pastor seria abatido e as ovelhas de seu rebanho se dispersariam pelo mundo. Nós nos reunimos em torno dele, no escuro, pedindo uma explicação, mas tudo o que ele nos dizia é que depois que se levantasse, apareceria a nós na Galiléia. Alguns pensaram que ele planejava acordar antes de nós, de manhã, e viajar para o norte, sozinho, até que nos encontrássemos com ele mais tarde. Mas eu não conseguia aceitar suas palavras; então falei novamente, para minha eterna tristeza.

Os olhos de Pedro estavam úmidos e sua voz tremia. O interrogatório estava começando a abalá-lo.

– O que disseste? – perguntei delicadamente.

– Primeiro coloquei meu braço em seus ombros como se quisesse protegê-lo. Aí disse, com orgulho, que mesmo que os outros o abandonassem, eu jamais o deixaria. Ele puxou meu rosto para junto do seu, até que pude sentir as lágrimas que lhe cobriam a face, e sussurrou em meu ouvido: "Em verdade te digo que hoje, nesta noite, antes que o galo cante, tu me negarás três vezes." Respondi eu: "Ainda que seja necessário morrer contigo, não te negarei!" Ele beijou meu rosto e sorriu tristemente.

– Ele levou todos a Getsêmani?

– Sim. Há um caminho que atravessa o horto e sobe até o Monte das Oliveiras, descendo pelo outro lado até Betânia. Nós havíamos percorrido aquele caminho muitas vezes, em vez de circundar o monte por uma rota muito mais longa.

– Já estive lá, Pedro. Ficaste surpreso quando Jesus disse que queria parar no horto para rezar?

– Fiquei, especialmente depois da profecia que havia feito a respeito das coisas terríveis que lhe aconteceriam naquela mesma noite. Betânia parecia um lugar bem mais seguro do que um horto escuro, caso ele estivesse correndo qualquer perigo. Também era muito tarde e estava frio; todos nós estávamos morrendo de sono por causa da comida e do vinho. Mesmo assim, sempre cumpríamos as suas ordens, e quando ele pediu a Tiago, a João e a mim que ficássemos perto dele, os outros se distanciaram um pouco mais. Subiram um caminho que dava em uma grande caverna, a qual nos havia abrigado em muitas outras ocasiões. Daí Jesus disse: "Minha alma está profundamente triste até a morte. Ficai aqui e vigiai comigo."

– Por que estáveis vigiando?

Pedro levantou os ombros largos.

– Ele não nos disse, até que se afastou e ajoelhou-se, pousando os braços em uma grande pedra plana. As nuvens já não escondiam mais a lua; logo, pude vê-lo nitidamente. Então o ouvimos dizer: "Meu Pai, se é possível, afaste de mim este cálice! Todavia, não se faça o que eu quero, mas sim, como tu queres." A seguir lembro que ele sacudiu minha cabeça delicadamente, dizendo: "Então, não pudestes vigiar uma hora comigo. . . O espírito está pronto, mas a carne é fraca". Antes que eu acordasse totalmente ele já havia se afastado de novo, e logo ouvi-o exclamar: "Meu Pai, se este cálice não pode passar de mim sem que eu o beba, faça-se a tua vontade!" E logo depois caí no sono novamente, ao lado de Tiago e João, que roncavam, por causa do vinho. Da outra vez que Jesus me acordou, disse: "Chegou a hora; o Filho do Homem será entregue nas mãos dos pecadores. . . Levantai-vos, vamos! Eis que o traidor se aproxima."

– Pedro – interrompi – durante os últimos seis anos deves ter revivido esta noite muitas vezes em pensamento.

– Tanto acordado quanto em sonhos.

– Já te ocorreu que Jesus estava realmente esperando ali no horto ser preso, e que caso fosse preciso ele teria ficado ali a noite toda, até ser preso?

José de Arimatéia abriu a boca, assombrado, mas o rosto de Pedro iluminou-se, como se estivesse contente de ter achado alguém que compartilhasse de um ponto de vista aparentemente minoritário.

– Cheguei a essa conclusão há muito tempo, Matias! Tudo o que me lembro que Jesus fez na cidade, naquela última semana, parecia ter um único propósito: o de desafiar as autoridades a prendê-lo. Ele virou as mesas dos vendilhões no Templo, mas os guardas estavam com medo de prendê-lo, já que havia rumores em Jerusalém de que ele tinha ressuscitado um morto em Betânia. Daí ele censurou os sumos sacerdotes e os anciãos, insultou os respeitáveis fariseus diante das multidões, provocou os escribas e os herodianos, e ainda assim eles não ousaram tocar nele enquanto estava entre o povo, com medo que uma revolta fizesse cair sobre todos eles a espada de Roma. Estava tudo claro para mim, apesar de não estar para os outros. Jesus tinha decidido morrer. A questão era quando e onde isto aconteceria.

– Na verdade, Pedro, ele cometeu suicídio, não é?

– Não! Não! Ele ofereceu sua vida em sacrifício, por toda a humanidade, como uma redenção para apressar o Reino dos Céus que está para chegar!

Coloquei de lado aquela questão. Caso me envolvesse naquela confusão teológica, eu jamais sairia dela.

– O grupo que vinha capturar Jesus era muito grande?

Pedro sorriu amargamente.

– As tochas eram tantas, que o horto estava mais claro do que durante o dia. Sumos sacerdotes, fariseus, saduceus, guardas do Templo, e até mesmo um contingente de soldados romanos do Forte Antônia: duzentas pessoas, no mínimo, compunham aquela multidão, incluindo Judas. . .

– Sabes por que razão Judas traiu seu mestre?

– Não. Ainda é um grande mistério para mim, Matias.

– Outra coisa sobre Judas me intriga, Pedro. Segundo os outros, ele foi dispensado da ceia por Jesus, logo no início. Supõe-se que ele teria ido fazer algum serviço. Ora, se ele foi direto da casa de sua irmã para as autoridades e lhes contou onde poderiam encontrar Jesus, por que eles não foram e o prenderam logo, ao invés de deixar passar quase seis horas? Sabes o que causou a longa demora?

– Não, não sei. O que eu sei é que os captores de Jesus foram primeiro à casa onde havíamos feito a ceia pascal, mas àquela altura já haviam se passado muitas horas e já tínhamos saído.

– Por que só Jesus foi preso?

– João e eu também fomos presos, mas quando nos levaram para fora do horto, um sacerdote iluminou nossos rostos com uma lanterna, cuspiu em nós e disse aos guardas que Jesus era o único que Caifás queria. Desamarraram nossas mãos e nos atiraram no chão. Levamos muitos pontapés, especialmente dos soldados, e depois só levaram o Senhor. Quando finalmente conseguimos nos levantar, voltamos ao horto e chamamos por Tiago e pelos outros, mas o local estava deserto.

– Sei que não voltaste a Betânia. Dize-me, o que fizeste?

– Começamos a subir aquele caminho e aí me lembrei do que eu tinha dito a Jesus com orgulho: que nunca o abandonaria, mesmo que os outros o fizessem. Parei e disse a João que eu ia com Jesus. Ele veio comigo. Apesar da maioria das lanternas e das tochas da multidão terem sido apagadas para não alarmar o povo da cidade, que talvez ainda estivesse acordado, não foi difícil seguir o cortejo. Primeiro foram à casa de Anás, sogro de Caifás, que havia sido sumo sacerdote durante muitos anos. Quando chegaram lá, a tropa de soldados romanos marchou de volta para Antônia, como se sua missão estivesse cumprida. Depois de Jesus ficar na casa de Anás por algum tempo, os guardas do Templo trouxeram-no aqui, à cidade alta, para a casa de Caifás.

– O que fizeste tu e João?

– O que podíamos fazer? As botas dos romanos haviam deixado nossos rostos e corpos doídos e ensangüentados; estávamos exaustos, sem dormir, e com os corações entorpecidos de tristeza. Nosso querido Mestre, o qual amávamos mais do que nossas próprias vidas, fora arrastado pelas ruas como o mais desprezível dos criminosos, e não tínhamos condições de ajudá-lo. Reunimo-nos em volta de uma pequena fogueira no pátio do sumo sacerdote, e aguardamos alguma notícia de lá de dentro. Logo chegaram muitos membros do grande Sinédrio, um ou dois de cada vez. O que estariam eles fazendo a nosso Mestre? Mais tarde, um dos servos do sacerdote veio para o pátio e afirmou ter-me visto com Jesus da Galiléia. Pensas que me levantei, orgulhoso, e admiti que era seu amigo e seguidor? Não! Em vez disso, neguei conhecer Jesus e me aproximei da sacada, esperando avistá-lo. Pouco depois, outra serva passou por perto e exclamou que eu era amigo de Jesus. Novamente neguei conhecê-lo, mas as palavras dela atraíram a atenção de alguns guardas que haviam entregue o Senhor a Caifás. Aproximaram-se de mim, dizendo que eu devia ser seguramente um cúmplice do prisioneiro, pois falava como um galileu. Xinguei-os e disse-lhes que nem sequer o conhecia.

Mesmo sabendo o que estava por vir, quis ouvi-lo de Pedro. Mas tive que esperar. O homenzarrão tinha escondido o rosto entre as duas mãos, e os gemidos que lhe escapavam do tórax bojudo eram quase insuportáveis. José de Arimatéia virou-se para o outro lado.

Finalmente Pedro abriu seus dedos imensos e olhando por entre eles, perguntou-me, claramente:

– Queres saber o que aconteceu depois, Matias? Vou te contar. Depois de ter negado meu Senhor pela terceira vez, como ele havia dito, juro-te que ouvi o galo cantar, minutos antes de sentir meu corpo cair, estatelar-se no chão e mergulhar em um sono profundo.

Estado de choque? O último recurso da mente para evitar a dor física ou o impacto de um acontecimento inesperado, esmagador, que vem como uma surpresa para a psique. Caracterizado geralmente por baixa da pressão arterial, pulso fraco e descompassado e, muitas vezes, desfalecimento.

– Depois disso, que ocorreu? – perguntei eu, delicadamente.

– Lembro-me de ter ouvido os terríveis gemidos e lamentações das mulheres, como sempre acontece em dias de luto, depois de um enterro. Abri os olhos e vi João curvado sobre mim. Sua presença me confortou, mas quando tentei perguntar-lhe por que razão as mulheres choravam, eu não conseguia mexer com a boca. Reconheci o quarto de meu sobrinho, Marcos, e percebi que estava na casa de minha irmã. Aí devo ter dormido novamente.

– Como chegaste lá?

Pedro sorriu, encabulado.

– João mais tarde me contou que não tinha conseguido me levantar do chão, lá no pátio do sumo sacerdote onde eu tinha caído, e muito menos me carregar; então, correu até aqui para pedir ajuda a José; e Shem, com seus braços fortes, conseguiu me colocar na carruagem de José, para que me levassem até a casa de Maria, onde tínhamos ceado com o Senhor, poucas horas antes.

– De que mais te recordas?

– Um sonho. Sonhei que estava pescando em meu velho barco, e Jesus veio até mim caminhando sobre as águas. Quando vi que era o Senhor, mergulhei no mar para ir até ele, e senti que afundava nas ondas. Aí Jesus pegou minhas mãos e me ergueu. Daí acordei, todo ensopado de suor, chamando-o pelo nome; João enxugou minha testa e falou comigo, mas dormi novamente.

– Àquela hora, ainda não sabias que Jesus tinha sido julgado, crucificado e sepultado?

– Não sabia de nada do que tinha acontecido, até aquela primeira manhã depois do sábado, quando acordei e disse a João que estava com fome. Logo minha irmã trouxe-me uma tigela de sopa quente. Só depois de eu tomá-la toda é que João me contou que nosso Senhor estava morto, crucificado por Pilatos e o sumo sacerdote. Derramamos muitas lágrimas juntos; depois deitei-me de novo e comecei a rezar, pedindo a Deus forças para continuar vivendo sem nosso mestre amado. Eu teria morrido de bom grado, naquele instante, pois não tinha vontade de enfrentar a vida sem Jesus a meu lado.

Agora eu estava de volta, mais uma vez, àquela manhã depois do sábado, aquele dia fatal da descoberta: Domingo de Páscoa.

– O que aconteceu depois, Pedro?

Ele ergueu um de seus punhos fortes e disse:

– De repente ouvi gritos no quarto e senti um corpo cair sobre mim. Abri os olhos e vi o rosto aterrorizado de Maria Madalena, perto do meu; ela cravava suas unhas em meus ombros, chorava e gritava: "Eles tiraram o Senhor do túmulo e não sabemos onde o colocaram!" Não parava de repetir estas palavras, me sacudindo o tempo todo, até que João a tirou de cima de mim, minha irmã veio e a levou. Eu ainda estava meio confuso e tonto de sono e febre, mas suspeitei que a pobre mulher tinha perdido o juízo novamente. Ela já estivera possuída por sete demônios, até que o Senhor colocou as mãos sobre ela. Concluí que os acontecimentos dos últimos dias haviam causado uma recaída.

– O que fizeste?

– Não sei como, mas encontrei forças para descer vagarosamente de minha cama, vestir a túnica e calçar as sandálias. Aí perguntei a João se ele sabia onde Jesus havia sido enterrado, e ele disse que sim. Disse-lhe que devíamos ir até o túmulo e ver por nós mesmos se o que Maria tinha dito era verdade. Ambos corremos, mas João, que era mais novo, chegou primeiro do que eu. Quando finalmente entrei no horto, que não era muito longe do Gólgota onde João havia me dito que Jesus fora crucificado, João estava na entrada do túmulo, aguardando. Encostada no sepulcro havia uma imensa pedra redonda, que tinha sido colocada na entrada da tumba. A voz de João parecia a de uma criancinha. "O túmulo está vazio!", gritou ele, e imediatamente entrei.

– Percebeste se havia algum soldado por perto, algum guarda do Templo, alguém?

– Ninguém. Dentro do sepulcro eu quase podia ficar de pé. E ali, em um nicho talhado na rocha, vi o lençol que havia coberto o corpo, ainda com o cheiro forte das ervas aromáticas. O lençol era aquele pedaço de linho comprido e estreito de sempre, usado nos sepultamentos, no qual se enrola o corpo várias vezes, com diversas camadas de ervas aromáticas, para evitar a putrefação do corpo. O lençol parecia ainda envolver algo, mas quando ousei tocá-lo, ele murchou, e algumas das ervas caíram de suas dobras. Naquele mesmo nicho, pouco distante do lençol, estava o lenço que é sempre colocado na cabeça do morto. Quando saí da sepultura, João entrou, e logo saiu, gritando: "Agora eu creio!", e ambos nos ajoelhamos, dando graças a Deus por ter levantado nosso Senhor de seu túmulo.

– Tu e João acreditastes que ele havia ressuscitado dos mortos?

– Nós sabíamos! Disse a João que se apressasse e fosse até Betânia, à casa de Marta e Maria, pois estava certo de que os outros que estavam lá escondidos se regozijariam com a notícia de que nosso amado Senhor havia feito o que prometera. Disse também a João que avisasse aos outros para não dizerem nada a ninguém. Eu temia que as autoridades alegassem que nós havíamos removido o corpo, e nos causassem mais problemas. Aí voltei para a casa de minha irmã.

– Pedro, quando entraste pela primeira vez no túmulo, encontraste uma grande quantidade de ervas aromáticas no chão?

– Não, só o cheiro delas, que enchia o ambiente.

Virei-me para José. Este me olhava com olhar feroz como se minha última pergunta o tivesse ofendido.

– Tu e Nicodemos preparastes o corpo para ser sepultado. Usastes a quantidade de mirra e aloé necessária?

– É claro que sim, Matias – respondeu o velho, irritado. – Mais do que o necessário. Tudo espalhado com cuidado entre as dobras do longo lençol, à medida que embrulhávamos o corpo.

– Não estáveis com pressa porque ao pôr-do-sol já começava o sábado?

– Estávamos com pressa, mas havia tempo suficiente para preparar o corpo como manda a lei. Por que perguntas isso?

– Estou tentando descobrir por que, se alguém roubou o corpo de Jesus do túmulo, esta pessoa se daria ao trabalho de desenrolar os vários metros de algodão do corpo dele, remover cuidadosamente todas as plantas aromáticas que estavam colocadas entre cada camada para que não caíssem no chão, tirar o lenço do rosto e carregar um corpo nu da tumba? Aí, tendo feito isso tudo, por que esse alguém iria ter o cuidado de enrolar novamente o lençol, recolocá-lo no nicho, depois de inserir todas as plantas aromáticas nas dobras, colocar o lenço no local onde havia repousado a cabeça de Jesus, e sair *sem colocar a pedra de volta na entrada*, para esconder seu crime? Por que simplesmente não tiraram a pedra do lugar, pegaram o corpo, com o sudário, plantas aromáticas e tudo, colocaram a pedra de volta para esconder o roubo e sumiram? Parece muito mais lógico, não é? Do jeito que descreves a cena da tumba, Pedro, é exatamente como alguém a deixaria para enganar o povo e fazê-lo pensar que Jesus ressurgiu dos mortos.

Pedro deu com as costas na cadeira, como se eu o tivesse atingido no peito. Olhou para mim, petrificado, mais com assombro e decepção do que com raiva.

– Tudo o que te contei é a mais pura verdade, e tu me respondes com rumores que não se apagarão tão cedo porque são constantemente alimentados pelas víboras desta cidade! Podes ser um historiador de grande integridade e talento, Matias, mas continuas cego à verdade em relação à Jesus!

Ele começou a levantar-se, mas delicadamente pus minha mão sobre seu ombro e ele sentou-se de novo. Ouvindo aquela voz grossa ressoando nas paredes do peristilo, diante do olhar fulminante que chispava daqueles olhos escuros, era difícil imaginar esse homem negando seu mestre por três vezes em uma noite.

– Perdoa-me, Pedro. Estou tentando apenas entender um assunto muito complicado, e agora estou mais confuso do que nunca. Ouvi de muitas pessoas, inclusive de ti mesmo, que Jesus ofereceu sua vida em sacrifício, por toda a humanidade, como uma redenção para apressar a vinda do Reino dos Céus. Devo concluir que Jesus esperava realizar, através de sua própria morte, aquilo que não havia conseguido fazer com seus ensinamentos? Não havia uma maneira melhor de alcançar este objetivo, um jeito que não tivesse deixado dúvidas na cabeça de ninguém sobre quem era ele e o que pretendia fazer por seu povo?

– Como?

– Durante minha investigação, fui incapaz de descobrir um único relato de qualquer milagre realizado por Jesus durante sua última semana nesta cidade. Com as grandes multidões em Jerusalém e no Templo, durante a semana da Páscoa, em vez de atacar os vendilhões, os chefes dos sacerdotes, os fariseus, e as outras autoridades, não teria sido muito mais sensato Jesus realizar um único milagre, perante toda a multidão, um milagre tão majestoso e inspirador que todas as pessoas, mesmo os sacerdotes, teriam reconhecido que ele era verdadeiramente o Messias – até mesmo o Filho de Deus?

Pedro levantou-se e curvou-se diante de mim, até que seu rosto suado ficou a apenas alguns centímetros do meu.

– Ele o fez!

– Fez o quê?

– Ele fez o milagre que acabas de descrever!

– Como? Que milagre?

– Jesus deixou-se julgar, maltratar, flagelar, crucificar e enterrar como um homem. No terceiro dia ele saiu do sepulcro como o Filho de Deus, e o túmulo estava naquelas condições especiais por vontade *dele*, não para que o povo fosse enganado, mas para dar-lhe um sinal de que ele realmente havia ressuscitado dos mortos, com a ajuda de seu Pai!

Pedro partiu, mas José e eu continuamos à mesa, tomando vinho e falando pouco. A aura e o carisma de Pedro ainda estavam presentes. Finalmente o velho disse:

– Matias, apesar da decepção que talvez estejas tendo, acho que fizeste um grande progresso. – Como não respondi ele continuou. – Já falaste com Tiago, o irmão de Jesus, com Mateus, com Tiago, o filho do trovão. . . e agora Pedro. Dize-me, ainda achas que esses homens com quem te encontraste são do tipo que arriscariam a vida, todos os dias, nesta cidade, pregando a ressurreição de Jesus, sabendo tratar-se de uma farsa, só para tirar proveito próprio e conseguir poder?

Frustrado com a possibilidade de ter que cortar mais dois nomes da lista de suspeitos, cada vez menor, respondi, impaciente:

– José, a história da humanidade está cheia de homens e mulheres que viveram uma vida de mentiras, para encher seus bolsos de dinheiro, para tomar o poder, ou então mantê-lo.

– E quanto a ti, Matias? Tu serias capaz de viver uma vida baseada em uma mentira?

– Talvez – me peguei dizendo – dependendo das circunstâncias.

José coçou o nariz e começou a me fitar com atenção.

– Tu me dizes que poderias viver uma vida baseada numa mentira, e eu admito essa possibilidade para qualquer um de nós. Mas tu sacrificarias tua vida por uma mentira?

– Não, claro que não – apressei-me em dizer. – Nem mesmo um idiota faria isso.

Xeque! Logo que as palavras me saíram da boca, entendi que eu tinha caído em uma armadilha. Fiquei à espera que José de Arimatéia me encurralasse.

– Matias, tu consideras algum desses com quem falaste até agora um idiota?

– Não – admiti.

– E durante tua longa pesquisa, alguma vez descobriste o destino de Tiago, o irmão de Jesus?

Xeque-mate!

– Descobri – respondi, relutante. – Ele vai ser apedrejado até a morte, por ordens do sumo sacerdote Anano, em 62 a.D.

– E Mateus?

– A tradição diz que ele morrerá como mártir na Etiópia.

– E Tiago, o filho do trovão?

– Ele vai ser decapitado por Herodes Agripa em 44 a.D.

– E Pedro? Que destino terá nosso amigo Pedro?

– Pedro vai ser crucificado em Roma em 68 a.D., de cabeça para baixo, em uma cruz de madeira. Ele pedirá para ser crucificado desta maneira por não se julgar digno de morrer na mesma posição em que o Senhor morreu.

– Sim – disse o velho. – Eu diria que fizeste muito progresso, levando em consideração que este é apenas o teu terceiro dia. Agora, se não for perturbar muito o teu esquema, gostarias de me acompanhar, depois do almoço, até a casa do sumo sacerdote, Caifás, quando eu for pagar meu dízimo anual ao Templo? Tenho certeza que ele poderá contribuir com um ou outro fato para tua coleção.

– Eu posso perguntar a ele qualquer coisa, sem que isso cause problemas a você?

– Contanto que ele concorde em recebê-lo em particular, pode.

– Até mesmo por que razão ele colocou um homem de capuz preto atrás de nós?

O velho riu.

– Essa daí tu não precisas perguntar. Fiquei sabendo que estamos sendo espionados por Pilatos, e não por Caifás.

– E nós vamos chegar até Pilatos, no final, não é?

– Se ele não nos pegar primeiro, vamos.

nove

– Jesus?

– Sim.

– Jesus. . . Jesus. . . – murmurou ele. – É um nome tão comum. . .

– Um jovem pregador da Galiléia, crucificado por Pilatos há uns seis anos atrás.

Seus olhos cor de ferrugem se apertavam.

– Ah, sim, sim, eu me lembro dele. Um agitador! Inúmeros falsos profetas abusam da nossa paciência, todo ano. Aquele realmente acreditava que fora enviado por Deus para redimir pessoalmente os pecados dos homens. Vivia incitando as multidões com promessas de um novo reino, aqui na terra, abertamente pregando a sedição contra Roma. Para manter-me fiel ao juramento de proteger a segurança de meu povo, não tive outra escolha senão entregá-lo ao vosso estimado procurador, Pilatos, para que esse lhe aplicasse um castigo merecido.

Eu estava a sós com o sumo sacerdote dos judeus, José Caifás, em uma sala no segundo andar do palácio, onde Jesus havia sido julgado e condenado à morte. Estava sentado a apenas alguns metros do homem que, segundo Mateus, Marcos, Lucas e João, havia tramado tudo. Ouvindo Caifás falar, com sua pronúncia de homem educado, quase tive pena dele. Como poderia ele jamais imaginar, em seus sonhos mais fantásticos, que seu nome, assim como o de Herodes e o de Pilatos, estava destinado a ser eternamente amaldiçoado?

José de Arimatéia, incansável, havia dado um jeito de marcar uma audiência privada para mim. Depois de pagar seu dízimo, um baú enorme que Shem, extenuado, carregava nas costas pelos túneis subterrâneos do palácio, o velho havia pacientemente suportado a gratidão efusiva de dezenas de jovens sacerdotes que respeitosamente fizeram uma fila para abraçá-lo, um de cada vez, e beijá-lo em ambas as faces. Aí ele foi conduzido ao andar de cima para se encontrar com Caifás, enquanto eu aguardava, nervoso, no saguão movimentado, e fingia não reparar os olhares repetidos dos que passavam ao notarem a faixa roxa em minha túnica. Donde concluí que cidadãos romanos não eram freqüentadores assíduos da casa do sumo sacerdote.

Parecia que já tinham se passado horas quando José finalmente desceu a velha escada de mármore e bateu em meu ombro:

– Estás com sorte, Matias. O sumo sacerdote concorda em te receber imediatamente. Eu devo esperar por ti aqui. Já que ainda sou membro do Sinédrio, o qual ele continua a presidir, receio que minha presença possa inibi-lo. No entanto, já disse a ele muitas coisas a teu respeito, e ele parece perfeitamente disposto a responder tuas perguntas. – Ele piscou para mim, e naquela sua fisionomia severa o gesto pareceu quase grotesco. – Espero que encontres a verdade – disse ele, empurrando-me com delicadeza.

Subindo a longa escadaria, pensei no que o velho poderia ter dito ao guia espiritual do povo judeu, que tivesse causado uma impressão tão forte a Caifás a ponto de ele interromper seus inúmeros compromissos, só para ser entrevistado por um historiador desconhecido. Logo descobri.

– E como estão as coisas em Roma, senhor?

Cuidado! Lembre-se que estamos em 36 a.D. Como estavam as coisas naquele ano, na antiga cidade às margens do Tibre? Dei um sorriso forçado e disse:

– Vossa Excelência, venho viajando há muitos meses, mas tudo estava calmo e em paz, pelo menos em Roma, quando lá estive pela última vez.

– E Tibério? Como está de saúde o vosso imperador?

– Tibério ainda está em Capri; logo, não sabemos de muita coisa, exceto boatos. Imagino que as coisas devam estar bem difíceis para ele, agora que Sejano está morto.

Caifás fez um pequeno estalo com a língua.

– Terrível, este caso de Sejano. E pensar que ele traiu seu imperador, quando este depositava tanta confiança nele.

De repente tive vontade de lhe perguntar o que ele pensava de um homem chamado Judas Iscariotes, mas deixei aquilo para mais tarde.

– Sabeis que Pilatos era amigo de Sejano? – perguntou ele.

– Sim. É o que me disseram.

– É uma surpresa para mim que o procurador não tenha sido substituído, agora que o Senado mandou estrangular seu mentor.

Será que ele estava me testando? Dei de ombros e disse:

– Pilatos já está aqui há dez anos. Logo, creio que Vitélio tem muita confiança nele.

A expressão dele não mudou nada.

– E como está vosso governador? Aproveitando o clima da Antióquia, sem dúvida. José me disse que sois velhos amigos e vizinhos de infância.

Então foi por isso que entrei com tanta facilidade! O arimateu tinha provavelmente dado tantas pistas e indiretas a meu respeito, que fez com que Caifás suspeitasse exatamente aquilo que ele queria que o outro suspeitasse: que eu talvez estivesse procurando algo mais do que dados históricos. E, naturalmente, um amigo do governador receberia um tratamento especial naquele palácio. Tentei ser bem imparcial.

– O governador goza de plena saúde, como sempre.

Não ouvi baterem na porta, mas quando Caifás virou-se e gritou para que entrassem, surgiu um jovem de preto, fazendo reverências e desculpando-se. Carregava vários pergaminhos em uma cesta de vime.

– Com licença. . . Matias, não é? Tenho que assiná-los para que sejam pregados no Templo ainda hoje.

Recostei-me, grato pela oportunidade de examinar o homem. Nada daquela sua voz calma e grave, quase macia, traía o homem frio e desonesto que a maioria dos escritores e dos historiadores – declaradamente tendenciosos – me levaram a acreditar que ele fosse. Os sumos sacerdotes que o precederam haviam durado tão pouco que, em sessenta e cinco anos, tinham se sucedido quinze, sendo que três em menos de doze meses. No entanto, esse homenzinho aparentemente inofensivo e manso já ocupava o posto há dezessete anos, sete durante o governo do Procurador Valério Grato e dez durante o governo de seu sucessor, Pôncio Pilatos.

Fora os lábios muito finos e brancos, seu rosto pequeno e sem rugas não tinha traços marcantes, e a barba branca e pontuda era semelhante à de muitos outros que eu havia visto no saguão e no Templo. Vestia um colete apertado, de um tecido de fios azuis e dourados, amarrado sobre uma blusa de algodão vermelho e calças da mesma cor. Nos pés, pequenos como os de uma criança, calçava sandálias com fios de ouro. Um asceta com trajes de rei.

Quando o escrivão finalmente retirou-se do recinto, Caifás imediatamente retomou nossa conversa, como se não tivesse havido interrupção alguma. Característica de todo bom executivo.

– Há quanto tempo não vedes Vitélio? – perguntou ele casualmente.

– Três meses. . . talvez quatro – menti, meio apreensivo, pensando em como eu poderia mudar de assunto antes que acabasse me traindo.

– Ele tem sido um governador justo e compreensivo para nosso povo.

Deve ficar muito feliz em saber que as províncias sob seu comando, inclusive esta, finalmente encontrarão o reconhecimento que merecem em todo o império, quando tua obra for divulgada.

– Espero não desapontar o governador – disse eu.

– Mas, Matias, como todos os grandes reis, guerreiros e profetas que enaltecem o passado desta nação, não posso entender como um homem como esse Jesus possa merecer sequer uma única palavra de sua pena.

Comecei a responder mas hesitei. José tinha me feito chegar a esse ponto com suas histórias sobre mim; será que eu devia ir até o fim? Será que ia dar certo? Respirei fundo e disse, com a expressão mais séria que consegui fazer:

– Foi por sugestão de Vitélio que iniciei minha pesquisa sobre Jesus.

– Vitélio? – Sua voz fraquejou – Mas por quê? Por que razão? O nome de Jesus não passa de uma sujeira de mosca perto do nome de nossos grandes profetas.

– Sei que Vitélio tem profunda consideração por vossas opiniões, mas neste assunto ele parece divergir de Vossa Excelência. Ele me explicou, da última vez que estive com ele que, no passado, sempre que não se conseguia abafar uma revolta neste país, a melhor forma de dar um fim a ela era pregar o líder em uma cruz. Segundo ele, isso não aconteceu quando Jesus foi executado: pelo contrário, seis anos depois de Pilatos mandar crucificá-lo, o movimento cresceu tanto que já ultrapassa os limites deste país e se estende pela Antióquia, bem nas barbas do governador. Diz ele que um homem capaz de inspirar tanta fidelidade, muito depois de sua morte, talvez tenha sido o maior dos profetas já nascido aqui; sendo assim, sugeriu que talvez eu incluísse a história de Jesus, juntamente com as outras que estou escrevendo.

Por um instante pensei ter visto um sinal de medo nos olhos de meu anfitrião. Ele se curvou sobre o pequeno tampo de ônix da mesa e perguntou:

– Até agora o que conseguistes descobrir sobre. . . esse tal de Jesus?

Balancei a cabeça em sinal de desânimo.

– Quanto mais sei, mais fico confuso. Alguns dizem que ele é o Messias, e aguardam, todos os dias, a volta dele no pátio do Templo, como Vossa Excelência deve estar ciente. Outros afirmam que ele não passava de um charlatão e feiticeiro. Alguns alegam terem-no visto curar doentes e cegos, e até mesmo ressuscitar os mortos. Outros insistem que ele era apenas um mágico e um demagogo. Alguns acreditam até que ele próprio tenha ressuscitado dos mortos, no terceiro dia após seu sepultamento, enquanto outros afirmam que seu corpo foi retirado da tumba para que o povo fosse enganado. É por isso que me prevaleci de meu velho amigo José para tentar acertar este encontro, pois de Vossa Excelência, o homem mais santo e respeitado em toda Israel, sabia que ouviria a verdade.

Caifás consentiu, e fingiu estar examinando o desenho de seu colete. Brincou com o lóbulo de uma orelha, depois com o da outra.

– Muito bem – disse ele – Farei tudo o que puder para ajudar-vos a encontrar a verdade sobre este homem. No entanto, deveis lembrar que estamos lidando com eventos que aconteceram há seis anos atrás, e as lembranças, especialmente as desagradáveis, tendem a desaparecer. O que quereis saber exatamente?

– Se Vossa Excelência quiser, podeis começar dizendo-me quando tomastes conhecimento da existência de Jesus pela primeira vez. E para simplificar nossa conversa, vamos tomar a data da crucificação como base.

O sumo sacerdote alisou a barba e falou lentamente, escolhendo as palavras com muito cuidado:

– Se não me engano, começamos a ouvir histórias sobre esse Jesus talvez uns dez meses antes de sua execução. Essas histórias de sempre. Como sabeis, todo judeu aguarda a vinda do Messias que libertará nosso povo, para viver em um Reino de Deus eterno, aqui na terra. Deus uma vez prometeu a nosso patriarca Abraão que, por meio dele e de seus descendentes, todo o mundo seria abençoado e um dia colheríamos os frutos da paz e da abundância. Acreditamos que Deus está sempre nos lembrando de sua promessa através das palavras daqueles que chamamos de profetas, homens como Isaías, Jeremias, Samuel, Ezequiel e Moisés. É de se esperar que numa terra onde surgem tantos mensageiros reais da palavra de Deus, inevitavelmente apareça um sem número de falsos profetas, motivados por interesses egoístas e desonestos. Uma das minhas principais obrigações, como sumo sacerdote, é proteger a pureza e a integridade de Israel do veneno de tais impostores, lançando mão de todos os recursos de que disponho.

– Vossa Excelência considera Jesus um falso profeta?

– No começo não tinha opinião formada. Vários amigos meus na Galiléia me diziam que esse homem tinha curado um ou outro doente, mas não prestei muita atenção a eles, já que envolviam um carpinteiro ignorante de uma aldeia pobre chamada Nazaré.

– Diziam que um homem tinha o poder de curar, e Vossa Excelência não ficou nem curioso?

– Por que deveria ficar? Temos muitos magos e feiticeiros que viajam por nossa terra, enganando o povo. Esses relatos são comuns. No entanto, algumas semanas depois das primeiras notícias, recebi outra que me despertou raiva, além de curiosidade. – Balancei a cabeça para que ele continuasse. – Parece que uma família cujo filho estava doente, vítima de uma paralisia, trouxe-o em uma maca até a casa onde Jesus estava pregando, em Cafarnaum. A multidão era tão grande, porém, que eles não puderam entrar. Então levaram o menino com cama e tudo para o telhado, fizeram um buraco na palha, e o desceram com uma corda onde Jesus estava falando. Ao ver isso, Jesus ficou tão comovido com a fé daquelas pessoas que disse: "Teus pecados te são perdoados." Vários escribas estavam presentes, inclusive aquele que no final me contou este incidente, e eles se surpreenderam com tamanha blasfêmia, já que apenas Deus pode perdoar pecados. Apesar de eles não terem dito uma única palavra de protesto, porque temiam a multidão, Jesus virou-se para eles e perguntou-lhes por que pensavam tais coisas em seus corações. Aí perguntou-lhes se era mais fácil dizer ao jovem que seus pecados lhe eram perdoados do que dizer-lhe que levantasse e andasse. Disse também que para provar que o Filho do Homem tinha o poder de perdoar pecados na terra, falaria com o jovem novamente, e o fez, dizendo: "Levanta-te, toma a tua maca e volta para tua casa." E o jovem, segundo minha testemunha, levantou-se, tomou seu leito e afastou-se da multidão, que olhava assombrada.

– Caifás – disse eu, propositalmente dirigindo-me a ele pelo nome – uma cura dessas é comum entre os mágicos que dizeis estar por toda parte?

– Não. Os que estavam presentes disseram que jamais tinham visto um mágico como este, especialmente em se tratando de uma paralisia.

– O que Jesus quis dizer quando referiu-se a si próprio como o Filho do Homem?

O sumo sacerdote deu de ombros.

– É uma expressão encontrada em muitos de nossos escritos e salmos, que significa homem simples e puro.

Simplesmente não resisti:

– Mas o profeta Daniel não escreveu que viu "um como o Filho do Homem que vinha com as nuvens do céu. . . e ele lhes deu o poder. . . um poder eterno"?

Caifás endireitou-se em sua cadeira, olhando-me de modo suspeito.

– Escreveu – concordou, com uma voz fraca; mas não disse mais nada, nem para explicar, nem para refutar.

– Então o fato de Jesus usar a expressão "Filho do Homem" não lhe causou nenhuma preocupação?

– Não – disse ele, com sua voz normal – mas a blasfêmia que ele pronunciou me preocupou. Fingir perdoar pecados é uma ofensa grave a Deus, que nossas leis castigam com morte por apedrejamento. Imediatamente despachei mensagens a muitos oficiais do Templo e a sacerdotes que vivem na província do norte, pedindo que me mantivessem informado do que esse homem dizia exatamente, e do que fazia. Nossa corte suprema, o

Sinédrio, não tem autoridade fora das províncias da Judéia. Mas eu queria estar preparado para quando Jesus viesse a Jerusalém, como ele certamente faria em nossos dias de festa.

– Nos meses seguintes, o que ficastes sabendo sobre as atividades de Jesus?

– Na verdade, havia coisas boas e coisas más. Ouvíamos que Jesus tinha curado um leproso e dois cegos, e ao mesmo tempo comia e bebia com os publicanos e pecadores. Fazia um mudo falar e curava outro possuído por demônios, mas colhia milho aos sábados e comia sem lavar as mãos. Uma vez ele chegou a curar um homem que tinha uma mão ressequida, e ousou fazê-lo diante de uma multidão em pleno sábado!

– Mas ele não foi repreendido pelos fariseus em ambas as ocasiões, e respondeu-lhes com tamanha lógica que foram incapazes de contradizê-lo, e então se foram e começaram a tramar um meio de destruí-lo?

Caifás olhou para mim pasmado.

– O que dizeis?

– Vossos relatórios não vos disseram que quando os fariseus criticaram Jesus e seus discípulos por colherem milho no sábado, ele lembrou-lhes que Davi uma vez ficou com fome, e então foi até o altar sagrado do Templo e comeu o pão da apresentação e também deu um pouco àqueles que estavam com ele? Jesus disse que o sábado tinha sido feito para o homem e não o homem para o sábado. E quando curou o homem com a mão ressequida no sábado, perguntou àqueles que o censuravam se era lícito fazer o bem no sábado ou o mal, salvar uma vida ou matar, e os fariseus não encontraram resposta para lhe dar.

– Como sabeis essas coisas? Há quanto tempo vindes coletando informações?

Quase disse há vinte anos. Aquilo teria posto um ponto final a tudo, num instante!

– Há muitos meses, com algumas interrupções. Dizei-me Caifás, alguma vez tentastes realizar uma investigação mais ativa sobre as atividades de Jesus?

– Investigação ativa?

– Isto é, alguma vez dissestes a algum de vossos sacerdotes mais conhecedores de vossa lei que cercasse Jesus com perguntas cujas respostas o condenariam como infrator da lei, ou, no mínimo, fariam o povo se voltar contra ele?

– Meu senhor! – Ele encolerizou-se, levantando ambos os punhos fechados. – Sou o sumo sacerdote deste povo, e minha integridade em todos os assuntos é fato sabido. Perguntai a vosso procurador, se suspeitais do contrário. Acho vossa pergunta insultuosa e ofensiva. Entre outras coisas, sou também saduceu. E entre os saduceus, que vivem estritamente de acordo com os preceitos de nossas sagradas escrituras, ninguém pensaria em recorrer a um subterfúgio tão vil.

– Perdoai-me. E quanto aos fariseus?

– Não posso responder por eles. Conheço muitos fariseus que são homens honrados e muitos que não são. Agora, eles também obedecem a códigos não escritos, e alteram as leis de Moiséis sempre que isto lhes convém, normalmente para o pior – coisas que não fazemos.

– Então não estáveis entre aqueles que certa vez perguntaram a Jesus, no Templo, se era lícito pagar tributos a César?

– Eu não estava, porém disseram-me que em resposta ele pediu que lhe mostrassem uma moeda, e quando o fizeram, perguntou de quem era a imagem gravada nela. Responderam que era de César, e ele lhes disse para dar a César o que era de César e a Deus o que era de Deus.

– Por acaso estáveis presente – indaguei – quando perguntaram a Jesus se era ilícito um homem repudiar sua mulher por qualquer motivo?

– Não, mas sei qual foi sua resposta: o que Deus uniu, o homem não deve separar. Houve mais perguntas, mas não consigo me lembrar bem.

– Sabeis, Caifás, que homens sábios tentaram fazer com que ele se incriminasse por suas próprias palavras em muitas outras ocasiões, e sempre fracassaram?

Ele fez um gesto afirmativo.

– Jesus era um homem astuto e perigoso, sem dúvida, guiado por Satanás em suas palavras e atos. Ele já morreu tarde, para o bem de nossa nação.

– E o que fez com que vós finalmente decidísseis voltar-vos contra ele? Aparentemente, ele condenava, sempre que podia, aqueles em posição de autoridade, e ainda assim vós agistes com paciência e tolerância por muito tempo.

Essa era nova: trocar elogios por informações.

– Eu tive mais paciência do que podeis imaginar. – Suspirou. – Eram os fariseus, era gente de meu próprio partido, e até mesmo sacerdotes e membros de nosso tribunal, o Sinédrio, a pressionar-me constantemente. Todos queriam que eu detivesse esse feiticeiro, antes que ele incitasse o povo a cometer atos de violência ou de rebeldia, o que faria cair sobre todos nós a ira de Pilatos e transformaria nossas ruas em rios de sangue.

– E aí aconteceu algo que vos obrigou a agir?

– Aconteceu. Uma noite recebi muitos informes, todos de fontes fidedignas, de que Jesus havia ressuscitado um homem em Betânia, enterrado há três ou quatro dias. Na manhã seguinte não se falava de outra coisa nas ruas e nos pátios do Templo. Convoquei uma reunião informal do Sinédrio e dos líderes de ambos os partidos, e perguntei-lhes o que achavam deveríamos fazer com este homem que fazia milagres.

– Milagres? Não eram truques de mágica?

– Não, não. A essa altura estávamos convencidos de que ele realizava milagres de fato, mas tínhamos certeza de que era com o auxílio de Satanás.

– Mas, Caifás, eu soube que uma vez um homem cego e mudo possuído pelo demônio foi trazido à presença de Jesus e ele o curou. Os fariseus disseram que era pelo poder de Belzebu, o príncipe dos demônios, e Jesus perguntou-lhes como era possível expulsar o demônio com a ajuda do próprio demônio e eles ficaram sem saber o que dizer. De qualquer modo, o que resultou da reunião em que se discutiu o milagre de Betânia?

O sumo sacerdote olhava fixamente para o teto escuro, como se estivesse querendo por em ordem seus pensamentos.

– Lembro-me que quase todos concordaram que se permitíssemos que esse homem continuasse, ele convenceria todo o povo a segui-lo, e os romanos interviriam, tomando nossos bens, até mesmo nossa nação. No final de nossa discussão, anunciei minha decisão: que era mais conveniente um só homem morrer do que toda a nação perecer. Os outros concordaram e foram emitidas ordens, por toda a nação, que se qualquer homem soubesse onde Jesus podia ser encontrado, pois ele não mais se encontrava em Betânia, nós, do Sinédrio, deveríamos ser notificados imediatamente. Eu estava certo, entretanto, que não teríamos que esperar por muito tempo; ele logo voltaria à cidade. Os dias santos da Páscoa estavam se aproximando e, com a experiência que eu tinha com outros agitadores, eu estava convencido de que Jesus não resistiria à tentação de exibir-se perante as grandes multidões que se agrupariam no Templo naqueles dias.

– E vosso raciocínio estava correto.

– Sim – disse ele com seriedade – mas fui imprudente. Na tarde do primeiro dia da semana, seis dias antes de nossos dias santos de Páscoa, os pátios do Templo já estavam abarrotados de peregrinos. O capitão da guarda veio até meus aposentos, perturbou minha sesta e me informou que Jesus havia acabado de entrar no Templo com um grupo de seguidores, derrubando as mesas de nossos cambistas, expulsando-os e soltando os pombos de suas gaiolas, enquanto gritava: "Está escrito: Minha casa é uma casa de oração, mas vós fizestes dela um covil de ladrões." Quando perguntei ao guarda em qual das inúmeras salas do Templo ele tinha aprisionado Jesus, por seu crime abominável, ele encolheu-se e respondeu que, por causa da imensa multidão que incentivava e elogiava Jesus, nem ele nem seus homens ousaram pôr as mãos nele. Fiquei tão furioso pela covardia desse palerma que o esbofeteei. Estivesse ele a serviço de Pilatos, teria sido executado por não cumprir com suas obrigações.

– O que aconteceu depois?

– Depois de Jesus ter cometido sua ofensa contra o Templo, retirou-se imediatamente da cidade, partindo com seus discípulos para Betânia, rumo à casa de Marta, Maria e Lázaro, o homem que ele tinha ressuscitado dos mortos.

– Vós *sabíeis* onde Jesus estava hospedado?

– É claro. Havia doze ou mais em seu grupo, logo não era difícil segui-los.

– Não entendo, senhor. Se sabíeis onde ele estava, por que não mandastes a guarda à Betânia naquela mesma tarde, para prendê-lo pelos seus atos criminosos no Templo?

Caifás esfregou suas mãos finas, e desviou o olhar.

– Porque, lamento dizer, muitos de nós não tinham coragem. Quase uma hora depois de Jesus ter saído do Templo, convoquei uma reunião dos mesmos homens que haviam aprovado minha decisão de executar Jesus, apenas algumas semanas antes. Informei-os da expulsão dos cambistas e também que eu sabia onde encontrá-lo. Não era necessária a permissão deles para que eu agisse; porém, eu não achava sensato dar qualquer passo, considerando o estado de espírito do povo, sem obter a aprovação dos líderes de todas as facções.

Caifás estava fazendo uso, nesse momento, do mesmo jargão utilizado pela maioria dos políticos. Em outras palavras, ele estava me dizendo que não queria ser responsabilizado pela morte de Jesus.

– Sumos sacerdotes que abusam de seu poder – continuou ele – geralmente acabam perdendo tudo. Perguntei-lhes mais uma vez sua opinião e descobri, para espanto meu, que muitos haviam mudado de idéia. Um fariseu disse que se Jesus havia ousado derrubar as mesas dos cambistas, apesar de o pátio do Templo estar cheio de guardas, devia ter feito aquilo sabendo que eles não tinham nenhum poder de colocar as mãos sobre ele. Outro advertiu-nos que se ele era capaz de levantar um homem do túmulo, talvez não hesitasse em nos matar a todos, caso ordenássemos sua prisão. Aí perdi o controle. Esses homens poderosos, os mais ricos e respeitados de nossa cidade, haviam se transformado em velhas assustadas, implorando-me para adiar qualquer ação contra Jesus, até que eles pudessem avaliar melhor a situação. Eu os repreendi pela fraqueza que demonstravam e disse-lhes que, se permitíssemos que Jesus exercesse seu fascínio sobre o povo durante toda a semana da Páscoa, tudo estaria perdido. Mas eles não ouviram minhas súplicas. Nenhum deles queria se envolver.

– Soube que Jesus voltou ao Templo logo no dia seguinte.

– Voltou, como se não tivesse feito nada de errado e nada tivesse a temer. Desta vez até as criancinhas se reuniram em torno dele e gritaram a saudação reservada ao nosso Messias: "Hosana ao filho de Davi!" Fiquei espiando daqui de cima, de uma janela, até que não pude agüentar mais o que via e ouvia. Então desci até o pátio, sozinho, e me defrontei com ele. Eu jamais devia ter me rebaixado tanto.

– Por quê?

– Quando a multidão viu que me aproximava dele, todos se reuniram em torno de nós. Cheguei bem perto de Jesus, para que fosse ouvido em meio ao tumulto, e perguntei-lhe se sabia o que as crianças estavam cantando. Ele apenas sorriu para mim, ergueu os braços e disse: "Da boca dos pequeninos e das crianças de peito. . ." Eu estava furioso. Ele estava zombando de mim! Apontei na direção dos cambistas, que ele havia aborrecido, e que mais uma vez cumpriam sua tarefa necessária, e perguntei-lhe com que autoridade fazia tais coisas. Ele disse que me faria uma pergunta, e que se eu respondesse ele me diria sua autoridade. Disse-lhe que fizesse a pergunta e ele quis saber se o batismo que João havia ministrado era do céu ou dos homens. Eu não sabia o que dizer, na frente daquela multidão. Se eu dissesse que era do céu, ele teria me perguntado por que eu não havia acreditado em João. Mas se eu dissesse que era dos homens, todos aqueles que ainda acreditavam em João se voltariam contra mim. Finalmente, disse a Jesus que não podia responder, e ele replicou: "Pois, eu tampouco vos digo com que autoridade faço tais coisas." Virei-me para mandar que os guardas o prendessem, mas quando vi a multidão exaltada daquela maneira, calei-me e entrei. E naquele mesmo dia Judas Iscariotes veio até mim, como se tivesse sido enviado por Deus para resolver meu terrível dilema.

– Este era o portador da bolsa de Jesus e de seu grupo?

– Era, e havia sido um de seus seguidores mais fervorosos. As confissões que ele me fez forneceram-me a lenha que eu precisava para acender uma fogueira sob aqueles que temiam Jesus. Judas, que Deus o abençoe, realizou uma tarefa aparentemente impossível, tão difícil quanto prender qualquer outro criminoso comum.

– Eu. . . eu não entendo – gaguejei. – Tudo o que ouvi sobre Judas, dos seguidores de Jesus, é que foi ele quem delatou Jesus a vós, conduziu seus guardas a Getsêmani e o identificou.

Caifás balançou a cabeça.

– Ele fez muito mais do que isso. Foi a chave de tudo.

– A chave?

– Quando Deus o dirigiu a mim, três dias antes de nossa Páscoa, Judas era um homem desiludido. Contou-me que no começo havia seguido

Jesus porque acreditava ter visto neste homem um líder que libertaria nosso povo do domínio de Roma.

– Um Messias armado, um grande libertador como Davi?

– Sim. Mas Judas disse que, à medida que os meses foram passando, começou a perceber que havia se enganado redondamente. Jesus continuava falando de um "reino futuro" mas "não deste mundo", e em vez de convocar o povo a unir-se para derrubar César, pregava que devíamos amar nossos inimigos, o que Davi não teria jamais dito. Lembro-me que Judas caiu de joelhos e segurou minha túnica, soluçando e perguntando se havia algo que ele poderia fazer para expiar seu terrível erro. Perguntei-lhe se já havia ouvido alguma vez Jesus dizer que era o Messias.

– Creio que jamais alguém ouviu tal da boca de Jesus.

– É verdade. Foi então que Judas me confiou que certa vez, numa localidade bem ao norte chamada Cesaréia de Filipe, Jesus havia indagado aos apóstolos quem eles julgavam que ele era; Pedro anunciou que ele era o Messias, e Jesus lhes disse que não contassem isso a ninguém.

– E julgais que, ao dizer isso, Jesus admitiu que era o Messias?

– Sim, apesar de uma testemunha não ser suficiente para condenar um réu perante o Sinédrio. Mas o testemunho de Judas foi de valor inestimável. Ele me contou que Jesus, especialmente durante aquelas últimas semanas, havia profetizado várias vezes sua própria morte nas mãos das autoridades, e ele agora estava começando a agir como se não fosse oferecer nenhuma resistência, caso se tentasse prendê-lo. Apesar daquilo não corresponder bem ao homem com o qual eu havia me defrontado no Templo, isto era tudo o que eu precisava ouvir. Reuni pela terceira vez aqueles que haviam relutado em agir contra Jesus, e fiz Judas repetir para eles todas as profecias que Jesus estava fazendo sobre sua própria morte. Quando ouviram as palavras de Judas a coragem deles voltou, e mais uma vez eu contava com uma grande maioria a favor de que Jesus fosse preso e julgado imediatamente, contanto que o fizéssemos de forma bem discreta, sem agitar o povo. A decisão quanto à hora e o local mais propícios foi deixada por minha conta. Aí recompensei Judas com algumas moedas de prata, e dei-lhe instruções para voltar para perto de Jesus, onde ele podia nos servir melhor, mantendo-nos informados de qualquer atividade suspeita.

De repente lembrei-me de Kitty. Assim que comecei minha pesquisa para o livro, ela me deu de presente um exemplar do livro de Albert Schweitzer, *A Busca do Jesus Histórico.* Lembro-me da insistência do autor em afirmar que a principal questão referente a Judas não era *por que* ele teria delatado o Mestre, mas sim *o que* ele teria traído.

Aparentemente, Schweitzer estava certo. Judas não só tinha dito que talvez Jesus acreditasse ser o Messias, mas também – o que era mais perigoso ainda – havia assegurado a seus inimigos que não haveria perigo nenhum caso quisessem prendê-lo, pois ele estava pronto para sacrificar sua vida. Quando dei por mim, estava perguntando:

– O que houve depois?

– Judas veio até aqui, bastante agitado, no início da noite em que seria feita a ceia de Páscoa, e disse que Jesus estava comendo carneiro com seus apóstolos, na casa da viúva Maria, e mais uma vez falava como se estivesse conformado com sua morte nas mãos das autoridades. E mais ainda, disse Judas: Jesus afirmava que isto estava para acontecer logo. Como todos na cidade faziam sua santa ceia e não havia ninguém nas ruas para interferir, eu sabia que jamais teria uma oportunidade melhor do que esta. Decidi pegá-lo naquela mesma noite.

– Pôncio Pilatos cooperou convosco na prisão e no julgamento de Jesus, não é?

– Sim. Eu precisava da autoridade e do apoio de Pilatos para que o povo não acusasse o Sinédrio ou a mim de perseguir injustamente seu novo favorito. Eu também precisava de sua aprovação para executar a sentença de morte, caso fosse este o resultado do julgamento. Mandei que Judas aguardasse aqui, e fui rapidamente ao Forte Antônia, onde o procurador ficava hospedado durante nossa Páscoa. Pedi a Pilatos sua ajuda imediata para prender um perigoso impostor que poderia causar a nós dois muita apreensão durante os dias de festa, se ficasse à solta e resolvesse incitar o povo. De início ele se recusou, dizendo que falsos profetas estavam fora de sua alçada, e que eu mesmo devia cuidar de Jesus. No entanto, Pilatos e eu, apesar de nossas inúmeras divergências, há dez anos conseguíamos trabalhar juntos pelo bem da Judéia de modo que por fim ele concordou em despachar alguns de seus soldados a este palácio, de onde acompanhariam meus guardas do Templo, alguns sacerdotes, Judas e eu até a casa da viúva Maria para consumar a prisão.

– Até a casa da viúva Maria?

– Sim, onde Judas havia dito que Jesus ceava.

– O que aconteceu em seguida?

– Voltei para cá e esperei no pátio, com os outros, pelos soldados de Pilatos. Lembro-me que fazia frio, e dei permissão a meus homens para que acendessem fogueiras. Esperamos por mais de três horas! Pilatos estava fazendo uma daquelas brincadeirinhas de sempre comigo, pensei eu, mas quando seus homens finalmente chegaram fiquei furioso. Não era apenas uma brincadeirinha inocente do procurador, mas uma brincadeira de péssimo gosto. Pois em vez de me mandar uns dez soldados, mais ou menos, o suficiente para conferir a sanção de Roma aos nossos atos, ele havia despachado três centúrias – mais de duzentos legionários armados – liderados por um centurião chefe que eu conhecia. Quando perguntei a Fábio por que tantos soldados, ele, desconhecendo as circunstâncias, respondeu que o procurador o havia enviado com instruções para auxiliar na captura de um perigoso rebelde que comandava um bando armado, de uma força descomunal, que ameaçava tomar a nação e proclamar-se "Rei dos Judeus". Aquele Pilatos! A essa altura eu estava quase fora de mim, pois lutava contra o tempo e sabia que estava perdendo.

– Por que estáveis tão preocupado com o tempo já que sabíeis, ou pensáveis saber, onde Jesus se encontrava?

– Matias, no pôr-do-sol do dia seguinte começaria nossa Páscoa, bem como o sábado, e todos os julgamentos e punições são expressamente proibidos por nossa lei durante os sete dias de festa. Para que minha missão tivesse êxito, eu teria que prender Jesus, julgá-lo diante do Sinédrio e executar o veredicto do tribunal antes do pôr-do-sol, o que aconteceria dentro de cerca de dezessete horas. Caso contrário, seria um desastre: teríamos que mantê-lo sob custódia durante toda a semana da Páscoa, e uma vez espalhada a notícia de que ele havia sido preso, certamente que teríamos problemas com o povo, especialmente com aqueles galileus desordeiros que infestavam a cidade. Assim seguidos por um exército absolutamente desnecessário, grande o bastante para capturar a Peréia, Judas e eu fomos até a casa de Maria para prender um único homem desarmado que, segundo Judas, já estava esperando ser capturado.

– E quando chegastes, não havia ninguém lá.

– Apenas algumas mulheres e um jovem. A demora propositada de Pilatos, eu tinha certeza, me havia custado caro, e tanto o povo quanto o Sinédrio iriam rir de mim, quando soubessem que Jesus havia desaparecido debaixo de nossas ventas. É claro que alguns atribuiriam a fuga a seus poderes milagrosos.

– E o que fizestes?

– Fiquei muito nervoso. No desespero, agarrei Judas e o sacudi, até que ele gritou: "Getsêmani, ele deve ter ido para Getsêmani! Se não estiver lá esperando por mim como já o fez antes, deve ter voltado para Betânia, com os outros, onde vão dormir." Eu sabia que minhas pernas jamais agüentariam a viagem até Getsêmani; por isso chamei Fábio e dois de meus assistentes e lhes disse para levarem Judas e os soldados até o horto; caso Jesus não estivesse lá, que seguissem diretamente para Betânia. Expliquei-lhes que apenas Jesus deveria ser preso e que Judas o identificaria para que não houvesse engano.

– Por que apenas Jesus?

– Raciocinei que os outros não causariam mais nenhum problema e fugiriam para suas aldeias ao norte, assim que seu líder fosse morto e sepultado.

– Errastes.

– Sim, devíamos ter exterminado todos eles quando eram apenas dez ou doze. Agora há milhares! De qualquer forma, a comitiva me entregaria o prisioneiro aqui no palácio. Mas Fábio fez uma objeção. As ordens de Pilatos, disse ele, eram para apenas auxiliar na captura; uma vez capturado o prisioneiro, os soldados deveriam voltar ao forte imediatamente. Finalmente, ainda que relutante, Fábio concordou em entregar Jesus na casa de Anás, meu sogro, que mora perto do quartel-general romano. Dali minha guarda do Templo seria encarregada de atravessar a cidade com Jesus e trazê-lo a este local. A comitiva saiu pelo portão sul da cidade, com as tochas acesas e eu voltei para cá a fim de convocar as testemunhas que haviam concordado previamente em depor contra Jesus, quando ele fosse trazido a julgamento. Em seguida notifiquei os membros do Sinédrio, pedindo que se comunicassem comigo imediatamente, após ter dado instruções a meus mensageiros para dizer apenas que estávamos prestes a retirar um espinho cravado em Israel. Em menos de uma hora um de meus oficiais notificou-me que o prisioneiro se encontrava sob meu teto e estava num salão apenas a alguns passos de distância desta sala, descendo o corredor. Os membros do Sinédrio já haviam tomado seus lugares e aguardavam por mim para iniciar o julgamento.

– Senhor – disse eu – seria possível satisfazer um pequeno capricho meu?

– Se estiver ao meu alcance. . .

– Os historiadores têm essa mania de querer ver os locais exatos onde se deram os eventos que eles se propõem a descrever. Já visitei seu magnífico Templo, o horto de Getsêmani, e a tumba de onde Lázaro ressuscitou. Posso ver a sala onde Jesus foi julgado?

Ele hesitou um pouco, deu de ombros, e disse:

– Vinde comigo.

Saindo do corredor escuro, havia uma sala que, a julgar pelas aparências, não era utilizada há algum tempo. Barricas de vime, imensos caixotes de embalagem, baús e móveis quebrados estavam empilhados a esmo contra uma de suas paredes amareladas de mármore, e do lado oposto do recinto havia três fileiras de bancos de madeira inacabados, em forma de crescente. Não havia mais nenhuma mobília naquele salão de reuniões, que cheirava a mofo, e no chão de pedra havia uma camada de pó tão espesso que minhas sandálias deixavam marcas escuras a cada passo.

Apontei para os bancos.

– Os membros do Sinédrio estavam sentados ali, naquela noite?

– Estavam.

– E o prisioneiro, onde estava ele durante o julgamento?

As sandálias de Caifás levantaram pequenas nuvens de pó quando ele atravessou o salão, com passos pesados. Dava para perceber que ele estava ficando cada vez mais impaciente com as minhas perguntas.

– Jesus ficou aqui, para que pudesse ficar de frente tanto para a corte quanto para as testemunhas. Atrás dele havia um guarda. As testemunhas eram trazidas do corredor e colocadas de pé perto de Jesus, também de frente para o tribunal. Eu ocupei aquele banco central da primeira fila, com meus assistentes, escribas versados na lei, de cada lado.

Fui até o lugar onde Jesus havia permanecido de pé, enquanto Caifás, talvez por força do hábito, dirigiu-se ao banco da primeira fila, limpou a poeira com a mão e sentou-se de frente para mim, com os olhos entreabertos. De pé no local onde Jesus havia sido trazido diante de seus inimigos, tentei imaginar aquela cena. Era de madrugada. O cheiro fétido das lamparinas a óleo e a luz mortiça das velas. Sombras escuras alongadas, deslizando como fantasmas pelo chão e pelas paredes. Homens ricos e poderosos, tirados de suas camas macias e quentes, depois de uma noite de festejos e bebedeira, num estado de espírito mais apropriado a uma turba enfurecida do que a uma corte suprema, e numa sala fria ainda por cima. E o prisioneiro, que parecia tudo, menos um Messias, de mãos amarradas, com o rosto que refletia o cansaço de um longo dia e uma longa noite, além dos maltratos daqueles que o haviam prendido.

Lutei comigo mesmo para permanecer calmo e impassível enquanto pisava nas pegadas invisíveis de Jesus. Não era fácil. Caifás não tirava os olhos de mim, nervoso, cruzando e descruzando as pernas e os braços. Apontei para os bancos.

– O Sinédrio tem setenta membros, não é?

– Sim, contando comigo, o presidente, que não pode dar seu voto em qualquer veredicto.

– Estavam todos presentes naquela noite?

– Ah, não. Devido à distância e à hora, vários não puderam comparecer. Porém bastam vinte e três para formar o *quorum*, e tínhamos no mínimo trinta presenças antes de começar nosso interrogatório das testemunhas.

– Havíeis notificado a todos?

– Não me lembro. Certamente todos os que moravam por perto foram convocados.

– A casa de José de Arimatéia fica bem perto daqui, e no entanto ele me disse que não foi chamado – disse eu. – Nem um amigo seu Nicodemos. Por acaso não deixastes de convocar algum membro propositalmente, por suspeitar que este era favorável ao prisioneiro?

Mesmo à luz de um único raio de sol poeirento pude ver o rosto do sumo sacerdote tornar-se lívido. Sua voz tremeu.

– Como amigo de Vitélio, é inadmissível que me calunieis desta maneira. Vossas insinuações me ofendem, senhor. Levando-se em consideração o quanto era tarde, o número de presentes foi até bastante elevado.

– Perdoai-me, senhor. Eu estava apenas repetindo um boato que havia escutado. Falai-me sobre o julgamento, por favor.

– Há pouco que dizer – falou ele com arrogância. – Foi rápido. Jesus finalmente admitiu seu crime de blasfêmia e, de acordo com nossa lei, o Sinédrio achou que ele merecia a morte.

– Suas testemunhas convenceram a corte?

– Ah, elas nos fizeram perder tempo. As primeiras sete ou oito que foram chamadas contaram histórias tão contraditórias que não tivemos outra escolha senão dispensar seus testemunhos e considerá-los inválidos; o sacerdote que eu havia encarregado de selecionar as testemunhas foi deposto de seu cargo naquela mesma noite por incompetência.

– Caifás, ouvi dizer que subornastes aquelas testemunhas, e a razão de os depoimentos não coincidirem é que não as treinastes, não explicastes exatamente o que cada uma devia dizer.

Seus lábios finos se retorceram com insolência.

– O simples fato de aventardes tal hipótese indica que confundis a alta integridade dessa corte com o que acredito que seja uma prática legal bastante comum em Roma.

Curvei-me ligeiramente e sorri. O sumo sacerdote sabia revidar um murro.

– O que aconteceu depois que rejeitastes todas aquelas testemunhas?

– Foi trazido um velho, um vendedor de quinquilharias que trabalhava do lado de fora do Templo e que todos nós conhecíamos. Ele testemunhou que Jesus havia dito a uma multidão perto da muralha leste do Templo: "Destruí vós este Templo, e eu o reerguerei em três dias."

– Este era o tipo de testemunho de que precisáveis para condená-lo, não é?

– Era. Aquelas palavras eram obviamente uma blasfêmia contra a casa de Deus, e nossa lei exige que quem quer que difame ou profane o Templo seja punido com a morte. Ainda assim, o testemunho de uma pessoa só não é suficiente para condenar um réu: são necessários dois. Chamamos outra testemunha para depor sobre o mesmo episódio, mas segundo ela as palavras de Jesus foram: "Posso destruir o Templo de Deus e reedificá-lo em três dias." Imediatamente ouviram-se gritos enfurecidos de desapontamento por parte dos membros da corte, pois as duas versões não coincidiam. De acordo com a primeira testemunha, Jesus havia dito "destruí" enquanto que de acordo com a segunda, ele disse "*posso* destruir", e nesta afirmativa não há blasfêmia nenhuma, apenas jactância.

– Sabeis que, segundo afirmam seus apóstolos, quando Jesus fez aquela observação, fora do Templo, ele não estava se referindo ao Templo mas ao próprio corpo, e dos três dias que passaria no sepulcro antes de ressuscitar?

Caifás concordou.

– Já ouvi esta distorção de suas palavras. Os apóstolos persistem em deturpá-las de modo a ajustá-las à absurda pretensão de que ele voltou dos mortos.

– Então também tivestes que rejeitar o depoimento daquelas duas testemunhas?

– Tive. E fiz isso com dor no coração, pois eram as últimas testemunhas. Eu podia sentir, pelo olhar dos membros, que já tinha perdido muito prestígio a seus olhos, por tê-los trazido aqui em uma noite fria, para tomar parte na absolvição de Jesus, em vez de sua condenação. Levantei-me e disse ao prisioneiro: "Nada tens a responder ao que estes depõem contra ti?"

– O que foi que ele respondeu?

– Não disse nada. Ficou calado, olhando para mim, sabendo que estava isento de qualquer culpa de acordo com nossas leis. Quando voltei-me para encarar o Sinédrio, vi que alguns haviam se levantado como que para ir embora, e vários cochichavam alto. Eu sabia o que eles estavam dizendo. Haviam colocado a responsabilidade de livrar a nação deste criminoso em minhas mãos, e eu tinha falhado. Até mesmo minha posição no Templo estava ameaçada, quando meus inimigos fizessem chegar até Vitélio a notícia. De repente, lembrei-me de nosso juramento de testemunho, a forma mais terrível e poderosa de juramento existente em nossa lei. Qualquer um a quem ela for aplicada é obrigado, por nossa constituição, a responder. Corri para o prisioneiro e gritei: "Eu te conjuro pelo Deus vivo, que nos digas se és o Cristo, o Filho de Deus!"

Caifás estava empolgado com sua narrativa e eu não queria interrompê-lo, mas tive de fazê-lo.

– Por que acrescentastes a expressão "Cristo", que significa Messias, a "Filho de Deus" em sua pergunta? O Messias, de acordo com o que entendo que seu povo acredite, é apenas um enviado de Deus, e não seu Filho.

– Matias, haviam afirmado tantas falsidades a respeito de Jesus, que achei conveniente, nesse caso, mencionar ambos os títulos. Desta forma, talvez descobríssemos que ilusões ele verdadeiramente alimentava com relação a si próprio.

– Ele respondeu?

– Ele conhecia muito bem nossa lei. Sabia que tinha que responder à pergunta. Perguntei novamente: "És o Cristo, o Filho de Deus?" E ele respondeu: "Eu o sou. E em verdade vos digo: doravante vereis o Filho do

Homem sentado à direita do Todo-Poderoso e vindo sobre as nuvens do céu!" Suas palavras causaram-me um alívio profundo. Eu havia vencido esta praga que se instalara sobre nosso povo. Rapidamente procedi ao ritual que se é obrigado a fazer diante de uma blasfêmia, rasgando minhas vestes entre as costuras, para que não pudessem ser reparadas. Então disse aos membros do conselho, que haviam todos voltado a seus lugares: "Eis: agora mesmo acabais de ouvir a blasfêmia dele! Que vos parece?" E eles então responderam a uma só voz: "É réu de morte!" Dei ordens para que o prisioneiro fosse levado a uma sala no andar de baixo e fosse mantido lá, sob uma rigorosa guarda, até o nascer do sol, daí a algumas horas. Daí levaríamos Jesus a Pilatos.

– Por quê?

– Durante muitos anos, Roma não nos permitiu empregar a pena de morte para qualquer crime, sem permissão do procurador. Quando visitei Pilatos na noite anterior, eu havia arrancado dele não só seus legionários para ajudar-nos na captura, mas também um acordo de sancionar de manhã cedo uma sentença de morte prevista para antes do pôr-do-sol.

O sumo sacerdote parou, como se estivesse esperando um elogio por uma tarefa bem cumprida, e que certamente merecia várias páginas de meu livro de história. O esforço de reviver aqueles acontecimentos comigo parecia ter-lhe tirado todas as forças e toda sua confiança. Ele se atirou no banco com as mãos no colo, mais digno de pena do que de ódio. Jamais saberia que o modo como agira no julgamento de Jesus, quer motivado por razões egoístas, quer por obrigação para com a nação, traria difamação, desprezo e morte a tantos de seu povo durante os próximos vinte séculos.

– Caifás – disse eu – o Sinédrio e vós achastes Jesus culpado de blasfêmia e por esta falta, de acordo com suas leis, a punição é a morte por apedrejamento.

– Certo.

– E esta punição é geralmente aplicada por aquelas testemunhas que vêm depor contra o culpado?

– Está escrito que elas devem atirar as primeiras pedras, e depois a multidão em geral se une a elas.

– Mas Jesus não foi apedrejado; foi crucificado! E não foi executado por blasfêmia, mas por sedição! E não por vossas testemunhas e pela multidão, mas por soldados romanos! O que houve, naquela manhã em que Jesus foi levado diante de Pilatos, que fez o procurador retirar o caso completamente de vossas mãos?

Não houve resposta.

– Ouvi rumores, Caifás, de que planejastes tudo para que a coisa tomasse esse rumo, porém alguns acham que estáveis em conivência com Pilatos, outros discordam.

O único ocupante dos bancos lambeu os lábios, nervoso, mas permaneceu calado.

– O que aconteceu realmente, Caifás?

– Tereis de discutir isso com o procurador, senhor. Minha jurisdição terminou nos portões do Forte Antônia.

– Por que não podeis me dizer? Jesus era vosso prisioneiro quando foi levado até Pilatos. Não supúnheis que ele ficaria sob vossa custódia até a execução?

– Sim. Assim que obtivéssemos a sanção de Pilatos, Jesus deveria ser levado a uma colina fora das muralhas da cidade e apedrejado até a morte; seu corpo seria atirado em um túmulo de indigentes.

– Mas Jesus não vos foi devolvido. Por quê?

– Não tenho nada a dizer sobre o que transcorreu no forte. Terás que pedir explicações a Pilatos.

– De acordo com o que me dissestes, Pilatos já havia concordado, mesmo antes de terdes capturado Jesus, em dar permissão para executardes vosso prisioneiro. O que o fez mudar de idéia, e resolver assumir a execução?

Ele balançou a cabeça, mas nada disse. Dirigi-me a ele, até chegar quase a curvar-me sobre seu banco.

– Caifás, durante minha permanência aqui na cidade, encontrei-me e conversei com muitos homens sábios, instruídos em vossas leis. Alguns deles me confiaram, em segredo, já que temem por sua segurança, que tudo o que fizeram contra Jesus foi ilegal e infringiu muitas leis das sagradas escrituras que vós, como sumo sacerdote, jurastes observar e fazer cumprir. Alguns vão mais longe e vos acusam e ao Sinédrio de terdes assassinado um inocente, e dizem que Pilatos foi apenas um instrumento em vossas mãos.

– Assassinato? Eu? Ilegal? Quem ousaria dizer mentiras tão vis sobre o sumo sacerdote? – disse ele, arfando.

– Estareis tão isolado de vosso povo, aqui em vosso palácio e nos salões do Templo, que jamais ouvistes estas acusações? Não terá nenhum de vossos auxiliares, cujo dever é manter-vos informado sobre o que pensa vosso povo, jamais ousado enumerar em sua presença todas as ilegalidades de que vos acusam de ter cometido naquela noite e naquela madrugada a fim de matar Jesus?

– Ninguém aqui teria coragem nem a audácia de falar comigo da forma como o fazeis – resmungou ele, com as duas mãos nas faces rubras. – Dizei-me vós. Eu exijo saber o que andam falando sobre mim!

A autenticidade em questões legais havia sido sempre uma marca de qualidade de meus mistérios policiais. Sendo assim, eu havia passado longas horas pesquisando os antigos códigos hebraicos do direito penal enquanto trabalhava em meu livro, com admiração e respeito cada vez maiores por sua equanimidade e meticulosidade. De uma coisa eu podia estar certo, apesar de minhas dúvidas quanto a Jesus: se as versões daquele julgamento noturno relatadas no Novo Testamento eram exatas, neste exato recinto havia ocorrido um terrível erro judicial. Como o relato de Caifás não havia diferido em nada dos Evangelhos, decidi que era hora de descarregar em cima dele.

– Em primeiro lugar, senhor, a prisão de Jesus era ilegal segundo vossas próprias leis. Não foi apresentada ao Sinédrio nenhuma acusação formal dos crimes cometidos, para que fosse emitida uma ordem de prisão; logo, a prisão se deu sem nenhuma ordem; e quando Jesus foi preso, não foi informado de seu crime; a prisão se deu à noite, e envolveu a traição de outro – tudo proibido, segundo vossas leis.

Caifás abriu a boca, como se fosse responder, mas pensou melhor e balançou a cabeça, para que eu continuasse.

– Vós julgastes Jesus à noite, e no Mishna está escrito que um delito capital pode ser julgado durante o dia, mas deve ser suspenso à noite. Especifica também que nenhum caso que envolva a vida de um homem pode ser julgado na véspera do sábado, mas Jesus foi julgado nas primeiras horas do dia antes do sábado. Em segundo lugar, tendes uma lei que proíbe qualquer parente, amigo ou inimigo do acusado de julgá-lo; mesmo assim, de acordo com vossas próprias palavras, muitos dos presentes, naquela noite, incluindo vós, vinham planejando destruir Jesus há semanas.

Voltei ao local onde Jesus havia permanecido e apontei para o chão, bem em frente a mim.

– Testemunhas? – gritei eu, e minha voz ecoou naquele recinto de pedra. – De acordo com vossa lei, está escrito: "Da boca de duas ou três testemunhas aquele que deve morrer deverá ser condenado à morte; mas da boca de uma testemunha, ele não deverá ser condenado à morte." Vós próprio admitistes que não conseguistes encontrar duas testemunhas que concordassem em tudo, e uma vez que o poder de acusação é unicamente investido de autoridade através de testemunhas, não tínheis nenhuma possibilidade de acusar o réu de coisa alguma!

– Mas o homem confessou. . .

– Sua confissão de nada vos servia, como bem o sabeis! Vossa lei afirma que ninguém pode acusar a si próprio, e mesmo que o faça, sua acusação ainda assim não pode ser usada contra ele, a menos que devidamente atestada por mais duas testemunhas. Além disso, violastes outra lei ao fazer vossa pergunta a Jesus, pois vossa lei proíbe expressamente qualquer pergunta ao réu que o condene, caso este a responda, não é verdade?

Não esperei pela resposta.

– Dissestes que, quando pedistes ao Sinédrio um veredicto, depois de Jesus responder, todos eles exclamaram: "É réu de morte!" É necessário no mínimo um voto para a absolvição e dois para a condenação, mas seu santo Mishna também estipula que um veredito unânime de condenação tem o efeito de absolvição e a sentença de morte é proibida!

Eu ainda não tinha acabado.

– Jesus foi julgado e condenado em uma única seção do Sinédrio. Isto também é ilegal. O Mishna prevê que um caso criminal que resulte na absolvição do réu pode terminar no dia em que tem início, mas se a sentença é de morte, o julgamento não pode ser concluído antes do dia seguinte, para que possa ser realizada uma revisão completa das provas. E aí, de acordo com o que vós próprio dissestes, depois de julgares Jesus culpado, não pronunciastes uma sentença formal sobre ele. Do início até o fim, Caifás, tudo foi ilegal – a prisão, a falta de depoimentos convergentes, o julgamento na véspera do sábado, a presença de inimigos no tribunal, o uso das palavras do próprio prisioneiro para condená-lo, o veredicto unânime, a inexistência de sentença formal – tudo ilegal! De acordo com vossas próprias leis, levastes um inocente a Pilatos!

O sumo sacerdote jogou a cabeça para trás e devolveu meu olhar. Ouvi uma gargalhada ecoando no saguão, algo muito estranho naquelas circunstâncias. Caifás virou-se, ficou de costas para mim e fez uma pergunta que quase me derrubou.

– Vitélio sabe o que acabais de me contar?

– Todos sabem – disse eu, com toda a segurança de que fui capaz. – Como não saberiam, se tantos cristãos estão sempre a repetir essa história, até mesmo nos pátios do Templo?

– Concordo – disse ele em desespero – e eles são muito ignorantes para perceber que fiz o que fiz para evitar que fossem todos trespassados pela espada de Pilatos.

– Caifás, já vos passou pela cabeça, por um único momento, depois da crucificação, que talvez tenhais assassinado o filho de Deus, por engano?

– Nunca! Quando nosso patriarca Abraão preparou-se para sacrificar seu filho, Isaac, Deus interferiu e enviou um carneiro para ser sacrificado em seu lugar. Se Deus não permitiu sequer o sacrifício de Isaac, permitiria ele o assassinato de seu Filho sem destruir o mundo? Como podeis ver, o mundo ainda existe, Matias.

– Agora me direis o que aconteceu na audiência de Jesus com Pilatos?

– Não! Perguntai a ele.

– Estáveis presente na crucificação?

– Não – disse ele. – Quando os guardas levaram Jesus, voltei ao Templo para fazer os preparativos da Páscoa. Alguns de meus assistentes foram em meu lugar e contaram-me tudo depois.

– Ficastes surpreso ao saber que Jesus expirou apenas algumas horas depois de ter sido pendurado na cruz?

Ele deu de ombros.

– Alguns resistem tanto que no final lhes são quebradas as pernas para acabar logo com seu sofrimento, enquanto outros morrem imediatamente, talvez de choque. Mas por que vos estou dizendo isso? A crucificação, afinal de contas, é um castigo romano e não nosso. Fiquei mais surpreso ainda ao saber que um dos nossos aqui do Sinédrio, vosso amigo José, foi até Pilatos, sem consultar qualquer um de nós, para pedir-lhe o corpo e o enterrou em um sepulcro novo, construído para José, em um jardim perto do local da execução.

– A atitude de José deve ter ofendido muitos de seus colegas, membros do Sinédrio, que haviam condenado Jesus à morte. Tomastes alguma atitude contra ele ou contra aquele outro membro, Nicodemos, creio eu, que parece ter ajudado José no sepultamento?

– Aqueles dois são homens independentes, honrados e respeitados pelo povo por seus muitos atos de caridade. Quando os repreendemos severamente por seu comportamento, eles perguntaram se queríamos que se demitissem do tribunal, para não nos causarem maiores embaraços. Insistiram que nada do que haviam feito era ilícito, e disseram que nenhum judeu que viveu e falou como Jesus merecia ter seu corpo atirado em um sepulcro coletivo, como um criminoso qualquer.

– Alguma vez já pensastes, Caifás, que se José não tivesse pedido o corpo, não teria havido nenhum túmulo vazio. . .?

– Todos os dias – gemeu ele – e em muitas noites de insônia. Sem aquele túmulo vazio, para eles se vangloriarem, provavelmente hoje não existiria nenhum cristão.

– Sei que tomastes algumas medidas para guardar o túmulo.

– E acabou não sendo o suficiente, Matias. – Lamentou ele. – Quando um de meus sacerdotes lembrou-me que Jesus não apenas profetizara sua morte mas também prometera que ressurgiria no terceiro dia, fui até Pilatos no começo da tarde do sábado, o dia seguinte à crucificação, e disse-lhe o que Jesus havia dito. Pedi a ele que lacrasse o túmulo e colocasse guardas lá até o fim do terceiro dia, para evitar que os discípulos de Jesus roubassem o corpo e dissessem ao povo que Jesus tinha ressurgido dos mortos tal como ele previra.

– Pilatos concordou?

– Ele riu na minha cara e disse que não queria mais saber do assunto. O procurador disse-me que eu tinha muitos guardas em meu Templo, e se eu quisesse que vigiassem a tumba, que providenciasse tudo eu mesmo, pois ele precisava de todos os soldados para conter a multidão que chegava à cidade por causa da Páscoa. Voltei ao Templo e dei ordens a Shobi, um de meus oficiais mais experientes, para ir com três de meus melhores homens ao jardim, lacrar o túmulo, e ficar de guarda durante a noite e até o pôr-do-sol do dia seguinte.

– Quando soubestes que o túmulo estava vazio?

– Pouco antes do amanhecer fui acordado por meu servo, o qual me disse que a guarda havia voltado do sepulcro e insistia em me ver imediatamente. Alarmado, me vesti rapidamente e desci até o saguão; os quatro pareciam ter perdido o juízo. Shobi, um homem enorme, correu para mim e caiu de joelhos aos prantos. Agarrou-se em minhas vestes, suplicando perdão, chorando e dizendo que ele e os outros haviam ficado exaustos de guardar um morto, depois do longo dia no Templo, e então tinham sido vencidos pelo cansaço. Enquanto eles dormiam – gemia ele – alguém devia ter vindo ao túmulo, removido a grande rocha e roubado o corpo.

– O que fizeste?

– O que poderia eu fazer? Ordenei que Shobi e os outros esperassem em seus alojamentos, até que eu tivesse decidido sobre o castigo que lhes imporia. Voltei então para minha cama e deitei-me no escuro, tentando decidir de que modo enfrentaria Pilatos e o Sinédrio quando eles soubessem da notícia.

– Seu oficial do Templo, Shobi, ainda está com você? Posso falar com ele?

O sumo sacerdote fez um gesto negativo.

– Shobi desapareceu naquela mesma noite. Segundo seu servo, ele não voltou para seu alojamento. Não o vemos há seis anos.

– Os outros três guardas ainda estão sob seus serviços?

– Foram todos encontrados mortos em seus quartos, logo depois do amanhecer. Suicidaram-se, imagino eu, por não conseguirem conviver com a desgraça de faltarem com suas obrigações.

Alguém devia ter lucrado muito com essas mortes, pensei. Das quatro possíveis testemunhas oculares do que havia realmente acontecido no túmulo, três estavam mortas e uma tinha desaparecido.

– E como reagiram Pilatos e o Sinédrio quando souberam da notícia?

– Pilatos, fui informado, demonstrou seu costumeiro desprezo por nosso povo. Disse que não se podia esperar mais nada de guardas judeus, que brincam de soldadinho, mantendo a ordem entre velhos e mulheres no adro do Templo. O Sinédrio, convocado para uma sessão imediata de urgência, naquela manhã, deliberou apenas por pouco tempo e decidiu manter sigilo total com relação ao público. Raciocinaram que os seguidores de Jesus já deviam estar fugindo, para escapar da prisão e de coisas piores e, provavelmente, haviam levado o corpo de Jesus para que fosse enterrado na sua terra nativa, a Galiléia. No que se referia a eles, o assunto estava encerrado e quanto menos se falasse nisso, melhor.

– Nisso eles estavam errados.

– Sim. Depois que a coisa acontece, é fácil ser profeta, Matias. Durante as sete semanas seguintes a cidade ficou calma. Julgamos que Jesus havia sido esquecido, como todos os outros falsos profetas. Então, na manhã de nossa festa de Pentecostes, que marca o final de nossa primeira temporada de colheita, fui informado de que mais de cem discípulos de Jesus haviam se reunido perto da casa da viúva Maria, e Pedro, um homem que havia sido íntimo de Jesus, anunciara à multidão que o Espírito Santo havia aparecido a eles, enquanto oravam, que Jesus havia sido libertado das dores da morte e se elevado dos mortos por Deus; e havia se tornado Senhor e Cristo. Antes do fim do dia, fui informado que duas ou três mil pessoas acreditavam nas palavras de Pedro e tinham ido até ele, para serem batizadas como sinal de sua nova lealdade a Jesus, o Messias, que logo voltaria nas nuvens do céu.

– Se o túmulo estava vazio na terceira manhã, por que supondes que eles tenham aguardado sete semanas para dizer ao povo que Jesus havia ressuscitado?

Caifás deu de ombros mais uma vez.

– Não sei. Um de meus sacerdotes sugeriu que depois de sete semanas o corpo estaria tão apodrecido que mesmo se fosse encontrado não poderia ser identificado, de modo que, por volta de Pentecostes, Pedro sentiu-se seguro para anunciar a suposta ressurreição.

– O que fizestes quando fostes informado do que Pedro anunciara?

– Mandei pregar cartazes por toda a cidade e no interior do pátio do Templo, oferecendo uma recompensa de dez mil *shekels* de prata por informações que pudessem nos levar ao local onde se encontrava o corpo de Jesus e nos possibilitassem a captura daqueles que o haviam tirado do túmulo.

Fiz uns cálculos rápidos. Se me lembrava bem, um *shekel* de prata valia aproximadamente uns trinta cruzeiros. Trezentos mil cruzeiros em 36 a.D. devia ser o bastante para virar a cabeça do mais santinho dos anjos.

– Ninguém veio cobrar a recompensa? – perguntei.

– Ninguém – suspirou ele.

– Gostaríeis de saber onde o corpo está escondido? – perguntei de repente.

Caifás pulou do banco. Segurou ambos os meus braços e apertou-os contra seu peito débil.

– Sabeis, Matias? Sabeis onde ele está? Dizei-me, eu vos imploro, e dobrarei a recompensa! Vinte mil *shekels* de prata! Pensai nisso! É o suficiente para viver o resto de vossos dias no maior luxo que podeis imaginar, na melhor mansão de Roma. Dizei-me!

E agora eu sabia que podia riscar o sumo sacerdote da minha lista. Caifás definitivamente não havia retirado o corpo do túmulo de José para evitar que aquele lugar se tornasse cenário de manifestações contra ele e o Sinédrio.

– Sinto muito, senhor, mas ainda não sei onde o corpo está escondido. Mas espero encontrá-lo antes de acabar minha pesquisa aqui.

– Trinta mil. . . trinta mil *shekels* de prata quando me disserdes!

Virei-me para que ele não pudesse ver a repulsa estampada em meu rosto. Que ironia, pensei, enquanto ele me conduzia ao saguão, escada abaixo. Seis anos atrás Caifás havia pago a Judas trinta *shekels* de prata pelo corpo vivo de Jesus. Agora ele estava disposto a pagar mil vezes mais pelo corpo morto!

José e eu permanecemos calados durante a curta viagem até sua mansão. Então o velho disse baixinho:

– Creio que seria bom te encontrares com Pilatos amanhã cedo. Não será difícil para mim arranjar uma entrevista.

– Por quê? – perguntei eu, distraído, ainda pensando sobre o que Caifás havia me contado.

Já que ele não respondia, virei-me para encará-lo. Ele virou a cabeça para trás muitas vezes antes de eu entender e olhar pela janela traseira da carroça.

A pouca distância de nós estava o cavaleiro de capuz preto que pensei termos despistado na estrada de Betânia.

dez

Do alto de imensas muralhas de pedra duas sentinelas nos olhavam desconfiadas quando saímos da carruagem e nos aproximamos dos portões do quartel-general romano em Jerusalém. Escudos, armaduras e até mesmo as lanças longas e flexíveis brilhavam de modo ameaçador ao sol das primeiras horas da manhã.

– Nosso comitê de recepção – comentou José.

– O que os faria arremessar aquelas lanças?

O velho riu.

– São apenas auxiliares sírios, Matias, e sem dúvida errariam seu alvo de muitos cúbitos daquela altura.

– Ainda bem.

– Nós não somos mais do que uma distração momentânea para eles. A principal preocupação deles está naquela direção.

Ele apontou para o imenso Templo ao lado, cuja fachada de ouro e mármore reluzia, contrastando com o prédio ao lado, de um cinzento sujo e pétreo.

Certa vez eu havia lido que durante seus últimos anos como rei-fantoche, Herodes tinha erguido uma imensa águia de ouro na parte mais elevada do telhado do Templo, para que esta pudesse ser vista de qualquer parte da cidade. Antes de sua morte, ele havia sofrido a última humilhação: a de ver sua homenagem a Roma, sacrílega e de péssimo gosto, derrubada e destruída por um pequeno grupo de sábios judeus.

Trinta anos ou mais já haviam se passado, mas agora um símbolo mais aterrador e mortal lançava sua sombra sobre o povo e seu local sagrado de culto. No alto de um morro arredondado que se erguia muito acima do pináculo mais alto do Templo estava o Forte Antônia, atualmente ocupado por mais de mil legionários romanos e seus auxiliares.

Ignorando os soldados curiosos que estavam bem acima de nossas cabeças, José disse:

– Repara como são lisos e inclinados os muros do lado de fora, Matias, para evitar que algum atrevido tente subir. O velho palácio de Herodes, logo atrás da muralha, tem três andares e é circundado por uma espaçosa praça de armas, toda pavimentada com pedra. Como podes ver, há uma torre em cada um dos quatro cantos formados pelas muralhas externas; e a base desta torre mais próxima de nós entra no pátio do Templo, havendo passagens que dão diretamente no Pátio dos Gentios, para que os soldados tenham acesso fácil no caso de haver algum problema. Sem dúvida Antônia se tornou um forte romano da melhor categoria, capaz de conter uma legião inteira, se necessário. Tem cisternas para armazenagem de água, um celeiro enorme, um hospital, banheiros e fileiras incontáveis de casernas no lado norte da praça de armas. Pilatos se instala sempre na ala sul com seus oficiais toda vez que ele se encontra na cidade, e por sorte ele acaba de chegar, por causa da Festa dos Tabernáculos, que começa na próxima semana. O procurador acha-se na obrigação de vir a Jerusalém por ocasião de nossas três principais festas, trazendo geralmente uma tropa de soldados de seu quartel na Cesaréia, para ajudar a controlar as multidões e manter a ordem.

O velho pegou em meu braço ao passarmos embaixo de um portão em arco, cuja parede era bem espessa. Foi guiando-me para a direita, ao longo de um caminho largo de terra batida que separava a muralha do forte, até que chegamos a uma pesada porta de bronze, que já estava sendo aberta para nós por um legionário sorridente, mais ou menos da minha idade.

– Minhas saudações, Centurião Cornélio – disse José.

– Sê bem-vindo, José. Há quanto tempo. O procurador aguarda por ti em seus aposentos. Vem, segue-me.

Enquanto éramos conduzidos por uma passagem úmida, iluminada por pequenas lamparinas a óleo, bati no ombro de José e cochichei:

– Ele está nos esperando?

– É o mínimo que posso fazer para ajudar-te em tua busca, Matias. Afinal de contas, este já é teu quarto dia aqui, e tu anunciaste ao mundo que só precisavas de uma semana para descobrir a verdade sobre Jesus. Meu dinheiro pode ser impuro, por ter sido adquirido através do comércio, mas sem dúvida abre muitas portas.

Apontei para o centurião que ia na frente.

– Como é que você o conhece?

– É uma longa história, Matias. Talvez mais tarde eu te conte.

Começamos a subir as escadas, que eram muitas; depois tivemos que contornar inúmeras estátuas de tamanho natural, próximas umas das outras, em uma plataforma larga, antes de descermos um corredor atapetado, cujas paredes eram decoradas com bandeiras multicores, escudos enferrujados e espadas de vários tamanhos e formatos. No fim do corredor, ao lado de uma porta de madeira toda trabalhada, um guarda de capacete rapidamente ergueu sua lança; julguei que estivesse apresentando arma. Cornélio bateu quatro vezes, e a um bramido incompreensível que veio lá de dentro abaixou o trinco e conduziu-nos à presença de Pôncio Pilatos, quinto procurador da Judéia, Samaria e Iduméia.

Pilatos era um homem de estatura mediana, com cabelo branco, bem curto. Tinha traços marcantes, especialmente as orelhas lhe sobressaíam e um sulco profundo no queixo. Não usava barba, como todos os romanos importantes, e sua pele morena indicava que talvez tivessem razão os autores que julgavam ser ele de origem espanhola. Gostei de ver que ele considerava esse nosso encontro informal, pois não estava usando nenhum dos adornos próprios de seu cargo. Vestia apenas uma túnica leve, parecida com a minha, e sandálias de couro bem abertas, que mal lhe cobriam os pés. Ele nos serviu vinho branco, de uma garrafa próxima a ele, e tornou a encher seu próprio cálice, enquanto ele e José discutiam política e a situação na cidade, como se eu nem existisse.

De tudo o que eu havia pesquisado sobre ele, Pilatos era inculto, mal-educado, frio e ríspido. Joséfus, historiador do século I, o havia descrito como arrogante, obstinado, grosseiro e sem nenhum tato; e o príncipe judeu Agripa, em uma carta ao Imperador Caio, chamara-o de inflexível, teimoso e impiedoso. Eu o contemplava e achava difícil associar qualquer um daqueles qualificativos a este indivíduo calmo e polido que ouvia as opiniões de José com atenção e respeito. Sempre que falava, gesticulava para dar mais ênfase ao que dizia, e não pude deixar de notar o pesado anel de ouro no dedo médio da mão direita. Presumi que aquele devia ser o tesouro tão valorizado em todo o império romano, o anel que significava que Pilatos era "amigo de César", uma honra reservada a apenas algumas pessoas de importância, que implicava muitos privilégios. Shakespeare estava certo quando escreveu que o céu esconde o livro do destino de todo nós. Quem ousaria prever que de todos os grandes romanos que jamais existiram, este homem, não mais do que um procurador de uma minúscula província que Cícero chamou de "um buraco num canto" de um vasto império, seria mais lembrado do que qualquer um de seus compatriotas? E quantos milhões de crianças, através dos séculos, haviam aprendido a desprezar seu nome ao repetir, em suas preces, as palavras "padeceu sob o poder de Pôncio Pilatos"?

Não percebi que estavam falando comigo, até que levantei a vista e vi Pilatos e José olhando em minha direção, na expectativa de uma resposta.

– Desculpai-me.

Pilatos deu de ombros e sorriu.

– José me disse que estais preparando uma história destas províncias do leste. Às vezes penso que os cidadãos romanos não têm consciência de que os limites de nosso império se estendem ao leste muito além de Esparta. Eu vos cumprimento por decidirdes lançar um pouco de luz sobre estas terras, para aqueles que não conseguem ver além do Coliseu.

– Obrigado – murmurei, nervoso, enxugando as palmas úmidas na túnica.

– José também está me dizendo que desejais incluir em vosso relato histórico sobre os judeus a história daquele rebelde da Galiléia.

– É verdade.

– Gastaríeis o resto de vossos dias e encheríeis uma biblioteca inteira se desperdiçardes vosso tempo recontando todos os feitos de cada agitador que este povo acolheu. – A voz de Pilatos tornou-se mais severa. – E mesmo assim acho que este. . . este Jesus não mereceria mais do que uma ou duas linhas, no máximo.

Olhei para José, pedindo ajuda, mas o velho permanecia impassível, com a cabeça baixa, olhando para as mãos. Já havia feito a sua parte: eu estava na presença de Pôncio Pilatos. O resto era comigo.

– Quando eu terminar minha pesquisa sobre ele, senhor, poderei decidir se vossa avaliação está correta. Até lá, tenho que continuar procurando a verdade.

– Verdade? O que é a verdade? Ninguém até hoje me respondeu esta pergunta. E como é que uma pessoa sabe que a encontrou?

– Eu saberei, senhor.

– Até onde chegou vossa investigação, essa busca da. . . da verdade sobre aquele agitador?

Cuidado! Uma armadilha! Lembre-se que ele mandou segui-lo e sabe exatamente onde você esteve e com quem falou, com exceção, possivelmente, das irmãs de Betânia. Minta para ele agora e nem mesmo José poderá salvá-lo.

– Já conversei com Tiago, irmão de Jesus, e com alguns de seus primeiros discípulos, como Mateus, Tiago e Pedro. . .

– Agitadores! – bradou ele. – Mais cedo ou mais tarde seguirão o mesmo caminho do líder, e terminarão em uma cruz.

– Também estive com Caifás. . .

– Caifás? – interrompeu ele novamente. – Se buscais a verdade, por que estais perdendo tempo com aquele tipo?

– Mas ele é o sumo sacerdote? Ele pode. . .

– Sumo sacerdote? Vitélio poderia expulsá-lo amanhã mesmo e colocar um bode em seu lugar, o que provavelmente seria bem melhor para nós. Não se pode acreditar em nada do que Caifás diz com relação a este caso de Jesus. Disso eu estou bem certo!

Não ousei responder a sua explosão de desprezo. Tudo o que eu podia fazer era conduzir a entrevista como um bom pescador, e dar toda a linha que ele precisasse. Minha esperança era de que minha linha não acabasse antes que ele perdesse a paciência com minhas perguntas.

– Matias – disse ele, usando meu nome pela primeira vez, e com muito menos raiva em sua voz de tenor – José disse-me que sois amigo íntimo de Vitélio. Por respeitar muito meu embaixador na Antióquia, vou cooperar convosco contando-vos tudo que tenho guardado na memória, apesar de minha aversão por toda essa história de Jesus. Prossegui com vossas perguntas.

– Obrigado. Quando tomastes conhecimento de Jesus pela primeira vez? Foi na noite em que Caifás veio pedir-vos soldados para ajudar a ele e sua guarda a capturar Jesus?

Pilatos encheu novamente a taça, sorveu o vinho vagarosamente e recostou-se de novo no sofá, com a vista baixa.

– Meu amigo, eu já havia conseguido sobreviver neste fim de mundo por dez anos, policiando o povo mais difícil e indomável da face da terra. Eu não teria conseguido isso sem o auxílio de agentes leais e bem pagos, espalhados por toda a nação, mesmo naquelas províncias que não estão sob a minha jurisdição. Soube de Jesus logo que ele começou a pregar naquela vila perto do lago. . . qual é mesmo o nome? Sim, sim, Cafarnaum. Fui informado de todos os seus "milagres" e de seus discursos inflamados, e já esperava que Herodes Agripa pusesse um fim às suas atividades enquanto ele ainda estava na Galiléia, exatamente como havia feito com "o Batista". Aí fui informado de que Jesus teria ressuscitado um morto de seu túmulo, perto de Betânia, e sabia que iríamos nos defrontar em breve.

– Pretendíeis prendê-lo na primeira provocação?

– Certamente. Qualquer um que ousa incitar o povo, sob minha jurisdição, com promessas de um novo reino, está claramente cometendo um ato de sedição contra Roma. Desde a época de Augusto, só há um castigo para este crime – a morte!

– Então há algo que não entendo, senhor. Cinco dias antes de Jesus ser crucificado, segundo me disseram, veio a Jerusalém, montado em um burro, acompanhado por muitos de seus seguidores, que criaram um grande distúrbio pelo caminho, jogando mantos e folhas de palmeira em seu caminho, como se ele fosse um rei, enquanto a multidão subia a cidade aclamando-o. Por que ele não foi preso logo, por incitar o povo?

Pilatos olhou-me como quem nunca ouvira falar nisso antes.

– A descrição desta entrada grandiosa na cidade deve ter sido feita por seguidores de Jesus, que exageram todos os acontecimentos de sua vida, distorcendo-os de forma gritante. Se tivesse havido quaisquer distúrbios além do normal quando vêm peregrinos do norte, eu certamente teria sido notificado e tomaria as devidas medidas para abafá-los. Lembro-me bem de ter sido avisado que Jesus havia entrado no Templo, e na tentativa de ver aquele homem que realizava maravilhas, subi em nossa torre sudeste, de onde se descortina o pátio do Templo. Devo confessar que ele não me decepcionou. Seguido por uns dez discípulos, entrou no átrio e imediatamente começou a derrubar as mesas dos cambistas. Depois expulsou-os com um chicote, voltou e quebrou inúmeras gaiolas; o céu se encheu de pombos. Houve uma grande confusão entre o povo, mas, para surpresa minha, nenhum dos guardas se moveu para prendê-lo. Enquanto eu observava, um de meus oficiais veio até mim e disse que ia mandar seus homens agarrar o criminoso imediatamente antes que explodisse uma revolta. Eu o impedi.

– Por quê?

– Jesus havia cometido um crime sério contra o Templo. Era responsabilidade das autoridades judaicas prendê-lo e puni-lo. Já em mais de uma ocasião fui obrigado a derramar sangue judeu para manter a ordem. Toda vez que isto acontece, os sumos sacerdotes queixam-se a Vitélio ou a Roma de que estou abusando de meu poder. Tibério, por razões que jamais consegui entender, insiste em que tratemos com indulgência esse povo miserável, até mesmo o isentando de obrigações militares. Suspeitei que se tomasse alguma medida contra Jesus, no meio daquela multidão cheia de galileus rudes como ele, haveria um tumulto, com derramamento de sangue, e os sacerdotes reclamariam com Tibério novamente. Prender Jesus nestas circunstâncias não valia a pena para mim, e já que ele tinha profanado o Templo deles, eu estava certo de que os próprios judeus seriam forçados a puni-lo. Assim eu me livraria de um homem perigoso, que ameaçava a paz de minha província, sem levantar um dedo sequer.

– Excelente raciocínio – disse eu. – Mas creio que essa gente não tem o direito de executar nenhum criminoso que considere culpado de um crime capital, tal como a profanação do Templo, sem vossa permissão.

O procurador juntou suas mãos, esticou os dedos e ficou a bater uns contra os outros.

– Se os tribunais deles julgassem o homem culpado e o condenassem à morte, a responsabilidade seria inteiramente deles. Eu então sancionaria o veredicto, como faço habitualmente, e eles poderiam levá-lo e apedrejá-lo, ou fazer dele o que bem entendessem.

– Mas Caifás afirma que fostes envolvido na questão. Diz que solicitou vossa ajuda para prender Jesus e lhes enviastes soldados.

– Caifás veio aqui, tarde da noite, acordar a mim e à minha mulher. Sentou-se aí onde estais sentado agora, em um estado de grande agitação. Suplicou minha ajuda como jamais havia feito antes, dizendo que sabia onde Jesus poderia ser capturado longe das multidões, mas os guardas do Templo tinham medo de prendê-lo, exatamente como havia acontecido no pátio.

– Tinham medo? De Jesus? – forcei um sorriso, sem muito entusiasmo.

– Eu também ri – lembrou Pilatos – mas Caifás disse que seus homens temiam que Jesus fizesse um milagre e os destruísse, pois se podia ressuscitar um morto certamente poderia fazer um vivo cair morto. Ele me pediu que lhe emprestasse alguns de meus soldados, pois estava certo de que, se meus soldados estivessem presentes, seus homens teriam coragem de cumprir seu dever. De início recusei, dizendo que falsos profetas eram de sua alçada, mas no final concordei, uma vez que ainda assim seria responsabilidade dele a prisão, o julgamento e a execução do homem. Prometi até dar minha sanção, logo de manhã cedo, ao veredito do Sinédrio, que segundo ele certamente condenaria o réu à morte, para que eles pudessem se ver livres de Jesus antes da Páscoa e do sábado judaico, ao pôr-do-sol. Depois voltei para a cama.

– Então vós e Caifás *já haviam concordado* que Jesus iria morrer?

– Já. Um destino merecido para alguém como ele.

– Caifás disse-me que só pediu uns dez soldados mas vós lhe concedestes um pequeno exército. Por quê?

A risada estridente e aguda de Pilatos encheu o recinto. Começou a bater palmas, como se estivesse aplaudindo a si mesmo.

– Vários meses antes, eu tinha recebido um relatório, segundo o qual Jesus havia alimentado milhares de pessoas no deserto da Galiléia, multiplicando cinco pães e dois pequenos peixes de forma a alimentar a todos. Segundo meu informante, o povo ficou tão impressionado com sua mágica que quis torná-lo seu rei. Já que alguns judeus consideravam este homem poderoso o bastante para ser seu governante, pensei que o mínimo que eu podia fazer era enviar para prendê-lo um exército digno de sua posição elevada. Privilégios, compreendeis. – Riu mais um pouco, ainda divertindo-se à custa de Caifás depois de tantos anos.

– Senhor – disse eu – segundo Caifás, o Sinédrio condenou Jesus por blasfêmia e concordou por unanimidade que ele deveria morrer. Eles o trouxeram aqui, no dia seguinte bem cedo, como vós e o sumo sacerdote haviam combinado, para que fosse dada vossa aprovação para executá-lo. . . por apedrejamento. O que aconteceu? O que houve, quando eles chegaram, que vos fez tirar o caso das mãos do Sinédrio, condenar Jesus por sedição e crucificá-lo, já que acabais de me dizer que não queríeis vos envolver na questão? O sumo sacerdote se recusa a discutir o assunto comigo. Afirma que a jurisdição dele acabou nos portões deste forte, e que qualquer informação sobre o que se deu naquela manhã entre estas paredes deverá sair do senhor.

– Aquele miserável! – rosnou ele. – Se Caifás diz que seus lábios estão selados, é porque ele mesmo os selou. Ele jamais teve coragem de admitir que me traiu, diante do povo e de meus superiores, e me forçou a agir daquela forma!

Agora estávamos chegando a algum lugar! Ladrões também brigam. Confie em mim, Pilatos. Eu estou do seu lado. Está vendo a faixa roxa que percorre minha túnica? Nós, romanos, temos que nos unir.

Pilatos continuou:

– Acordei antes do sol raiar, como é meu hábito, e já estava aguardando no andar de baixo, na Sala de Julgamento, quando o Sinédrio chegou com seu prisioneiro. Roma, em sua infinita sabedoria não considera a Judéia importante o suficiente para contar com um questor em julgamentos de criminosos; logo, é necessário que eu mesmo cuide disso. Já que eu tinha despachado no dia anterior, não tinha outra obrigação naquela manhã senão cumprir minha promessa a Caifás. Estavam aqui comigo três tribunos de nosso quartel-general na Antióquia, em sua viagem anual de inspeção do forte, atrasando sua partida para que pudessem testemunhar o procedimento simples da sanção de um veredicto emitido pelo Sinédrio, por um crime punível com a morte. Caifás, maldito seja, me fez fazer papel de idiota na frente deles, naquela manhã.

– Por quê?

Pilatos ergueu-se e fez um gesto para que eu o seguisse. Abriu uma porta e passamos para uma sacada de onde se avistava a praça de armas. "Foi ali, foi ali!" eu repetia sem parar para mim mesmo, com o coração aos pulos. O pretório, o local onde Jesus havia sido julgado e condenado por Pilatos – a Gábata em aramaico, o Litóstrotos em grego – a praça da tristeza para todo cristão que reviveu as agonias de Jesus por dois mil anos! Pisquei muitas vezes com o brilho das pedras polidas pelos incontáveis cascos de cavalos e solas de botas que haviam desfilado naqueles quarenta metros quadrados de imortalidade.

O procurador apontou para um lugar quase diretamente abaixo de nós.

– Caifás e os outros trouxeram o prisioneiro pela entrada da muralha, passando pelo beco entre os dois prédios à nossa esquerda, e ficaram ali, à porta. Uma vez que eles não entravam, mandei um de meus soldados convidá-los a entrar, mas disseram que não podiam entrar, ou então se contaminariam tanto que não teriam tempo de se purificar para as funções da Páscoa, no fim do dia. Imaginai só! Estavam prontos para apedrejar um homem até a morte, mas não podiam chegar a entrar na morada de um gentio, nem mesmo de seu procurador. Fiquei furioso. Se os três inspetores da tribuna não estivessem comigo, nem sei o que teria feito para dar vazão à minha raiva. Dei ordens para que o pretório e a cadeira curul fossem trazidos para fora, jurando para mim mesmo que Caifás se arrependeria de ter colocado os pés fora da cama naquele dia.

– Quantos haviam acompanhado o prisioneiro até aqui?

– Segundo uma política que adotei há muito, nosso pretório, bem como a Sala de Julgamento, são locais públicos nos dias de julgamento. Todos os julgamentos conduzidos diante de mim estão abertos a qualquer um que queira assisti-los. Ainda era cedo, entretanto, e por isso achei que não mais do que cinqüenta pessoas estariam ali diante do tribunal, incluindo vários daqueles guardas imprestáveis do Templo. Assim, fui até eles, em companhia de meus próprios oficiais e dos três tribunos da Antióquia.

– Qual foi vossa primeira impressão do prisioneiro?

Pilatos riu.

– Pensei que se este era o Messias que libertaria seu povo de supostos opressores, nem Tibério nem Vitélio precisavam perder o sono. Se me lembro bem, ele tinha as mãos amarradas para trás, marcas de sangue seco em uma das faces. Os lábios estavam inchados e os olhos meio fechados, como se estivesse quase dormindo. Tinha uma corda em volta do pescoço e um velho manto de lã vermelho cobrindo os ombros. Era mais alto que a maioria dos judeus, mas com aquela barba e naquele estado eu não podia calcular sua idade. Não era uma figura agradável de se ver, quando Caifás levou-o até mim. Comecei perguntando, como de hábito: "Que acusação trazeis sobre este homem?" esperando que Caifás dissesse, como havíamos planejado, que o Sinédrio o achava culpado de blasfêmia, segundo as leis deles, e o haviam julgado réu de morte. Eu estava preparado para dar-lhes minha permissão para prosseguirem, assinar a ordem de execução e rapidamente suspender o interrogatório. Ao invés disso, respondendo à minha pergunta, Caifás disse: "Se ele não fosse um malfeitor, não o teríamos trazido a vós." Por um instante fiquei mudo, até que compreendi o que aquele verme vestido de sacerdote havia tramado contra mim, pelas costas.

– Também acho – disse eu. – Ele estava querendo passar a responsabilidade. . . isto é, queria que *vós* julgásseis Jesus e o condenásseis e executásseis. Assim o ônus da responsabilidade por sua morte passaria do Sinédrio para vós, e caso o povo se rebelasse, toda a culpa seria vossa.

– Exatamente – respondeu Pilatos. – Caifás havia me preparado um ardil e, com os três inspetores me observando, tive que me controlar para não saltar do pretório e estrangulá-lo com minhas próprias mãos. Em vez disso, falei: "Levai-o e julgai-o conforme a vossa lei." Levantei-me e preparei-me para suspender a sessão, mas Caifás e dois ou três sacerdotes gritaram: "Não temos permissão de mandar ninguém para a morte."

– Eles não vos informaram que já o haviam julgado culpado de blasfêmia, segundo suas leis, e já estavam prontos para executá-lo, com vossa permissão?

– Não. Começaram imediatamente a acusar Jesus de outros crimes, crimes contra Roma e não contra as leis deles. Um gritou que ele havia proibido o povo de pagar impostos a César, e lembro-me que Caifás terminou repetindo sem parar: "Ele diz ser o Cristo, um rei! Ele diz ser o Cristo, um rei!" Com aquelas acusações feitas em público, não tive outra escolha. Caifás havia me logrado, e já que todas as acusações que eles apresentavam, como testemunhas legais, eram contra nosso império, fui forçado a presidir ao julgamento de Jesus, ou então o relatório que Vitélio receberia dos três tribunos visitantes seria o fim de minha carreira de procurador. Mas agora, apesar de ter certeza que Jesus provavelmente merecia ser punido por sedição, a julgar por todos os relatórios que recebi, estava decidido a libertá-lo, pelo menos por ora, apenas para humilhar o sumo sacerdote. Dei ordens a meus soldados que trouxessem Jesus até aqui aos meus aposentos, para que eu pudesse interrogá-lo em particular.

Virei-me e olhei para trás, para dentro do recinto elegantemente mobiliado com paredes ricamente revestidas, chão de ágata e estatuetas de mármore e ouro, tentando visualizar Jesus em tal cenário.

– O que dissestes a ele quando ficastes a sós?

Pilatos voltou os olhos para o céu.

– Simplesmente perguntei a ele se era o rei dos judeus, mas ele devolveu-me a pergunta.

– Como?

– Olhou-me bem nos olhos e perguntou-me se eu dizia isso por minha conta ou se outros o haviam dito a seu respeito. Fui obrigado a admirar sua coragem. Ele estava visivelmente exausto e sofria muita dor, e a maioria dos prisioneiros que enfrentam a pena de morte viram crianças choronas, implorando, beijando minha túnica e minhas sandálias, suplicando, gritando. Mas aquele não. "Acaso sou judeu?" perguntei a ele, já perdendo a paciência com todo aquele caso. "Teu próprio povo e os principais sacerdotes é que te entregaram a mim. Que fizeste?"

– E o que foi que ele disse?

– Começou a dizer que o seu reino não era deste mundo, pois caso fosse, seus seguidores teriam impedido que ele fosse entregue aos judeus.

"Logo tu és rei?" perguntei. E ele respondeu: "Tu o dizes: eu sou rei. É para isso que nasci e para isso vim ao mundo: a fim de dar testemunho da verdade." Perguntei a ele: "Que é a verdade?" mas ele recusou-se a responder. Sempre quis saber o que ele queria dizer com. . .

– O que fizestes a seguir?

– Eu já havia ouvido o bastante para me convencer que Jesus não apresentava perigo algum para Roma e para a paz da cidade. Na pior das hipóteses, era um sonhador, talvez levemente perturbado por demônios e ilusões, mas inofensivo se comparado com os muitos fanáticos e assassinos que eu havia mandado crucificar no passado. Ordenei que descessem o prisioneiro de volta e o pusessem a meu lado no pretório. Aí anunciei que não encontrava nele culpa nenhuma.

– Vós o considerastes inocente de todas as acusações?

– Sim.

– Mas não o libertastes.

– Antes que eu pudesse fazê-lo, a multidão começou a gritar. Meus ouvidos se encheram de acusações de toda espécie contra o prisioneiro, e muitos sacerdotes e membros do Sinédrio gritavam que ele havia incitado o povo pelos quatro cantos do país, a começar pela Galiléia, e até mesmo aqui. Ouvir o nome da Galiléia foi como receber uma mensagem de Júpiter.

– Não entendo.

– Como Jesus era da Galiléia, era súdito de Herodes Antipa, e eu sabia que Herodes estava na cidade para festejar a Páscoa, hospedando-se, como sempre, no palácio dos Asmoneus, aqui perto. Mesmo contra os protestos e os brados dos chefes dos sacerdotes disse à multidão que seria correto que Herodes julgasse um homem de seu próprio povo. Jesus foi então levado por meus soldados; Caifás e seus assistentes seguiram atrás, enquanto que a maioria da multidão sentou-se nas pedras quentes. Voltei aqui para meus aposentos para aguardar a decisão de Herodes.

– A multidão não se afastou?

– Pelo contrário, ficava cada vez maior e mais barulhenta, à medida que o sol se levantava no céu, pois aquele era o Dia da Indulgência, um velho costume da Páscoa estabelecido por um antigo procurador que devia ter pensado melhor antes de fazê-lo: o dia em que eu deveria libertar um prisioneiro judeu, como gesto de boa vontade por parte de Roma. Pelos olhares dos desordeiros, vestidos em trajes multicores e amontoados pelo chão, eu sabia que prisioneiro me pediriam para libertar, mas não estava prevendo o momento que pediria a eles para fazerem sua escolha. Pouco antes, naquela semana, eu havia preso e condenado um outro Jesus, chamado Barrabás, que havia instigado um bando de agitadores contra uma de minhas patrulhas fora da cidade, matando três de meus auxiliares antes de ser capturado. Barrabás teria sido crucificado imediatamente, só que esperávamos que ele nos dissesse onde seu grupo de assassinos se escondia.

– Torturando-o?

Pilatos deu um sorrisinho debochado.

– Digamos, incentivando o prisioneiro a cooperar, por meio de todos os recursos de que dispúnhamos. De qualquer forma, pouco antes da hora sexta fui informado de que Herodes havia-me devolvido Jesus, e quando desci até o pretório ele agora vestia uma capa de seda brilhosa, como as que são usadas pelos reis. Herodes havia aparentemente feito troça com Jesus, por este se dizer rei, mas não queria se envolver neste caso. Meu centurião responsável pela guarda relatou-me que apesar de Herodes ter interrogado Jesus demoradamente, o prisioneiro permanecera calado, e mesmo quando foi xingado, ridicularizado e esmurrado, não emitiu um som.

– Ele foi oprimido e foi maltratado, mas não abriu a boca.

Pilatos olhou de modo estranho.

– O que foi que dissestes?

– Só estava me lembrando de uma velha frase. E agora que Jesus estava de volta em vossas mãos; o que fizestes?

– Chamei Caifás e os outros para perto do balcão e disse-lhes mais uma vez que, apesar de terem me trazido um homem acusado de perverter o povo, eu o havia interrogado e não encontrava nele nenhuma culpa. Disse-lhe que até mesmo Herodes havia endossado meu veredicto, pois não tinha encontrado nenhuma culpa no homem que merecesse a morte, ou então não o teria devolvido a mim. Disse-lhe que eu mandaria açoitar Jesus e o libertaria.

– Por que chicotear um homem que já havíeis declarado, não uma vez mas duas, isento de qualquer culpa?

Pilatos titubeou.

– Para servir de. . . de aviso para que ele tomasse cuidado com suas palavras daí para frente.

– É isso que se costuma fazer com os que são julgados inocentes em vosso tribunal?

– É claro que não – respondeu Pilatos – mas tratava-se de um julgamento um tanto excepcional.

– Vossa decisão obviamente não agradou aos sacerdotes.

– Não – lamentou o procurador – e Caifás, aquela serpente, imediatamente começou a incitar a multidão. Ele e os outros sacerdotes começaram a gritar em uníssono: "Fora com este homem; liberte-nos o prisioneiro Barrabás!" Logo a multidão inteira começou a gritar também e o barulho tornou-se insuportável: "Barrabás, Barrabás!" Ergui as mãos, até que fizeram silêncio, e perguntei: "O que devo então fazer com Jesus?" e Caifás levou os outros a gritarem: "Crucificai-o, crucificai-o!"

— Pelo que acabais de me contar — disse eu — era exatamente a reação esperada de uma platéia como aquela. Barrabás sem dúvida era considerado um patriota corajoso, disposto a arriscar a vida contra as forças de Roma, enquanto Jesus pregava o amor e a humildade, mandava dar a outra face e até mesmo dar a César o que era de César. Barrabás, para aquela multidão, estava provavelmente mais próximo da concepção que tinham do Messias do que Jesus.

Pilatos concordou.

— Vossa apreciação do caso é exata. Se os três tribunos da Antióquia não estivessem presentes, eu teria mandado meus guardas avançarem sobre a multidão e acabado rapidamente com aquela loucura. Vedes aqueles dois postes de madeira na praça de armas, separados por mais ou menos uns trinta passos de distância?

— Vejo.

— São usados, em ocasiões especiais, por alguns de nossos soldados mais corajosos, na disputa do Círculo da Morte. Dei ordens para que Jesus fosse levado até aquele poste mais próximo, ali embaixo, onde seria despido, suas mãos e pés seriam amarrados no poste e ele receberia trinta e nove chicotadas. Quando meus dois melhores litores tivessem acabado de aplicar o castigo, eu sabia que não haveria parte nenhuma de seu corpo que não estivesse coberta de sangue e feridas abertas pelas tiras de couro e correntes. Esperei aqui até eles terminarem, e quando voltei ao pretório era quase impossível reconhecer o rosto do prisioneiro. Em sua cabeça, um de meus soldados havia enterrado uma coroa de espinhos, de uma planta seca do deserto usada para lenha, e o manto de Herodes novamente cobria seus ombros. Em sua mão alguém havia colocado um caniço ensangüentado, simulando um cetro de rei, depois de espancá-lo com aquilo. Os soldados ainda giravam-no, espetando-o com as pontas de suas lanças, e gritavam: "Salve o rei dos judeus!". Enquanto isso a multidão ria. A um sinal meu, ele foi erguido até o balcão e colocado ao meu lado, e dava tanta pena olhá-lo que eu estava certo de que os sacerdotes se compadeceriam dele. Levantei uma de suas mãos ensangüentadas e gritei: "Eis o homem!" Foi tudo em vão; mais uma vez o sumo sacerdote gritou: "Crucificai-o!" e a multidão repetia, sem parar, suas palavras.

— Houve qualquer reação por parte de Jesus?

— Nenhuma. Não chorou, não clamou misericórdia, nem sequer gemeu de dor.

— Sabeis — perguntei eu — que àquela hora ele já estava há mais de um dia e uma noite sem dormir, e provavelmente quase sem comer e beber água?

– Não – admitiu Pilatos – e o que quer que ele tenha sido, devo-lhe dizer que jamais vi outro prisioneiro, mesmo sob circunstâncias muito menos terríveis, portar-se de forma tão. . . tão digna.

– E já que a multidão gritava para executá-lo, vós finalmente atendestes a ela?

– Não! Minha paciência com eles havia chegado ao limite. Disse-lhes que se quisessem crucificá-lo, que o levassem e o crucificassem eles mesmos, mas eu não encontrava culpa nele.

– Foi a terceira vez que anunciastes vosso veredicto de inocência.

– Foi.

– O que fizeram eles?

– A multidão ficou silenciosa. Lembrai que a maioria deles havia vindo apenas para pedir que Barrabás fosse solto. Caifás confabulou com os outros sacerdotes por alguns instantes e então disse: "Nós temos uma Lei, e conforme essa Lei, ele deve morrer, porque se fez Filho de Deus." Quando ouvi aquilo tive ganas de cuspir na cara do sumo sacerdote por ele ser tão traiçoeiro. Se ele tivesse feito aquela alegação do início, eu teria sancionado o veredicto de morte do Sinédrio por crime de blasfêmia, e o caso estaria encerrado há horas. Agora era tarde demais, pelo menos para mim. Ordenei que o prisioneiro fosse novamente trazido aqui aos meus aposentos. Já que ele não conseguia mais subir as escadas, dois de meus soldados o carregaram para cima e o encostaram contra a parede, dentro do balcão. Mais tarde, foi necessário esfregar muito para remover todo o sangue da parede.

Ambos nos viramos, como se houvéssemos combinado fazê-lo e saímos do balcão para entrar no recinto. José nos olhava preocupado quando nos sentamos novamente. Apontei para a parede contra a qual Jesus havia sido apoiado.

– O que lhe perguntastes dessa vez?

– Perguntei-lhe de onde ele era. . .

– Por quê? Que diferença fazia? Já não o sabíeis? Nazaré na Galiléia. . .

– Não, não, Matias, não era isso que eu queria dizer. Se Jesus acreditava ser um deus, eu queria ouvir dos lábios dele de onde ele achava que seu espírito se originara e o que ele imaginava que fosse o seu propósito. Assim como Vulcano protege nosso fogo, Fórnax nosso trigo, Janus nossos portais, Juno nossas almas e Cuba nosso rebanho, eu queria saber o que ele imaginava que fossem suas obrigações divinas aqui na terra.

– O que disse ele?

– Nada! Seus olhos castanhos e tristes apenas me fitavam, com compaixão, como se lamentasse os problemas que estivesse me causando. Eu tinha a sensação estranha de que ele estava preparado para ir para a cruz e não aprovava minha tentativa de libertá-lo, pois eu estava atrapalhando seu propósito de morrer, se sois capaz de acreditar em tamanha loucura. Disse-lhe eu: "Por que não falas comigo? Não sabes que tenho o poder de crucificar-te e o poder de libertar-te?

– E ele respondeu?

– Sim. Finalmente, ele disse que eu não teria poder nenhum sobre ele se este não me tivesse sido conferido do alto. Então como se *ele* é que estivesse me perdoando, disse que a pessoa que o havia delatado a mim é que tinha cometido o pecado maior. Não pude mais suportar aquilo e mandei que ele fosse levado ao pretório, onde eu disse à multidão que o libertaria.

– Pela quarta vez – disse eu.

– Sim, mas Caifás imediatamente avançou e apontou para o anel em minha mão, presente de Tibério, e disse: "Se soltas esse homem, não és amigo de César!" A multidão começou a entoar: "Crucificai-o!" mais uma vez, e eu gritei: "Hei de crucificar o vosso Rei?!" Foi aí que Caifás deu seu tiro de misericórdia e gritou: "Não temos outro rei senão César!" e não ousei responder, com medo de que alguém presente me acusasse, a mim, grande amigo de César, de lhe ser menos fiel do que um bando de judeus.

– O que fizestes?

– Pedi uma vasilha de água, e quando esta me foi entregue por meu servo, mergulhei nela as mãos e disse: "Sou inocente do sangue deste justo. Vós sois responsáveis." Então soltei Barrabás, como havia pedido a multidão, e dei a sentença formal de Jesus com estas palavras: "Para a cruz deves ir!" Os soldados tiraram-lhe a capa de rei, substituíram-na pelo seu velho manto vermelho e trouxeram-me um pedaço de madeira no qual escrevi: "Jesus Nazareno, Rei dos Judeus" para ser afixado em cima de sua cabeça, na cruz. Quando Caifás e os outros viram o que eu havia feito, protestaram, dizendo que eu não devia escrever "Rei dos Judeus" e sim "Disse ser Rei dos Judeus". Disse a eles que o que estava feito, feito estava e que a inscrição ficaria assim mesmo. Então os soldados levaram Jesus e mais dois que eu havia condenado à morte um dia antes para fora da cidade, ao nordeste, a um lugar chamado o Gólgota, para serem executados.

A voz do procurador estava calma e normal, como se ele tivesse acabado de me descrever o que havia comido no café da manhã. Desceu um silêncio profundo sobre a sala. Respirei fundo e disse:

– Pilatos, não acredito em vossa história!

José de Arimatéia abriu a boca de espanto. Pilatos não disse nada, mas pude ver que seu rosto estava branco como cera. Eu estava ao seu alcance, de modo que fiquei preparado, esperando com toda certeza uma bofetada, ou algo pior, depois daquela declaração insultuosa. Não houve nada. O homem mais poderoso e temido de toda a Judéia permanecia imóvel, como se minhas palavras de repente o tivessem petrificado.

Seu comportamento inesperado me deu mais coragem para continuar:

– Creio que havia uma outra razão, muito mais forte, para desejardes libertar Jesus, uma razão que pouco tinha a ver com a vontade de vos vingar do sumo sacerdote, e menos ainda com vosso senso de justiça romana para com um homem que obviamente jamais pregara a derrubada do império.

Aguardei uma reação, qualquer que fosse, mas não houve reação alguma; apenas percebi que ele voltara a tremer a pálpebra de um dos olhos sem parar.

– Dizei-me, senhor – prossegui – acaso trouxestes convosco vossa mulher nesta visita a Jerusalém?

O procurador segurou desajeitadamente seu cinto de corda, retirou um lenço de seda azul e tossiu dentro dele. Ouvi um "não" abafado.

– Ela estava aqui convosco durante aquela Páscoa em que Jesus foi executado, há seis anos atrás, não estava?

– O que tem ela a ver com Jesus? – perguntou, irritado.

– Se me lembro bem, dissestes-me que quando Caifás veio até aqui, naquela noite, pedir-vos soldados para ajudar seus guardas na captura de Jesus, vós e vossa mulher havíeis sido despertados de um sono profundo, não é verdade?

Ele fez que sim com a cabeça. Era óbvio que não tinha a mínima idéia de onde eu queria chegar com minhas perguntas. Nem José, que me olhava com uma expressão de espanto.

– Depois que Caifás e vós combinastes tudo naquela noite, ele partiu, e sem dúvida voltastes para vossos aposentos.

– É claro – rosnou ele.

– E vossa mulher – dei um sorriso cúmplice – se ela é como a maioria das mulheres, provavelmente ainda estava acordada, curiosa para saber que negócio estranho era aquele, que não podia esperar até o amanhecer, que trouxera o sumo sacerdote à vossa casa, tão tarde da noite, não é verdade?

O procurador quase retribuiu meu sorriso, mas conteve-se.

– Ela estava acordada – suspirou ele.

– E ela perguntou o que havia acontecido e vós lhe dissestes?

– Sim.

– É um hábito vosso acordar de manhã antes de vossa mulher?

– Sempre. Especialmente quando o dever me traz a Jerusalém, onde há tantas obrigações oficiais a cumprir.

– Na manhã do julgamento, estáveis vestido e esperando no andar de baixo antes de vossa mulher acordar?

– Estava. Caifás havia prometido trazer Jesus diante de mim logo depois do amanhecer.

– Portanto vós e vossa mulher não trocastes uma palavra sequer, antes de sairdes do quarto, de madrugada?

– Não.

Agora eu mal podia ouvi-lo. Curvei-me para frente.

– Pilatos, não é verdade que logo no começo do julgamento de Jesus vos entregaram um bilhete de vossa mulher, Cláudia Prócula?

Ele deixou-se cair para trás, sobre o encosto da cadeira, suas pernas deslizaram para frente, até que seus joelhos quase tocaram os meus.

– Como sabeis dessas coisas?

Como é que eu podia dizer a ele que havia lido no capítulo 27, versículo 19 do Evangelho segundo S. Mateus? Como é que eu podia explicar a ele que vinha pensando sobre aquele episódio do julgamento, relatado apenas por Mateus, há mais de duas décadas? Sempre quis aceitá-lo como verdadeiro; caso contrário, por que motivo um governante impiedoso e insensível, que por muito menos passaria a fio de espada o povo que ele governava e desprezava – por que motivo um governante como esse teria repentinamente se tornado uma pessoa covarde, sujeitando-se à vontade do sumo sacerdote e de seus lacaios, a quem ele havia tratado sempre com o maior desprezo?

– Pilatos – blefei – muitos naquela multidão viram vosso servo entregar-vos o bilhete. Quando à identidade do remetente da mensagem trata-se apenas de uma suposição minha; pois quem ousaria interromper o procurador quando este presidia um julgamento, senão sua mulher? O que dizia o bilhete?

– Ela havia escrito: "Não te envolvas com a causa desse justo porque hoje, em sonhos, foi muito o que padeci por seu respeito."

– Acreditais em sonhos, senhor?

– E há algum romano que não acredite? Eu acredito, da mesma forma que Augusto acreditava, que os sonhos são a maneira preferida dos deuses se comunicarem conosco. Quando li o bilhete de minha mulher não pude ignorá-lo, já que muitas vezes os sonhos que ela havia tido tinham se realizado. Lembrei-me então que Júlio César havia ouvido da mulher, Calpúrnia, que ela havia sido avisada em um sonho de que César não deveria sair de casa nos idos de março. Como sabeis, ele ignorou suas palavras, e naquela manhã caiu sob os punhais dos assassinos. Mais tarde, no julgamento, quando ouvi o sumo sacerdote acusar Jesus de afirmar que era o Filho de Deus, mandei que o trouxessem aqui para esta sala, novamente, como vos contei, para perguntar-lhe de onde ele era. Por causa do sonho de Cláudia eu já não estava mais certo de quem, ou o que, ele era.

– Sua mulher se encontra agora no palácio em Cesaréia?

– Não – disse ele com um ar estóico. – Ela fez as malas e voltou para Roma quatro dias depois da crucificação. Disse-me que não podia viver nem mais um dia com o homem que havia matado o Filho de Deus, e agora que ele havia ressuscitado de seu túmulo, ela não tinha vontade alguma de estar perto de mim quando ele viesse se vingar.

– Ela sabia do sepulcro vazio?

– Cláudia estava comigo quando recebi a péssima notícia. – Riu um riso triste, ajeitando-se em sua cadeira, como se aliviado por ter finalmente descarregado seu segredo com alguém, depois de todos esses anos, mesmo que fosse com um historiador.

– A respeito daquele túmulo, no final da tarde da crucificação, José, pelo que sei, veio pedir-vos permissão para sepultar o corpo de Jesus, para que ele não fosse atirado na vala comum. Atendestes a seu pedido?

– Atendi. Mas só depois de verificar que Jesus estava morto. É muito comum um crucificado sobreviver por muitos dias na cruz, e eu estava surpreso de ouvir que Jesus havia expirado tão rápido. Despachei Cornélio para o Gólgota, enquanto José e eu aguardávamos, e ele voltou logo com a notícia de que Jesus estava de fato morto.

– Cornélio? – espantei-me. – Por acaso era o mesmo Cornélio que nos conduziu do portão até aqui, aos vossos aposentos?

– O próprio. Ele é não apenas meu oficial mais fiel, mas também meu melhor amigo e conselheiro, há muitos anos. Servimos juntos, no tempo de Germânico.

– Poderia eu falar com ele depois?

– Quando quiserdes.

– Mas quando vos certificastes de que Jesus estava morto, permitistes que José ficasse com o corpo?

– Sim. Exceto em casos extremos, sempre devolvo o corpo dos executados às suas famílias ou amigos, para serem sepultados. Eu sabia que José de Arimatéia era um homem honrado, que sempre pagava seus impostos integralmente e em dia, de forma que não tinha nada contra ele receber o corpo, apesar de surpreender-me que ele, um membro dos mais respeitáveis do Sinédrio, que havia condenado Jesus, ousasse comprometer sua posição na suprema corte dos judeus pedindo em público o corpo de Jesus. Se eu pudesse voltar atrás – disse Pilatos, olhando meio encabulado para o velho – eu não lhe teria entregue o corpo.

– Por que não?

– Se o corpo tivesse sido atirado na vala comum, juntamente com os outros dois que foram crucificados naquele dia, a essa altura Jesus de Nazaré já teria sido esquecido há muito tempo. Nosso amigo aqui, como sabeis, enterrou o corpo em um sepulcro elegante, e quando foi descoberto vazio, não foi difícil convencer os ignorantes e crédulos que Jesus havia ressurgido dos mortos. Sem aquele testemunho falso do túmulo, nós não teríamos agora esse bando de cristãos, como eles se intitulam, criando mais problemas a cada dia que passa.

– Pelo que dizeis, Pilatos, acreditais que o corpo tenha sido retirado do túmulo, para que o povo fosse enganado.

– Acredito que sim.

– Mas Caifás não veio até vós, naquele dia, depois que Jesus foi sepultado, para avisar-vos do que poderia acontecer? Ele não pediu para colocardes sentinelas no túmulo, a fim de que os seguidores de Jesus não pudessem retirar o corpo dele e alegar que ele tinha ressuscitado dos mortos, como Jesus havia profetizado?

– Eu devia tê-lo ouvido. Em vez disso, por estar ainda com raiva de suas perfídias durante o julgamento, repeti-lhe que havia lavado as mãos. Disse-lhe que meus homens tinham mais que fazer do que guardar o túmulo de um morto, e que, se quisesse mandar vigiar o túmulo, enviasse seus próprios soldados.

– E agora, lamentais essa decisão?

– Lamento. Quando ouvi pela primeira vez a notícia de que o túmulo estava vazio, presumi que Caifás não havia se dado ao trabalho de colocar sua guarda no local. Mesmo assim, mandei Cornélio ao sumo sacerdote, exigindo uma explicação. Este mandou dizer que lamentava muito – disse Pilatos, com desdém. – Disse a Cornélio que havia colocado uma guarda de prontidão, mas eles haviam ficado cansados por causa do longo dia de trabalho no Templo, e tinham caído no sono durante a noite. E enquanto eles dormiam, os discípulos de Jesus deviam ter vindo e retirado o corpo. Sois capaz de imaginar um dos nossos soldados dormindo em serviço, sabendo que a punição romana por tal falta é a morte?

Nosso anfitrião estava colocando mais vinho em nossas taças quando ouvimos quatro batidas fortes na porta. Ele gritou:

– Entre! – E Cornélio apareceu, para lembrar ao procurador que era hora de ele se vestir para sua inspeção semanal às casernas.

Pilatos fez menção para que Cornélio entrasse na sala.

– Por que não conversas com o centurião agora – disse-me ele – enquanto eu desperdiço meu tempo com as obrigações da vida militar?

Cornélio aceitou meu convite para sentar-se, embora seu rosto registrasse incerteza sobre o que buscávamos dele, mesmo depois de José ter-lhe explicado nossa missão e assegurado que não tinha nada a temer por responder-me a verdade.

– Cornélio – comecei eu, da forma mais delicada possível – recordai-vos daquela tarde, há seis anos atrás, em que Pilatos vos pediu que fôsseis a uma colina chamada Gólgota, para verificar se um homem chamado Jesus, que havia sido crucificado, naquele dia, já estava morto?

O centurião fez que sim, meio hesitante.

– José queria o corpo para sepultá-lo – disse ele – mas Pilatos duvidava que Jesus tivesse expirado tão rápido. Há muito tempo mantemos um acordo com os sumos sacerdotes, segundo o qual nenhum judeu culpado de crime capital ficaria pendurado em uma cruz num dia de sábado. Para aqueles que são crucificados na véspera do sábado, que começa sempre ao pôr-do-sol, nosso procedimento é apressar sua morte quando se aproxima o pôr-do-sol, quebrando-lhe as pernas. Quando cheguei à colina, Fábio, que estava encarregado desses detalhes da execução, já havia quebrado os ossos de um dos criminosos que estavam ao lado de Jesus. O homem ainda gemia, sua voz estava cada vez mais fraca, e sabíamos que ele estaria morto em poucos minutos. Quando Fábio já ia golpear as pernas de Jesus com seu bastão, eu o detive, dizendo que não era necessário, pois Jesus sem dúvida já estava morto. Fábio, então, foi até o terceiro crucificado, que estava inconsciente, mas ainda com vida, e esmagou seus ossos; depois voltou para meu lado, perto de Jesus. Percebi que ele não gostara de minha intromissão, pois Fábio é um homem bom que segue suas ordens à risca. Então tirei a lança de um soldado que estava por perto e enterrei sua ponta bem fundo em um lado de Jesus, e da ferida escorreu uma mistura de sangue e água. "Vês, Fábio", lembro-me de ter-lhe dito, "esse homem já está morto. Por que desperdiçares tua força em um cadáver?" Disse-lhe então que seus homens podiam descer os outros dois de suas cruzes, e jogar seus corpos na vala comum, mas que ele não devia sair dali até que José de Arimatéia chegasse para levar o corpo de Jesus. Então voltei e comuniquei a Pilatos que o galileu estava morto, e José recebeu a permissão do procurador, por escrito, para tomar posse do corpo.

Eu encarava o centurião, um homem bronzeado, bonito apesar de uma feia marca de nascença que lhe atravessava o rosto da orelha esquerda até à boca, e continuei encarando-o, até que ele começou a trocar de posição na cadeira, nervoso. Passados alguns minutos, eu disse:

– Pilatos disse-me que vos conheceis há muito.

– Sim, senhor – exclamou, obviamente aliviado por eu ter mudado de assunto. Empinou o peito com orgulho, como todo bom sargento em todas as épocas. – Lutamos juntos sob as ordens de Germânico!

– Vosso quartel não é aqui, se não me engano. Viestes da Cesaréia, com Pilatos, para os dias de festa dos judeus, não é verdade?

– Sim, senhor.

– Morais no quartel-general de Cesaréia?

— Não, senhor. Moro com minha família nos subúrbios daquela cidade.

— Já morastes na aldeia de Cafarnaum, ou por perto?

— Sim. Há muitos anos atrás, houve muitos distúrbios causados pelos impostos cobrados aos pescadores do lago, e durante aquele tempo Pilatos manteve uma centúria em Cafarnaum, sob meu comando, para manter a lei e a ordem. Mesmo enquanto detive esse posto, no entanto, eu acompanhava o procurador sempre que vinha aqui à Jerusalém por qualquer motivo.

Aproximei-me de Cornélio, chegando quase a encostar meu rosto ao seu.

— Dizei-me, centurião, é verdade que conhecíeis Jesus desde aquela época?

— Sim, senhor — disse ele, com voz trêmula.

Um tiro no escuro! Agora eu estava quase certo de estar na presença do centurião não identificado por Mateus nem Lucas, cujo servo havia sido curado por Jesus.

— Alguma vez falastes com Jesus?

— Sim.

— Falai-me sobre isso. Dizei-me tudo que vossa memória ainda guarda.

Cornélio colocou suas mãos grandes sobre os joelhos e sacudiu a cabeça, como se quisesse aguçar a memória. Disse ele:

— Eu havia ouvido muitas histórias sobre as boas ações e as maravilhas realizadas por esse homem entre os pobres da costa; dizia-se até mesmo que muitas vezes curava doentes. Quando meu amado servo Lino ficou paralítico, e ninguém conseguiu fazer nada por ele, fui até a praia em busca de Jesus pedir-lhe que intercedesse com seu deus em favor de meu amigo. Para enorme surpresa minha, ele colocou o braço em volta do meu pescoço e disse: "Eu irei e o curarei." Disse a ele que não era digno que ele entrasse em minha morada, mas, pelo que tinha ouvido falar de seus grandes poderes, eu sabia que se dissesse uma palavra meu servo seria curado. Expliquei-lhe que entendia essas coisas, pois era um homem com autoridade, tendo muitos soldados sob minhas ordens, e se dissesse a um homem "Vai", ele iria, e a outro "Vem", ele viria, e a meu servo "Faze isso", estaria feito. Pensei que Jesus talvez fosse capaz de fazer o mesmo, sem ter que se contaminar, como judeu, entrando em minha casa.

— O que fez Jesus?

Cornélio esfregou os olhos com a mão direita, várias vezes, e disse:

— Primeiro ele aborreceu aqueles que estavam com ele por ter me abraçado, e não preciso lhe dizer que a maioria dos judeus prefere comer carne de porco a tocar em um romano. Depois virou-se para os outros e disse:

"Em verdade vos digo: nem mesmo em Israel encontrei fé como esta." Então virou-se para mim, tocou-me delicadamente o rosto com seus dedos e disse: "Vai, e seja-te feito conforme a tua fé." Na hora em que cheguei em casa, já havia uma comemoração, pois a paralisia havia deixado o corpo de Lino e toda minha família estava muito feliz. Para mostrar minha gratidão fiz uma generosa contribuição ao tesouro da aldeia para construírem uma sinagoga. Caso tenhais oportunidade de visitar Cafarnaum, qualquer um vos indicará onde esta se localiza e vos dirá que um centurião romano é que lhes deu aquela casa de culto.

O centurião baixou a cabeça, e, quando ele o fez, vi um brilho de metal que não me era estranho. Sem pensar na reação que um guerreiro forte como ele poderia ter, coloquei a mão dentro de sua túnica e retirei um amuleto de ouro pesado, que pendia de uma corda fina de couro. Virei-o para a luz e vi as mesmas marcas daquele que José havia me dado há quatro dias atrás, incluindo o inconfundível perfil de um peixe!

– Pilatos sabe? – perguntei discretamente.

Ele balançou a cabeça em negação.

– E não o saberá de mim, Cornélio – disse a ele. – Dizei-me, estais absolutamente certo de que Jesus estava morto quando saístes do Gólgota?

– Absolutamente certo. Já vi muitos homens mortos durante meus anos de serviço, e já tirei a vida de muitos em combate. Não havia mais nenhum sopro de vida em Jesus, e sua carne já estava começando a ficar fria e dura.

– Se ele estava morto, por que perfurastes seu corpo com a lança?

– Não sei bem ao certo – disse ele, quase soluçando. – Na hora lembro-me que era a última coisa que eu podia fazer pelo meu Senhor, pois eu não podia suportar a idéia de ver seus ossos serem esmagados. Eu queria salvá-lo daquela humilhação, e de certa forma sabia que ele iria entender, mesmo que tivesse que ser com minhas próprias mãos. . .

Um arrepio percorreu meu corpo e desviei o olhar, relembrando que, tanto no Livro do Êxodo quanto no Livro dos Números, a preparação do cordeiro pascal especificava: *não lhe quebrareis osso nenhum.*

– Bem – interrompeu a voz de Pilatos – já conseguistes descobrir mais alguma verdade, historiador?

O procurador veio em nossa direção com ar insolente, a cabeça erguida, sua confiança aparentemente readquirida por ter vestido o uniforme. Agora ele estava diante de nós como guerreiro romano, desde seu peitoral polido até o cinturão com várias tiras de couro e tachas de prata. Sempre achei que a roupa faz o homem. Ele levou-nos até a porta e desceu conosco pelo longo corredor que cheirava a mofo.

– Dizei-me, Matias – disse ele, naquele tom superficial que os anfitriões assumem quando estão repetindo palavras de despedida para seus convidados – Vitélio ainda monta seus cavalos árabes toda manhã?

– Como sempre – assegurei-lhe. – Existem vícios piores, como bem o sabeis.

– Sim. – Riu um riso encantador. – E quase todos nós os temos.

– Pilatos, ainda mantendes a opinião que expressastes no começo de nossa conversa hoje?

– Qual foi? – perguntou ele cansado, como se a entrevista estivesse encerrada, no que dizia respeito a ele.

– Se não me engano, dissestes que, na vossa opinião, qualquer menção de Jesus em meu relato histórico não merecia mais do que uma linha ou duas, no máximo.

Ele largou meu braço e murmurou:

– Não sei. Não sei. Só sei que gostaria de não ter jamais ouvido falar nesse nome!

Aproximamo-nos do recinto cheio de estátuas. Parei e perguntei:

– Por acaso não fostes vós que mandastes retirar o corpo de Jesus do sepulcro, ou para causar embaraço a Caifás e ao Sinédrio, ou por outro motivo qualquer?

A gargalhada de Pilatos reverberou pelo corredor vazio.

– Se eu tivesse mandado, podeis estar certo de que já o teria revelado há muito tempo. Não sabeis que milhares de pessoas nesta cidade, alguns meses depois da crucificação, corriam de um lado para o outro, incitando o povo e criando confusão, afirmando que Jesus havia ressuscitado dos mortos e logo estaria de volta? Desde então, sou obrigado a conservar aqui quatro centúrias ou mais, só para manter a ordem; e colocaria mais ainda, durante os dias de festa, se Vitélio me oferecesse mais homens. Não, meu amigo, não tenho idéia de quem tenha levado o corpo, mas pagaria bem se alguém me informasse onde ele está.

Não pude resistir à tentação de desferir um golpe final. Virando-me, apontei o longo corredor vazio onde não se ouvia a voz de sua mulher, Claúdia Prócula, há mais de seis anos, e disse-lhe:

– Jesus já vos custou muito caro, não é, procurador?

José olhava melancólico pela sua janela, na carruagem, ao voltarmos para casa atravessando ruas apinhadas de gente. Finalmente, sem virar a cabeça, perguntou-me:

– Quem gostarias de visitar a seguir, Matias?

– O apóstolo João e Maria Madalena, se possível.

– Estás com sorte – respondeu ele, mas sem aquele seu entusiasmo costumeiro.

– Por quê?

– Desde a crucificação, João vive na casa da viúva Maria, onde Jesus fez sua última ceia.

– Os dois casaram-se?

– Não, não – disse ele sem rir, finalmente voltando-se para mim. – Maria é muito mais velha do que o apóstolo e não goza de muita saúde. Sua casa virou um verdadeiro quartel-general para Pedro, Tiago e os outros líderes do movimento, aqui na cidade. A casa atende a suas necessidades sob a supervisão de João, com a ajuda do filho de Maria, Marcos; e Maria Madalena, que mora nos arredores, cuida dos achaques de Maria e prepara comida para os que lá se reúnem para conversar. Com uma única visita talvez sejas capaz de falar com João e com Maria Madalena, e acho que devemos fazer isto hoje, pois receio que teu tempo esteja se esgotando.

– Mas eu ainda tenho três dias – protestei.

– Talvez não – disse ele, solícito, batendo em meu joelho. – Olha para trás.

Fiz o que ele mandou, semicerrando os olhos por causa da poeira, e olhando em direção ao fluxo turbulento de gente que deixávamos para trás, enquanto subíamos para a cidade alta.

– Nós não estamos sendo seguidos, José. Não estou vendo nenhum calvo, nenhum homem de capuz preto montado em cavalo cinza, ninguém que pareça suspeito.

– Exatamente.

– O que você quer dizer com isso?

– Matias, agora não é mais necessário Pilatos mandar nos seguir. Lembra de tua pequena conversa com ele no corredor, antes de virmos embora? Lembra que falaste sobre Vitélio e confirmaste que o governador ainda monta seus cavalos árabes toda manhã?

– Sim, lembro, por quê? – perguntei-lhe com o pressentimento desagradável de que sabia exatamente o que José iria dizer. Infelizmente, minha previsão estava absolutamente correta.

– Vitélio machucou-se seriamente, há cinco anos atrás. Uma manhã, enquanto corria, foi atirado longe de seu cavalo favorito e caiu em cima de uma pedra, com a base da coluna. Desde então, manca bastante de uma perna, e geralmente anda com o auxílio de uma bengala. Nunca mais montou um cavalo, desde o acidente. Agora Pilatos sabe que, na melhor das hipóteses, és um impostor.

Rajadas fortes e quentes de poeira seca que vinham com o vento do deserto entravam em nossa carruagem, mas de repente senti um frio na espinha.

onze

Rolos negros de fumaça pairavam preguiçosos sobre o Inferno.

Do palácio de José, na parte alta da cidade, avistava-se o infame Vale do Cedron, bem abaixo, além da muralha sul, quando entrávamos na carruagem depois de um almoço leve de pão quente e mel. Aquele vale, como eu já sabia, era também chamado de Geena ou Inferno, não pelo lixo constantemente queimado em suas encostas estéreis, mas devido às inúmeras crianças que lá haviam sido sacrificadas em fornos, durante a época de Salomão, para satisfazer a divindade chamada Moloc.

Circundando aquela terra árida e desolada em volta de morros que pareciam ondas plácidas no horizonte, havia uma estreita faixa de estrada avermelhada que levava a uma pequena vila.

– Belém – disse José, num tom reverente, em resposta a meu olhar indagativo.

– Será que vai dar tempo? – perguntei eu esperançoso.

– Receio que não, Matias. Não só não haverá tempo para fazer turismo, mas recomendo-te também que faças esta visita e quaisquer outras que pretendes fazer o mais rápido possível.

A entrada que descia da casa de José à casa da viúva Maria era tão íngreme que só mesmo um homem com a força de Shem, com a mão constantemente ao freio, poderia evitar que a carruagem se desgovernasse ladeira abaixo.

Nosso veículo finalmente deu um rangido, uns estalos e parou em frente a um pátio murado de uma ampla casa de pedra de dois andares, bem na base do morro. A uns vinte e cinco metros estava a porta da cidade usada pelos viajantes que vinham de Belém ou Hebrom, a uns 25 quilômetros de distância, ou que se dirigiam para lá. José conhecia bem essas paragens. Estávamos a meio caminho do pátio quando ele parou e apontou em direção a duas romãzeiras carregadas que se destacavam em um canto do pequeno local. À sombra de seus galhos, reclinada em uma longa cadeira de vime, uma mulher de idade estava mergulhada em sono profundo.

– Maria – chamou o velho em voz baixa – Maria.

A mulher piscou várias vezes antes de reconhecer José de Arimatéia. Abriu então os braços em direção a ele, e este foi até ela, enquanto eu esperava. Depois de estarem juntos apenas alguns minutos, José beijou-lhe de leve a testa e voltou a mim, balançando a cabeça em direção à escada de pedra externa que dava no terraço aberto do segundo andar da casa.

– Maria disse-me que João e seu filho, Marcos, estão no Templo, e que Maria Madalena foi ao mercado. Podemos esperar por eles na sala de cima. Vem, vamos subir os mesmos degraus que Jesus subiu para comer sua última ceia – disse ele com naturalidade, virando-se para ver minha expressão facial. Não o desapontei. Havia quatorze degraus. Subi-os todos na ponta dos pés, e ainda estava andando assim quando entrei na sala.

O que dominava o recinto amplo e desordenado era uma imensa mesa, a apenas trinta centímetros do chão, o qual estava coberto por uma esteira. Tinha no mínimo três metros de comprimento e um e vinte de largura, e sua superfície escura, polida, não tinha aquela poeira geralmente encontrada em todo móvel do deserto. Na cabeceira da mesa havia uma vela grossa e alta, colocada em uma base de pedra, lançando sua luz trêmula sobre a madeira lustrosa e as grossas almofadas verdes, parcialmente enfiadas sob três lados do tampo da mesa. Não era preciso que José me dissesse que esta era a mesa onde Jesus e seus doze apóstolos haviam comido o cordeiro pascal naquela noite fatídica em que foi finalmente preso em Getsêmani.

– Há muitos anos atrás – disse José – era costume de nossos ancestrais comer a ceia de Páscoa com pressa e de pé. Mas agora que não estamos mais no cativeiro ou em terra estrangeira, nos reclinamos e comemos devagar.

O velho abaixou seu corpo e esticou as pernas para o lado apoiando o cotovelo esquerdo em uma das almofadas.

– É assim que se come a ceia, Matias, com a mão direita sempre livre para mergulhar o pão no mesmo pote que os outros.

Apontei para a vela.

– Jesus sentou-se ali?

– Sim, com João à direita, Judas à esquerda e os outros de ambos os lados. Este quarto lado, aqui, era onde a comida era colocada quando trazida da cozinha, no andar de baixo.

– Judas estava à esquerda dele?

– Foi o que me contaram.

– E a mesa ainda é usada?

— Várias vezes por semana. Geralmente por Pedro e Tiago, o irmão de Jesus, quando querem trocar opiniões. Mas ninguém ocupa aquele lugar — disse apontando para a almofada atrás da vela.

— Pilatos sabe que este lugar está sendo usado como. . . uma espécie de quartel-general clandestino?

— Pouca coisa acontece na cidade de que o procurador e o sumo sacerdote não tomem conhecimento. E o movimento cresceu tanto que não é possível mais agir às escondidas.

Continuei olhando para a mesa até que José leu meus pensamentos, o que já nem me surpreendia mais.

— Não parece muito com a pintura de da Vinci, não é, Matias? No entanto, como escritor, certamente deves entender que embora a verdade seja às vezes mais estranha do que a ficção, a vida quase nunca é tão dramática quanto a arte. Sem dúvida, a composição e a disposição das figuras no quadro do artista são notáveis, mas a verdade era bem diversa.

O recinto era realmente decepcionante, para quem esperava algo semelhante à pintura de da Vinci. Empilhados em uma parede estavam trouxas de roupas e caixotes cheios, transbordando de sandálias de todos os tipos. Cestos de vime, embaixo das três pequenas janelas da sala, estavam repletos de espigas de milho, figos, uvas e várias frutas que eu não conhecia. Em outro canto, havia queijos grossos e redondos, enfileirados e embrulhados em panos, com um cheiro forte, e várias carnes, rodeadas por moscas, penduradas por ganchos nas vigas grossas e pesadas do telhado.

— Muitos comem neste recinto — lembrou-me José, seguindo meu olhar. — Vem sentar-te comigo um pouco, até que cheguem os outros.

Toda a minha força de vontade foi necessária para sentar-me em uma das almofadas duras, ao lado do velho. Meio hesitante, estendi minhas mãos, até que as palmas tocaram a madeira lisa. Eu devia estar sonhando. Nada disso era verdade. Nada disso. Não era possível eu estar sentado à mesa onde Jesus havia feito sua última ceia! A chama da vela de repente ficou embaçada, e esfreguei meus olhos. O velho me olhava, em silêncio.

O ruído de solas de madeira sobre o chão anunciou a volta de João, pouco antes de ele correr para a sala e cumprimentar José. Este "filho do trovão" era menor e muito mais frágil do que o irmão, Tiago, e também muito mais jovem. Seu cabelo castanho-claro era aparado e mal chegava aos ombros; a barba escassa circundava de forma irregular um rosto de pele clara, cujas maçãs salientes faziam-no parecer quase esquelético. Estudando suas feições, era difícil para mim imaginar que aqui estava o "discípulo amado" que, há seis anos atrás, fora juntamente com o irmão e Pedro, um dos três homens que Jesus escolhera para ter a seu lado durante tantos momentos importantes de sua vida. Primeiras impressões, novamente. Ele sentou-se diante de mim e de José, e ouviu com atenção o velho descrever o objetivo de nossa visita, sorrindo e meneando a cabeça com freqüência para nós.

– Meu irmão e Mateus já me falaram de ti, Matias, e disseram que eu esperasse uma visita. Algum dia – disse ele, com seriedade – espero também escrever uma história, mas só de nosso Senhor.

Gostei dele. Por um momento de loucura pensei de que modo poderia assegurar-lhe que, de fato, iria escrever aquela história, e, ao contrário dos outros, teria muito tempo para refletir sobre as experiências dele, antes de redigir o que o mundo iria conhecer como o Evangelho segundo João.

– Vais me ajudar, então? – perguntei.

– Pergunta-me. O que eu souber, direi. José – sorriu ele – pode dar testemunho de minha honestidade.

– Obrigado, João. Já falei com muitos que eram íntimos de Jesus, como sabes, e também com alguns de seus inimigos. Estiveste com Jesus quase desde o início de sua missão e soube que foste o único apóstolo presente em sua crucificação. Podes me ajudar bastante, dando-me informações que preencham algumas lacunas sobre as quais não tenho nenhum testemunho em primeira mão, ou porque não pude obtê-lo dos outros, ou porque minha ignorância levou-me a não lhes fazer as perguntas adequadas.

– Entendo.

– Compreendes também que não acredito que Jesus tenha ressuscitado dos mortos?

– Tua opinião é compartilhada pela grande maioria de nosso povo, não só aqui, mas até mesmo na própria aldeia de Jesus. Ainda temos muito trabalho pela frente.

Nenhuma mudança de expressão, nenhuma manifestação de animosidade, frieza ou intolerância que é característica dos fanáticos, cruzou seus olhos. Seus lábios moveram-se, quase em um sorriso, e ele disse:

– Quanto mais ouço sobre os últimos dias de Jesus – comecei – mais me convenço de que ele veio a Jerusalém naquela última semana, não só para comemorar a Páscoa, mas também para arrebanhar o povo para sua causa, esperando de algum modo convencê-lo de que ele podia guiá-lo para uma vida melhor, para um novo reino aqui na terra. Uma vez que até mesmo seus piores inimigos concordam que ele não era nem imprudente nem ignorante, acho difícil entender como Jesus esperava impor sua vontade nesta cidade grande, com apenas uma dúzia de galileus desarmados para ajudá-lo.

– Matias, aconteceu muita coisa estranha até mesmo para nós, os mais íntimos de Jesus, naquela semana. Nenhum de nós tinha vontade de vir a Jerusalém para celebrar a Páscoa naquele ano, pois sabíamos que os chefes dos sacerdotes e o Sinédrio haviam decidido executar Jesus, depois de ele ter ressuscitado Lázaro, porque temiam que todos os homens logo acreditariam nele, se permitissem que ele continuasse fazendo milagres.

– João, por que Jesus entrou na cidade, naquele primeiro dia de sua última semana, num burro, o mais humilde dos animais?

– Quando nosso grupo se aproximou de Betfage, em nossa jornada rumo a Jerusalém, Jesus mandou dois de nós na frente para arrumar um burrico para ele, dizendo que era necessário que ele entrasse em Jerusalém montado num burro, a fim de que se cumprissem as palavras do profeta.

– Algum de vós entendestes o que ele queria dizer?

– Nenhum de nós. Não conhecíamos tão bem as palavras de nossos profetas quanto Jesus. Só mais tarde, muito depois, soubemos que Zacarias havia escrito: "Alegra-te muito, ó Filha de Sião; exulta, ó Filha de Jerusalém; eis que aí vem o teu Rei, justo e salvador montado num jumentinho, cria de jumenta."

– Zacarias estava descrevendo o Messias?

– Sim, ele deveria vir e libertar o povo do jugo de Alexandre, há mais de trezentos anos atrás.

– Já que Alexandre morreu com o mundo inteiro em suas mãos, presumo que o libertador de Zacarias não veio nunca. Então, Jesus, montado em um asno, queria dar um sinal ao povo de que ele estava entrando em Jerusalém como seu Messias? Isso não faz sentido, de forma alguma. Se tu e os outros não entenderam o sinal, como é que Jesus queria que as multidões nas estradas, compostas de pessoas do campo e incultas, o reconhecessem?

João sacudiu seus ombros magros.

– Jesus só disse que a profecia deveria se cumprir. Nada mais explicou, e nada lhe perguntamos.

– E ainda assim alguns de teu grupo, de acordo com o que me falaram, aparentemente tentaram incitar a multidão pelo caminho, gritando: "Hosana ao filho de Davi! Bendito aquele que vem em nome do Senhor!" Esta aclamação não tem um significado especial para todos os judeus?

– Tem. É uma oração para o rei escolhido, o Messias, que há de nos salvar e libertar, e é tão antiga quanto nosso povo.

– Mas se nenhum de vós reconheceu o significado de Jesus estar montado em um jumento, quem estava gritando a aclamação do Messias?

– Pedro; e nós outros logo começamos a imitá-lo, no começo em voz baixa e depois cada vez mais alto.

– Fizeram mais do que isso, não foi? Contaram-me que alguns também jogaram seus mantos e folhas de palmeiras em seu caminho, como se ele fosse um rei. Foi toda essa agitação que fez a multidão seguir Jesus, em sua entrada triunfal na cidade?

– Não – respondeu João calmamente. – Alguns, especialmente os mais rudes, riam de nós, chamando-nos de "os tolos da Galiléia".

– Nenhuma das pessoas perguntou a ti e aos outros apóstolos, apenas por curiosidade, quem era aquele homem montado em um asno, que recebia tal homenagem de seu grupo?

– Algumas pessoas perguntaram.

– E o que respondestes a elas?

– Dissemos que era Jesus, o profeta de Nazaré, da Galiléia.

– Por que não dissestes que era o Messias?

João baixou os olhos e correu os dedos pela madeira polida.

– Mesmo àquela altura, a maioria de nós estava cega à verdade. Menos Pedro.

– Pedro? Referes-te ao incidente em Cesaréia de Filipe, quando Jesus perguntou a todos vós quem ele era, e Pedro foi o único que disse que ele era o Messias?

– Quem te contou isso?

– O próprio Pedro. Ele também disse-me que Jesus avisou-os para não dizerem isso a ninguém. Foi por causa desta ordem que dissestes às multidões que ele era Jesus, o profeta, ao invés de dizer que era Jesus, o Messias. . . ou foi porque, excluindo Pedro, vós não estáveis bem certos de quem ele era?

João permaneceu calado. Eu o pressionei.

– É justo concluir que os outros, incluindo tu, ainda não haviam adquirido a fé necessária para remover montanhas. . . ou converter cidades?

– Tuas palavras são duras, mas exprimem a verdade. Só mais tarde nossos olhos se abriram, depois que Jesus ressuscitou e. . .

Ergui-me em direção a ele e bati com delicadeza em sua mão.

– Espera! Por favor, ajuda-me a entender aqueles acontecimentos na ordem em que eles se deram. Hoje mesmo, de manhã, perguntei a Pilatos se ocorrera algum distúrbio causado pela entrada de Jesus em Jerusalém. Ele disse que não sabia de distúrbio nenhum, caso contrário teria tomado providências para que nada de sério ocorresse. Sem dúvida nenhuma ele teria prendido Jesus por perturbar a ordem. Agora tu, João, acabas de me confirmar a declaração de Pilatos, de que não houve uma entrada triunfal na cidade acompanhada por uma multidão de seguidores, saudando seu salvador. Jesus pode ter entrado em Jerusalém como Messias, no entender *dele,* e possivelmente no de Pedro, mas para o resto de vós, bem como para os peregrinos na estrada, ele era apenas um rabino entre outros ou, no máximo, um profeta galileu, entrando na cidade em um burrico para observar a Páscoa. E o povo em vez de correr a ele como ele talvez tivesse esperado, foi tratar de seus preparativos para o dia santo, como de costume. Estou certo?

João olhou rapidamente para José, que não veio acudi-lo, da mesma forma como não me ajudara em nada durante todas as entrevistas.

– Estás – finalmente admitiu ele.

– Poderia ter sido a decepção causada pela falta de receptividade do povo que o levou a causar distúrbios no Templo, logo depois de entrar na cidade? Será que ele acreditava que um gesto tão dramático contra as autoridades como derrubar as mesas dos cambistas pudesse reunir o povo em favor de sua causa, em um número muito maior do que ele havia sido capaz de reunir através de suas palavras ou das boas ações entre os pobres e os doentes?

– Jesus chorou muitas vezes pela cidade – replicou João – triste por eles não poderem entender as coisas que lhes trariam paz e felicidade, pois ele antevia um dia terrível, quando toda Jerusalém não ficaria pedra sobre pedra por eles não terem reconhecido. Quando ele disse aquelas coisas, nós éramos muito ignorantes para entender seu significado.

– João, alguma vez já refletiste no que poderia ter acontecido, se aquela tremenda massa de peregrinos que havia se reunido para o dia santo acreditasse que ele era verdadeiramente o Messias? Sem dúvida alguma, Jesus podia ter mobilizado um exército grande o bastante para tomar o Forte Antônia, mesmo que fosse apenas com pedaços de pau e pedras, em um ou dois dias.

João balançou a cabeça, sem saber o que dizer.

– Penso que, como romano, deves achar difícil compreender que Jesus não veio para recrutar um exército e colocá-lo contra os inimigos e os perseguidores de nosso povo. Por favor, tenta entender que ele veio apenas unir seus filhos para ensinar-lhes como encontrar e gozar do Reino de Deus, no amor e na paz.

– E este Reino de Deus: já conseguiste encontrá-lo? Onde é que fica?

Agora era a vez de João estender o braço do outro lado da mesa. Com seu dedo bateu em meu peito, e disse:

– O Reino de Deus está dentro de ti, exatamente onde Jesus disse!

De repente me senti mal. Enjoado. Com vontade de vomitar. Como o ar quase não circulava pelas três janelinhas, esta sala de cima era um verdadeiro forno, que ia nos cozinhando aos poucos. Fechei os olhos, e no escuro vi raios prateados correndo de um lado para outro. Toda essa minha aventura fantástica estava começando a ter conseqüências físicas além de mentais. Respirei várias vezes o mais fundo que pude, até que ouvi a voz preocupada de José me perguntando:

– Não te sentes bem, Matias?

Neguei, com a cabeça. Havia pouco tempo de sobra, se Pilatos estava mesmo em meu encalço. Sacudi ambos os braços sobre a mesa e a vela e perguntei:

– O que ficou mais vivo em tua memória da última ceia que Jesus fez aqui?

João pensou por vários minutos, e quando ele respondeu, havia mais alegria do que tristeza em sua voz.

– Antes de a comida ser servida, lembro-me que Jesus levantou-se da mesa, tirou a túnica, e enrolou-se numa toalha. Aí jogou água em uma bacia e começou a lavar-nos os pés e a enxugá-los com a toalha. Todos nós estávamos chocados demais para dizer qualquer coisa, menos Pedro, que lhe perguntou por que razão estava nos lavando os pés, e Jesus respondeu que nós entenderíamos mais tarde. Pedro então levantou-se e disse: "Não me lavarás nunca os pés!" porque sabia que nenhum de nós merecia um tratamento tão especial de nosso Senhor. Jesus replicou que, neste caso, Pedro não teria parte com ele, e Pedro tendo sido advertido, sentou-se e permitiu que ele lhe lavasse os pés.

– Jesus explicou este ato inusitado?

– Explicou. Quando terminou, voltou ao seu lugar e disse-nos que se ele, a quem chamávamos de Senhor e Mestre, podia lavar-nos os pés, nós também podíamos lavar os pés uns aos outros, e o que ele havia feito era um exemplo que ele esperava que jamais esquecêssemos. Aí chocou-nos mais ainda dizendo-nos que não estávamos todos limpos e que um de nós iria traí-lo.

– O que aconteceu depois?

– Houve um grande espanto e muita gritaria nesta sala, e muitos perguntaram: "Sou eu, Senhor?" Eu estava sentado à direita de Jesus e vi Pedro sair de seu lugar aqui deste lado da mesa e perguntar a Jesus quem era. Apoiei minha cabeça no peito dele e perguntei baixinho: "Quem é, Senhor?" e ele respondeu em meu ouvido: "É aquele a quem eu der um pedaço de pão molhado." Então ele molhou o pão, envolveu-o em um pedaço de cabrito, no prato, e entregou-o a Judas, que estava sentado à sua esquerda.

– Mais alguém ouviu o que Jesus te disse?

– Ninguém. Então falou com Judas num tom que todos pudessem ouvir: "O que pretendes fazer, faze-o depressa." E logo Judas saiu.

– Mais alguém associou a saída de Judas com a traição que Jesus mencionara?

— Creio que não. Judas tinha sempre tarefas a cumprir para Jesus ou para um de nós, já que era o portador da bolsa. Continuamos nossa refeição mas sem muito prazer, pois agora olhávamos uns para os outros com muitas suspeitas.

— Que outras lembranças guardas daquela ceia?

O rosto de João iluminou-se novamente.

— Como sabes, Matias, nós, judeus, temos dez mandamentos que nosso ancestral Moisés recebeu diretamente de Deus. Jesus, naquela noite, deu-nos um outro, muito mais difícil de obedecer do que todos os outros juntos, mas tão poderoso que, se pudéssemos viver segundo ele, nenhum dos outros seria necessário.

Eu sabia o que ele ia dizer, mas tinha que ouvi-lo da melhor fonte que qualquer escritor poderia jamais encontrar até o fim dos tempos.

— Jesus avisou-nos que permaneceria apenas por pouco tempo conosco, e aonde ele ia, nós não podíamos ir. E disse: "Um novo mandamento vos dou: que vos ameis uns aos outros, assim como eu vos tenho amado, e nisto todos hão de reconhecer que sois meus discípulos." Então Pedro perguntou ao Senhor para onde ele ia, e Jesus repetiu que aonde ele ia nós não podíamos segui-lo por enquanto, só mais tarde. Pedro não pôde aceitar aquilo. Perguntou-lhe por que não podia segui-lo agora e insistiu: "Eu darei minha vida por ti!" Jamais esquecerei a resposta de Jesus. E nem Pedro. O Senhor desafiou-o, dizendo: "Darás a vida por mim? Em verdade, em verdade te digo: Não cantará o galo, antes que me tenhas negado três vezes." Pedro confiou-me que Jesus repetiu aquelas palavras para ele, depois da ceia, em nossa saída da cidade.

— E aquela profecia se cumpriu, não é?

— Sim. Quando Jesus foi preso no horto, Pedro e eu também fomos capturados, mas depois fomos soltos, depois de terem nos espancado e nos dado pontapés a ponto de quase não podermos andar. Eu queria fugir morro acima, para Betânia, mas Pedro não deixou. Disse que não podíamos abandonar o Senhor quando ele mais precisava de nós, então seguimos os soldados até à casa do sumo sacerdote, depois de terem ido à casa do sogro dele. Aguardamos no pátio, esperando saber o que planejavam fazer com Jesus, sem entender por que chegavam membros de nossa Corte Suprema, o Sinédrio, no meio da noite. Por três vezes, quando nos aproximamos da fogueira, os servos de Caifás acusaram Pedro de conhecer Jesus e de tê-lo visto com ele, e três vezes ele negou. Sua última negativa mal havia saído de seus lábios quando ambos ouvimos o primeiro canto do galo. Pedro gemeu como se tivesse sido penetrado por uma faca e caiu a meus pés. De início pensei que Deus o havia feito cair morto por causa de suas negativas, mas quando vi que respirava tentei erguê-lo, tirá-lo do pátio, temendo que fôssemos presos pela guarda novamente. Tentei movê-lo várias vezes mas não consegui; então corri à casa de José. Com o auxílio de seu amigo grandalhão, conseguimos trazer Pedro aqui e colocá-lo na cama de Marcos, que fica no outro quarto aqui deste andar. Àquela altura eu estava exausto, mas depois de que a viúva Maria e a outra mulher, incluindo a mãe de nosso Senhor, souberam que Jesus estava preso, nenhuma delas teve condições de cuidar de Pedro, então eu próprio o fiz.

– O que aconteceu depois?

– Pela madrugada as mulheres já haviam se recobrado o bastante para trazer-me comida. Pedro ainda estava desmaiado, ardendo em febre. Eu molhava o corpo dele sem parar com água e aloé, e jogava um pouco também em meu rosto para permanecer acordado. Mais tarde, durante o dia, talvez na hora sétima, ouvi gritos terríveis e lamentos lá embaixo. Desci as escadas correndo para ver o que havia ocorrido, e quase colidi com a mãe do Senhor, que estava no primeiro degrau da escada. Ela caiu nos meus braços e senti que tremia. Depois ela tomou o meu rosto em suas mãos e disse com calma: "Eu estava indo te avisar. Acabaram de chegar notícias de que meu filho foi levado ao Gólgota pelos romanos para ser crucificado. Tenho que estar com ele, João. Por favor, leva-me até meu filhinho. Marcos e sua mãe cuidarão de Pedro até voltarmos.

João fez uma pausa e cobriu o rosto com as mãos. Pude ver seu peito arfando, como se ele também estivesse respirando com dificuldade. Aí ele enxugou os olhos e continuou.

– Comecei a soluçar e pouco depois era a mãe do Senhor que estava consolando a *mim,* enxugando as *minhas* lágrimas, até que senti vergonha de minha fraqueza, pois eu é que a devia estar confortando. Logo depois, Maria Madalena, minha mãe – Salomé – e Maria de Clopas, mãe de Tiago Menor e José se encontraram conosco e nós cinco saímos da cidade, percorrendo a estrada que corre por fora da muralha, até que finalmente chegamos no local da execução, um pequeno morro a noroeste da cidade.

– Jesus já estava na cruz na hora em que chegastes?

– Já. E também outros dois, um de cada lado. O corpo estava tão ensangüentado e cheio de feridas que nem mesmo sua mãe o reconheceu, até que uma das mulheres apontou para o sinal em cima de sua cabeça, que dizia "Jesus Nazareno, Rei dos Judeus".

– Havia muita gente por perto?

– Não. Apenas os soldados, alguns sacerdotes do Templo e alguns peregrinos que haviam vindo da estrada, por curiosidade. Eu queria manter as mulheres afastadas o máximo possível para poupá-las, mas a mãe do Senhor não quis se afastar. Insistiu que eu a levasse tão perto da cruz quanto os soldados permitissem.

– Jesus estava em condição de reconhecer-vos?

– Quando nos aproximamos dele pela primeira vez, os seus olhos estavam fechados. Pingava sangue dos pulsos e dos pés por causa dos cravos que haviam atravessado a carne e os ossos, chegando à madeira. Virei a cabeça, incapaz de olhar para nosso mestre. Suas palavras – eu as ouvia constantemente como se ele as estivesse pronunciando novamente da cruz. . . "Eis que subimos a Jerusalém, e o Filho do Homem será entregue aos grandes sacerdotes e escribas, que o condenarão à morte, e o entregarão aos gentios para ser escarnecido, flagelado e crucificado." Meu coração estava partido. Eu queria fugir – correr, correr e correr sem parar. Apenas a mão firme da mãe do Senhor na minha me prendeu ali. Então ouvi a voz de Jesus e abri meus olhos. Ele olhava direto para sua mãe e disse: "Mulher, eis aí o teu filho!" Depois seus lindos olhos castanhos fitaram os meus e ele disse: "Eis aí a tua mãe!" Eu estava aos prantos, da mesma forma que ela, pois ele estava tão próximo de nós e não podíamos erguer um dedo para ajudá-lo ou diminuir a sua dor. Pouco depois ele abriu os olhos novamente e disse: "Tenho sede!" e lhe estenderam uma esponja embebida em vinagre. Aí o ouvimos clamar em voz alta: "Meu Deus, meu Deus, por que me desamparaste?" e logo depois disse: "Está tudo consumado", e inclinando a cabeça entregou a alma. Ao fazê-lo, sua mãe desmaiou em meus braços.

– Algum dos outros apóstolos estava na crucificação?

– Não. Apenas eu e as quatro mulheres.

– E o que fizeste em seguida?

– Com o auxílio de minha mãe, trouxe a mãe do Senhor de volta a esta casa, e aí retomei minha vigília com Pedro, que ainda delirava.

– E as outras duas mulheres?

– Maria Madalena e Maria de Clopas ficaram para trás, a fim de ver onde os soldados colocariam o corpo de Jesus, na esperança de que pudéssemos recuperá-lo mais tarde. Antes do pôr-do-sol, elas voltaram para nos contar que José de Arimatéia havia pedido o corpo e o estava sepultando em um túmulo localizado num pequeno jardim perto do Gólgota. Já que José havia sido amigo de Jesus e de muitos de nós, sentimos alívio em saber que nosso Senhor estava em boas mãos.

– Por quanto tempo ainda ficaste com Pedro?

– Até a manhã do dia seguinte ao sábado.

– Não te afastaste dele por pouco tempo, para. . . visitar o sepulcro, talvez?

– Não. Só me afastei para fazer minhas necessidades.

– Não dormiste?

– Em uma cadeira, com minha cabeça no colchão aos pés de Pedro.

– Quando é que ficaste sabendo que as mulheres estavam planejando visitar o túmulo?

João franziu a testa pela primeira vez, e esticou-se na cadeira.

– Maria Madalena veio falar comigo na tarde de sábado, e disse que apesar de terem visto o lugar onde Jesus havia sido enterrado, elas não haviam entrado no jardim, já que era particular, para ver se o corpo de Jesus tinha sido lavado, ungido, e envolto conforme nossas leis. O sepultamento, temia ela, talvez tivesse sido realizado às pressas, já que o pôr-do-sol se aproximava. Disse-me que ela e algumas mulheres iam ao sepulcro no começo da manhã, com ervas, óleos e linhos para ungir nosso Senhor da forma correta e ela queria que eu as acompanhasse para que tirasse a pedra que havia na entrada. Disse a elas que não me atrevia a deixar Pedro naquele estado, e nem tinha forças para andar até a porta da cidade, muito menos ao Gólgota, e ela ficou bastante aborrecida comigo, chamando-me de covarde e de outras coisas mais. Pela manhã, foram sem mim.

– Nenhum de vós sabíeis que o sumo sacerdote havia lacrado o túmulo e colocado uma guarda lá?

– Não. Creio que Caifás tomou suas medidas no sábado. Se as mulheres soubessem disso, não teriam ido.

– O que aconteceu depois?

– Logo depois que elas se foram, Pedro sentou-se na cama e pediu comida. A viúva trouxe-lhe uma tigela de sopa quente e queijo e, devido ao seu estado, esperei que ele acabasse para dar-lhe a notícia terrível de que nosso Senhor estava morto.

– Qual foi a reação dele?

– Ele ouvia calado enquanto eu lhe contava o que soubera há pouco, sem me deter muito na crucificação, a qual eu havia presenciado. Então ele me abraçou e ambos começamos a chorar. Para nós, o mundo tinha acabado em Getsêmani. Finalmente deixou-se cair na cama e olhou fixo para as vigas do teto; pude ver os lábios dele moverem-se em oração. Isto prosseguiu até Maria Madalena irromper pelo quarto adentro, como se todos os demônios que Jesus havia expulsado dela uma vez tivessem voltado. Ela caiu sobre Pedro e começou a sacudir o coitado, gritando: "Eles tiraram o Senhor do túmulo e não sabemos onde o colocaram!" E repetia essas mesmas palavras várias vezes, cuspindo, e com os olhos arregalados, até que a viúva veio e levou-a, tentando acalmá-la. Pedro pulou fora da cama, colocou a túnica e calçou as sandálias. Perguntou se eu sabia onde haviam enterrado Jesus. Quando fiz que sim com a cabeça, ele disse: "Vamos lá ver."

Fomos correndo quase todo o caminho, e até hoje não sei onde encontramos forças. Cheguei primeiro, assim que brilhou o primeiro raio de sol no leste.

– Como podias ter certeza de que aquele era o túmulo em que Jesus havia sido posto? Afinal de contas, não presenciaste o sepultamento, e eu já vi muitos túmulos vazios fora dos muros da cidade.

– Matias, só há *um* pequeno jardim perto daquele lugar horrível chamado Gólgota, e naquele jardim Maria havia me dito que só existia um túmulo esculpido na rocha. Mais tarde José confirmou que não havíamos nos enganado.

Olhei para José. Ele confirmou.

– João, viste algum soldado ou alguém mais naquele jardim?

– Ninguém.

– Um jardineiro, talvez.

– Não.

– E o túmulo estava aberto?

– Estava, e o *golal,* a imensa pedra redonda, deslocada da entrada, e encostada do lado da tumba.

– O que fizeste?

– Tive medo. Túmulos, a qualquer hora do dia, especialmente de manhã cedo, causam medo, mesmo vazios. A razão dizia para eu esperar por Pedro, mas ele ainda estava bem atrás, então me muni de toda a coragem e abaixando-me dei uma olhada lá dentro. Estava meio escuro, mas pude ver o lençol de linho em um dos nichos esculpidos na pedra. O pano estava enrolado de um modo que parecia ainda conter um corpo, mas pude ver que não havia corpo nenhum.

– Chegaste a entrar no túmulo?

– Só depois de Pedro chegar e entrar nele. Quando saiu, seu rosto estava tão pálido que temi que ele fosse desmaiar novamente. Em vez disso, caiu de joelhos e começou a rezar. Aí entrei devagar e não só vi o lençol que havia envolvido o corpo do Senhor, como também o lenço que é colocado no rosto do morto – e aquele lenço estava exatamente onde estaria a cabeça de Jesus. Então acreditei.

– Acreditou no quê?

– Que Jesus havia ressurgido dos mortos, tal e qual ele tinha profetizado. Até aquele exato momento, no jardim, não havia entrado em minha cabeça dura o verdadeiro significado de suas palavras.

Levantei ambas as mãos.

– Eu não entendo, João. O que é que tu e Pedro vistes naquele túmulo que vos fez acreditar que Jesus havia ressurgido dos mortos?

– Naquele terrível estado de espírito – explicou João vagarosamente, como se antes tivesse superestimado minha inteligência – e com as palavras de Maria Madalena ainda na cabeça, fomos àquele túmulo pensando que o corpo havia sido roubado. Mas tudo que vimos provava que tal não ocorrera. Quem tiraria um corpo de seu túmulo na escuridão da noite, removeria o lençol comprido e cheio de ervas e o enrolaria novamente sem deixar cair nenhuma das ervas, colocando-o no nicho de volta? E quem teria o cuidado de recolocar o lenço no nicho, bem no lugar onde deveria estar, caso estivesse no rosto de Jesus? Estas são perguntas que eu e Pedro só podemos responder com um nome.

– Qual, João?

– Deus!

Eu já devia saber.

– Queres dizer que Deus retirou o corpo de Jesus de sua mortalha sem tocar nela?

– Para Deus nada é impossível.

– Dize-me, então, por que Deus se deu ao trabalho de deslocar aquela pedra? Se o corpo foi ressuscitado sem mexer na mortalha, Deus não poderia muito bem ter retirado o corpo sem deslocar a pedra?

Por apenas uma fração de segundos os olhos de João procuraram os de José de Arimatéia, na esperança de auxílio. O velho permaneceu calado.

– Por que Deus se deu ao trabalho de remover a pedra, João? – perguntei novamente.

– Para que nós, que tínhamos olhos mas não conseguíamos ver, tivéssemos nossa visão recobrada e nossa fé reanimada – pelo testemunho mudo daquele túmulo vazio!

Eu não tinha o que revidar, mas também não me dei por vencido. Quando apresentei os mesmos argumentos a Pedro e insinuei que aquelas provas haviam sido forjadas para que parecesse uma ressurreição, ao invés de um roubo, Pedro perdeu a paciência comigo. E agora João falava de fé... e eu queria fatos. Será que alguma vez eu saberia a verdade? Desanimado perguntei a João:

– O que fizeste a seguir?

– Quando saí de dentro do túmulo, ajoelhei-me ao lado de Pedro e dei graças a Deus pelo maior de seus milagres. Aí Pedro disse-me para ir a Betânia, pois tinha certeza de que os outros estavam lá, na casa de Marta e Maria. Eu devia contar a eles a boa nova sobre nosso Senhor, mas também avisá-los que não dissessem nada, pois Pedro estava certo de que nossas vidas ainda corriam perigo, e, se nossa visita ao túmulo chegasse aos ouvidos do sumo sacerdote, ele provavelmente nos acusaria de ter removido o corpo para seduzir o povo com nossa história da ressurreição.

– Encontraste os outros?

João sorriu com tristeza.

– Não foi difícil. Marta levou-me até eles. Estavam todos encolhidos como ovelhas assustadas, escondidos em um bosque atrás da casa dela. Já estavam tão desanimados que ouviram minha história de julgamento, crucificação e sepultamento como se já estivessem esperando por aquilo. O que eles não esperavam ouvir, e não podiam acreditar, era a notícia de que Jesus havia ressurgido dos mortos, tal qual ele dissera. Lembro-me que Tomé disse que eu fosse contar aquela história às mulheres, pois elas talvez acreditassem; quanto a ele, teria que ver o túmulo e o lençol com seus próprios olhos, e mesmo assim teria lá suas dúvidas. Alguns dos outros, tão cegos quanto eu havia sido, ridicularizaram minha história, perguntando-me como é que Jesus podia ressurgir dos mortos, se não tinha sido capaz de evitar que Caifás o prendesse e Pilatos o pregasse em uma cruz. Não adiantou lembrar-lhes tudo o que Jesus havia profetizado sobre seu futuro. Com o coração partido, deixei-os e voltei a esta cidade, a esta casa.

Agora minha frustração estava completa. João havia obviamente confirmado o depoimento anterior de Pedro, de que ambos tinham passado todo tempo entre o sepultamento e a descoberta do túmulo vazio aqui nesta casa. Impossível qualquer um dos dois estar implicado no roubo da tumba.

E pior ainda, para minha investigação, era que tanto Pedro quanto João haviam confirmado as palavras de Mateus e de Tiago, no que se refere aos outros nove apóstolos que haviam fugido para Betânia. Nenhum deles, eu tinha certeza, havia sido responsável pelo roubo do túmulo!

Riscar os onze apóstolos, Pilatos e Caifás.

A lista de suspeitos da comissão investigadora, que eu representava, ia rapidamente se reduzindo, quase tão rápido quanto a confiança deste pobre historiador.

doze

A viúva Maria não estava mais cochilando no velho sofá de vime embaixo das romãzeiras, quando José e eu descemos com João para o pátio. Em seu lugar, ocupando metade do sofá, estava outra mulher, entretida em descascar ervilhas secas dentro de uma bacia de madeira que tinha no colo, entre as pregas de um vestido preto. Ela era linda. Seu cabelo comprido e esvoaçante era cor de bronze velho, e a pele era tão clara que pensei comigo mesmo como é que ela não tinha sardas.

Maria Madalena! Heroína de milhares de romances bíblicos ao longo dos séculos. Desempenhou um papel importante na última parte de todos os quatro evangelhos. A mulher da qual dizia-se que Jesus havia expulsado sete demônios. Uma prostituta regenerada ou, na melhor das hipóteses "pecadora", dependendo da fonte; e como este segundo termo se aplica à maioria de nós, a figura de Madalena há quase dois mil anos exercia um fascínio universal. Em um ponto, no entanto, todos os evangelhos e as antigas fontes coincidiam. O amor de Maria Madalena por seu Senhor, e sua coragem superavam o amor e a coragem de todos daquele pequeno grupo que acompanhou Jesus a Jerusalém para sua última Páscoa.

Nós três sentamo-nos na grama aos pés dela, e depois que João e José explicaram, um de cada vez, sem pressa e com toda a paciência, o propósito de minha visita, ela olhou para mim e perguntou-me melancolicamente:

– Tu prometes não me fazer mal se eu te contar tudo o que queres saber sobre Jesus?

– Matias é um amigo meu, Maria. Ele jamais te faria mal – assegurou-lhe José.

Ela apontou para a faixa roxa em minha túnica:

– Todos os romanos judiam das pessoas. Tentaram até matar meu Senhor. – A voz dela era infantil, tanto no tom quanto na flexão das palavras; e aquela cadência lenta, o tom de voz frio e apático revelava um estado mental a respeito do qual nem o velho nem João haviam me dito nada.

– Ela não é a mesma há muito anos, Matias – confiou-me finalmente José, como se a mulher não o ouvisse – desde aquela manhã em que voltou do túmulo vazio. No entanto, sua capacidade de lembrar-se dos mínimos detalhes do que viveu com Jesus não diminuiu. Apenas fala baixo com ela e faze perguntas simples.

– Tenho pouca coisa a perguntar – disse eu.

Por acaso olhei para os galhos sobre minha cabeça e vi uma romã solitária e simétrica balançando suavemente à brisa. Levantei-me, num impulso súbito, dei um pulo, arranquei a fruta vermelha do galho e a entreguei a Maria Madalena. Ela a apertou contra o peito e baixou os olhos, de forma enternecedora, como uma colegial tímida.

– Maria – comecei eu – quando encontraste Jesus pela primeira vez?

– Fui levada a ele por uns escribas e fariseus, quando ele estava ensinando no Templo. Atiraram-me a seus pés, gritando que eu havia sido apanhada em flagrante, cometendo adultério, e devia ser apedrejada segundo as leis de Moisés. Eles queriam saber o que Jesus tinha a dizer.

– O que disse ele?

– Ele corou e fingiu não ouvi-los e, inclinando-se, escreveu algo com o dedo na terra do pátio.

– Viste o que ele escreveu?

– Não, mas eles continuaram exigindo uma resposta; então ele acabou erguendo os olhos e disse: “Quem de vós estiver sem pecado, atire por primeiro uma pedra contra ela.” E então continuou escrevendo no chão. Eu estava furiosa com ele, certa de que ele havia decidido meu destino, e que agora seria levada para fora da cidade e condenada à morte. Cobri meus olhos com as mãos para não ver os rostos daqueles que zombavam de mim em minha vergonha, e esperei ser levada, mas logo não ouvi mais nenhuma gargalhada, nenhum insulto, e quando abri os olhos vi que todos os escribas e fariseus haviam ido embora.

– E o que fizeste?

– Levantei-me, certa de que estes homens e Jesus estavam fazendo uma brincadeira cruel comigo. Ele me perguntou: “Mulher, onde estão os que te acusavam? Ninguém te condenou?” E eu respondi: “Ninguém, Senhor.” Disse-me Jesus: “Pois bem: nem eu tampouco te condeno. Vai, e não tornes a pecar.” E virou-se para a multidão que o olhava à distância e disse: “Eu sou a luz do mundo; quem me segue, não caminha nas trevas, mas terá a luz da vida.” E desde aquele dia o segui, servi-o, quando ele permitia. . . e o amei.

– Fala-me daquela manhã em que tu e as outras foram até o sepulcro.

Ela colocou as mãos na cesta ao lado e tirou outro punhado de vagens secas, que colocou na bacia, e continuou a retirar as ervilhas enquanto falava.

– Com Maria, a mãe de Tiago Menor, eu vi este José aqui e os outros descerem o corpo de Jesus da cruz. Quando vimos que estavam apenas levando o corpo para um túmulo aqui por perto, em um jardim, ficamos aliviadas e voltamos para cá. Mas no dia seguinte, que era nosso sábado, comecei a pensar se o corpo do Senhor havia sido preparado de forma apropriada para o sepultamento, como manda nossa lei. Depois que terminou o sábado, ao pôr-do-sol, fui ao mercado e comprei plantas aromáticas, murta, aloé e óleo, e resolvi ir ao túmulo no dia seguinte de manhã, bem cedo, para ungir o Senhor da maneira certa. Maria e a mãe de João, Salomé, concordaram em me acompanhar até o túmulo, mas, quando fui pedir a João para ir conosco, para nos ajudar a remover a pedra pesada que geralmente é colocada na entrada dos túmulos, ele se recusou, dizendo que não ousava deixar Pedro, nem tinha forças para andar uma distância daquela.

– Vós três fostes assim mesmo?

– Oh, sim. Antes do dia raiar, carregando sacos cheios de ervas aromáticas e de outras coisas, atravessamos a porta da cidade mais próxima e rumamos pela estrada de terra em direção ao norte, até chegarmos àquele monte horrendo onde o Senhor foi crucificado. Os três postes ainda estavam de pé, mas os pedaços transversais nos quais as mãos dos infelizes haviam sido pregadas, tinham sido retirados junto com seus corpos.

– Naquela estrada rumo ao norte, encontrastes alguém?

– Para grande decepção nossa, não. Esperávamos encontrar alguém no caminho, que pudesse nos ajudar a retirar a pedra do túmulo. Depois de passarmos pelo Gólgota, começamos a perder a coragem, pois o sol ainda não havia aparecido e havia muitas sombras estranhas entre as árvores e os arbustos. Mesmo assim, entramos no jardim, dando pulos com qualquer barulho, e logo passamos perto de uma fogueira cuja lenha soltava faíscas e fumaça quando batia aquela brisa suave, e tentamos imaginar quem poderia ter estado ali durante a noite. Aí chegamos ao túmulo, e vimos que a grande pedra redonda não estava na entrada.

– Aquilo vos assustou e fez fugir?

– Não! De início pensamos que talvez José tivesse levado o corpo do Senhor para outro lugar qualquer, para sepultá-lo definitivamente, mas caso ele tivesse feito isso, sabíamos que teria ido nos contar. Então disse a Maria e a Salomé que alguém devia ter roubado o corpo e, de mãos dadas, nós três nos ajoelhamos para ver o interior da tumba. Salomé foi a que gritou primeiro e eu quase desmaiei. Sentado no chão de pedra, lá dentro, estava um jovem vestido com uma túnica branca, comprida, e quando ele nos viu gritou de susto! Lembro-me que dei um pulo para trás e bati com a cabeça na pedra. Todas nós deixamos cair os sacos que trazíamos e corremos, tropeçando e caindo muitas vezes no capim molhado. Ouvimos ainda o estranho de branco, gritando: "Não vos assusteis. Procurais Jesus, o Nazareno, que foi crucificado. . ." e isto é tudo o que eu me lembro, porque a essa altura estávamos na estrada, correndo como se estivéssemos sendo perseguidas por javalis. Cheguei aqui antes das outras e subi imediatamente para contar a Pedro e João que alguém havia roubado o corpo do Senhor.

Apenas o ruído das ervilhas duras caindo de suas vagens abertas na bacia perturbava o silêncio do pátio. Agora eu estava lutando comigo mesmo, tentando ao máximo manter minha compostura. Estava perto de provas importantes, novas, e eu não podia deixar que minha ansiedade me traísse, quer pelo tom de voz, quer pela expressão no rosto.

Durante muitos séculos, santos e anticristos, estudiosos e filósofos, teólogos e escritores, sonhadores e zombadores – todos eles haviam esmiuçado as versões conflitantes dos evangelhos quanto ao que Maria Madalena e as outras mulheres teriam de fato sentido quando deram com o sepulcro vazio. Teria eu acabado de ouvir a verdade dura e crua, muito antes de ela ter sido modificada por fiéis bem intencionados, depois de muitas décadas. . . ou estaria uma mulher com um longo histórico de problemas mentais apenas se divertindo à minha custa?

– Tens certeza, Maria, de ter visto um jovem dentro da tumba?

– Todas nós vimos. Naquela luz fraca, não conseguimos ver o rosto dele nitidamente, mas sei que era um moço, e quando ele nos chamou, assim que corremos, a voz dele era de um jovem.

– É possível que tenha sido um anjo que apareceu a vós?

Os lábios cheios de Maria formaram um inconfundível sorriso, como se de condescendência.

– Eu nunca vi um anjo, pelo menos que eu reconhecesse como tal – respondeu ela. – E será que um anjo de Deus teria se assustado com nossa chegada na tumba, e teria nos deixado fugir sem acalmar nossos temores?

Sem dúvida, sua lógica era irrefutável. Tentei me concentrar, relembrar algumas anotações rabiscadas há muito tempo atrás, durante minhas primeiras pesquisas para *A Ressurreição de Cristo.* No evangelho segundo Mateus, as mulheres haviam deparado com o "anjo do Senhor" no sepulcro. No evangelho segundo Lucas, dois homens de vestes refulgentes estavam lá e mais tarde foram mencionados naquele mesmo capítulo como "uma aparição de anjos". No evangelho segundo João, Maria olhou para dentro do sepulcro e viu "dois anjos de branco", mas no evangelho segundo Marcos, as mulheres entraram no sepulcro e "viram um jovem sentado do lado direito, coberto de um manto branco".

Será que não havia realmente nenhuma menção a anjos na narrativa de Marcos? Sim, eu tinha certeza. Se o evangelho de Marcos afirmava que alguém havia visitado a tumba antes das mulheres, quem era aquele visitante e o que estava fazendo lá? Seria aquele misterioso indivíduo cúmplice da remoção do corpo ou até mesmo uma testemunha do roubo? Seria possível que. . . ?

– João, sabes se o jovem Marcos já chegou?

– Já. Eu ouvi sua voz. Ele está lá dentro com a mãe, ajudando-a a preparar a ceia.

– Poderia eu falar com ele um pouco? – Olhei para José, em busca de apoio. O velho mostrou pouco entusiasmo por esta entrevista não planejada, mas finalmente concedeu-me um olhar de aprovação, ainda que relutante.

O jovem apóstolo foi enviado à casa para chamar Marcos, mas eu o detive.

– João, posso falar com ele lá em cima? – perguntei, apontando para a sala do andar superior.

– Como quiseres – gritou ele.

Agradeci a Maria Madalena por sua ajuda e desta vez José seguiu-me até lá em cima.

O corpo magro e moreno de João Marcos estava coberto por uma tanga de pele de animal que caía da cintura até embaixo dos joelhos. Seu cabelo preto era uma massa de caracóis, que caía solto em volta do rosto belo que mais parecia grego. Apesar de jovem, havia uma intensidade estranha nele, e seus olhos castanhos eram tristes e sérios demais para sua idade. Marcos entrou na sala devagar e de modo hesitante retribuindo a calorosa saudação de José apenas com um sorriso breve e forçado. Quando o velho o convidou a sentar-se, ele virou-se para a porta e olhou como se preferisse sair, mas no final acabou sentando-se timidamente, sobre a almofada em frente à minha, do outro lado da mesa.

– Marcos – sorri eu, tentando deixá-lo a vontade – João te contou o propósito de minha visita?

Ele fez que sim com a cabeça.

– Qual é tua idade?

Ele engoliu e disse com a voz rouca:

– Tenho vinte anos de idade.

– Lembras-te de muita coisa sobre Jesus? Seis anos é muito tempo. Nenhuma resposta.

– Poderias responder algumas perguntas sobre ele, se conseguires te lembrar?

Silêncio. . . mas os músculos de seus braços se retesaram e ele fechou os punhos apoiados na mesa. Sem saber o que fazer, virei-me para José, que apenas balançava a cabeça desesperançado. Aí lembrei-me de meu amuleto, aquele pedaço de ouro de formato curioso, achatado e pesado, que eu havia usado desde que José o tinha dado a mim de presente no dia em que fomos visitar o Templo pela primeira vez. Ele já tinha se tornado tanto parte de meu corpo que eu nem me lembrava mais dele, pendurado pelo cordão de couro no meu pescoço. Peguei-o, dentro de minha túnica e coloquei-o para fora, virando o rosto da medalha para que Marcos visse o perfil do peixe.

– Ajuda-me, por favor, Marcos, sim? – pedi-lhe colocando minha mão sobre a dele. Seu rosto se iluminou, e depois de um momento de hesitação ele colocou sua outra mão sobre a minha e concordou. O suspiro de alívio de José fez-se ouvir no recinto, e eu me acomodei em minha almofada, sabendo exatamente como Judas deve ter se sentido.

– Lembras-te daquela última refeição que Jesus fez nesta sala?

– Eu trouxe a comida para ele da cozinha – disse ele orgulhosamente.

– E viste Jesus e os outros saírem, ou já estavas na cama, como já era tarde?

– Eu estava lá embaixo no pátio, esperando por eles. Não via meu tio Pedro há muitos meses, e não podia entender por que ele não havia brincado comigo naquela noite, como fazia sempre que nos visitava. Também estava indignado de ter que comer o cordeiro Pascal com as mulheres, enquanto todos os homens ceavam juntos aqui em cima.

– Aconteceu alguma coisa no pátio quando o grupo desceu desta sala?

– Quando meu tio me viu deve ter se sentido culpado por seu esquecimento. Sem dizer uma só palavra, entrou na casa, lá embaixo, e quando saiu disse-me que minha mãe havia permitido que eu fosse com ele e com os demais até o Portal da Fonte, na parte sul da cidade, perto dos tanques.

– É uma caminhada e tanto até aquele portão. Tens alguma lembrança relacionada com isso?

Vi que José fazia cara feia para mim. Pela expressão, ele estava pensando por que razão eu estava fazendo perguntas aparentemente tão desnecessárias e inocentes como essa, uma vez que o tempo era precioso.

– Tenho muitas recordações daquela caminhada – respondeu Marcos melancolicamente. – As lamparinas festivas que brilhavam nas janelas de muitas casas; as famílias se preparando para subir ao Templo, cujos portões seriam abertos à hora sexta, após o pôr-do-sol; as multidões e os animais na estrada, como se fosse dia; a alegria de estar com meu tio e com Jesus pelo menos durante uma parte da celebração da Páscoa; e os hinos que cantávamos durante a caminhada.

– Estáveis todos juntos?

– Estávamos tão próximos quanto as uvas no cacho, até que nos aproximamos do portão, e Jesus, parando, falou: "Nesta noite, todos vos escandalizareis de mim, porque está escrito: 'Ferirei o pastor, e as ovelhas se dispersarão'." As palavras dele apavoraram todos os homens, inclusive meu tio; então Jesus disse: "Mas depois que eu me levantar vos precederei na Galiléia."

Mais uma vez meu coração batia mais forte e com mais entusiasmo do que devia.

– Marcos, mais alguém ouviu Jesus dizer aquelas palavras, a não ser os onze apóstolos e tu?

– Não. Ele disse aquilo quase cochichando, como se estivesse contando um segredo.

Será que eu estava prestes a resolver o mistério que havia intrigado a mente de tantos grandes teólogos? Maria Madalena havia acabado de me contar que quando as três mulheres se depararam com o jovem no túmulo, fugiram imediatamente, mas ainda chegaram a ouvi-lo gritando: "Não vos assusteis. Procurais Jesus Nazareno, que foi crucificado. . . " e isso é tudo de que se recordam, depois de correrem apavoradas. Apenas em um evangelho, o de Marcos, o mais antigo relato que se conhece da vida de Jesus, o autor especifica bem que *um jovem,* e não anjos, como haviam relatado os demais, havia sido visto no túmulo, e no último capítulo de Marcos ainda se pode ler a citação completa do que o jovem havia dito às mulheres, sem saber, é claro, que elas haviam ouvido apenas uma parte do que ele dizia por terem fugido. Recapitulei rapidamente aqueles versículos em minha cabeça: "Não vos assusteis! Procurais Jesus Nazareno, que foi crucificado: ele ressuscitou; não está mais aqui. Eis o lugar onde o puseram. Mas ide, dizei a seus discípulos e a Pedro que ele vos precede na Galiléia; lá o vereis como ele vos disse."

Sucesso! Pelo menos uma pequena parte do quebra-cabeça da ressurreição agora se encaixava com perfeição. Pelo que Marcos acabara de me contar, só havia uma pessoa, além dos apóstolos, que ouvira Jesus anunciar, quando saíam da cidade, que depois de ressuscitar ele os precederia na Galiléia. E aquela pessoa, segundo suas próprias palavras, era *o mesmo jovem* que estava sentado na minha frente!

É claro que, ou por medo de ser punido, por constrangimento, ou por outra razão desconhecida, Marcos ainda não tinha confessado que ele é que inadvertidamente assustara as mulheres e se assustara ele próprio, quando elas deram de cara com ele, dentro do túmulo, naquela manhã. Mas o que estaria fazendo um menino de quatorze anos em um túmulo, antes mesmo de amanhecer? Como é que ele havia chegado até lá e voltado, sem que sua mãe e os outros soubessem? E mais importante ainda, pelo menos para minha investigação, que mais ele havia presenciado no jardim antes das mulheres chegarem? De uma maneira ou de outra, eu tinha que arrancar isso dele.

– Marcos, ouviste mais alguma coisa de Jesus ao se aproximarem do portão?

– Não. Meu tio me beijou e disse-me que eu já havia me afastado muito, e era melhor voltar para que minha mãe não ficasse preocupada. Fiz como ele mandou, e fui dormir.

– E então – disse eu – segundo as outras pessoas com quem falei, algo de terrível aconteceu aqui, não é verdade?

– Sim. Não sei há quanto tempo eu já estava dormindo, quando fui acordado por batidas fortes na porta e vozes de homens em nossa casa. Logo depois escutei minha mãe e as outras mulheres gritando. Antes mesmo de eu pular da cama, dois soldados romanos entraram no meu quarto dando pontapés na porta, puseram lanternas junto de meu rosto, olharam debaixo da minha cama e saíram. Tremendo, saí no balcão e vi que o pátio estava cheio de soldados, todos carregando tochas acesas. Aí saíram mais soldados da casa e ouvi um homem dizer: "Ele deve ter ido para Getsêmani. Vamos para lá pegá-lo." E eles todos correram pela estrada, saindo pelo portão da cidade. Quando desci, encontrei minha mãe e as outras todas reunidas no quarto dela, chorando e consolando-se umas às outras, e quando eu perguntei a ela por que os soldados haviam revistado nossa casa, ela me disse que eles tinham vindo prender Jesus. Eu disse que tinha que correr imediatamente até Getsêmani para avisá-lo, mas ela me segurou e me proibiu de sair de casa, com medo que os soldados me fizessem algum mal.

– Mas tu foste assim mesmo, não foi?

Ouvi dois gritos de espanto: um de Marcos e outro de José de Arimatéia. O velho foi o primeiro a recobrar a voz.

– Como é que sabes de tais coisas, Matias?

O que podia eu dizer a ele na presença de Marcos? Como podia lembrar ao velho o incidente descrito exclusivamente no evangelho segundo Marcos, um fato que só podia ter sido escrito pelo próprio indivíduo envolvido? Como é que eu podia repetir a história de que quando Jesus foi preso e todos os apóstolos fugiram, havia uma outra pessoa no horto, *um jovem* vestido com um lençol apenas, e quando tentaram prendê-lo, "largando o lençol, nu escapou-se deles." Ignorei a pergunta de José e decidi blefar novamente.

– Marcos, tu foste ao horto, descendo por aquela escada externa, de seu quarto, para que ninguém te visse, não foste? Depois atravessaste a cidade, passando pelo Templo e saindo por um de seus portões ao leste, através da ponte, por cima do Cedron, chegando ao horto. Mas chegaste tarde demais. Jesus já tinha sido preso, e quando alguns dos soldados te viram, tentaram prender-te, mas só conseguiram agarrar o lençol com o qual te havias coberto, e tu fugiste deixando-os com o lençol nas mãos, não é?

Ele enterrou a cabeça nas palmas das mãos e disse:

– É verdade.

– E tiveste que voltar para casa nu.

– Esta é minha eterna vergonha.

– Contaste isso a alguém?

– Não.

– Até hoje?

– Sim. Até hoje. Mas agora que tu. . .

– Teu segredo está seguro conosco, Marcos, contanto que estejas disposto a contar-me tudo o que sabes sobre um outro assunto importante.

Odiei-me a mim mesmo. Havia lágrimas nos olhos dele, e eu nunca fui capaz de ver os outros chorando sem me perturbar.

– Tudo. . . tudo o que quiseres saber – soluçou ele.

– Depois que voltaste do jardim e te deitaste, foste acordado novamente, não é verdade?

Ele abriu a boca de espanto. Expliquei:

– Teu tio Pedro já me contou que perdeu os sentidos no pátio da casa de Caifás e foi trazido aqui por João e Shem, protetor de José. Já que Pedro foi colocado em tua cama, onde foi que dormiste?

– Lá fora, na varanda.

– Não estava frio lá fora? Pedro disse que havia fogueiras no pátio da casa do sumo sacerdote. Por que não dormiste aqui dentro?

– Já dormi lá fora várias vezes, em todas as estações. É bom deitar de costas, por baixo dos cobertores quentes, e olhar para as estrelas, sentindo a brisa no rosto.

– Podes me mostrar exatamente onde dormiste naquela noite, se ainda te lembras?

José gemeu, impaciente, mas não disse nada. Seguimos Marcos até a varanda de cima, que dava para o sudoeste. Bem embaixo de nós ficava a estrada que conduzia ao palácio de Caifás e à casa de José, num plano mais alto. À minha esquerda avistava-se o tráfego que provinha do portão da cidade, de Belém, e à minha direita, em direção ao norte, via-se o palácio de Herodes. Apontei para o norte.

– Aquela colina, fora da muralha da cidade, bem depois da antiga casa de Herodes, é o Gólgota, onde Jesus foi crucificado?

– É.

– E a estrada de terra que sai deste portão, vai até o Gólgota?

– E mais além – replicou Marcos.

– Jesus foi crucificado um dia depois de teres tentado impedir que ele fosse preso no horto. Dormiste aqui fora naquela noite?

– Dormi. Pedro ainda estava doente e João lhe fazia companhia.

Outro álibi para Pedro e João. Como se eles precisassem!

– No dia seguinte era sábado. Onde dormiste naquela noite, lembraste?

– Pedro ainda não tinha se levantado de minha cama. Dormi aqui fora novamente.

– Dize-me, Marcos – sorri eu – era hábito teu ficares sentado aqui muitas vezes, no escuro, e ver as pessoas passando, lá embaixo, e olhar as luzes da cidade? Imagino que qualquer menino de quatorze anos se divertiria com isso.

Ele concordou, com um gesto de cabeça.

– Eu fazia isso com freqüência quando era menor, mesmo quando não estava dormindo aqui fora.

– E te lembras bem de tê-lo feito naquele fim de sábado?

Ele respondeu de imediato.

– Ninguém conseguia dormir aqui em casa, naquela noite; só meu tio, que estava doente. Eu ouvia minha mãe e as outras mulheres chorando, lastimando-se e chamando pelo nome do Senhor, lá embaixo. Mal eu fechava os olhos, uma delas dava um grito e eu acordava novamente.

– Durante a noite, percebeste alguma coisa estranha acontecendo na parte da cidade que se avista daqui?

Ele hesitou, mais cauteloso, desde que eu lhe descrevera com exatidão o episódio em que ele quase fora preso em Getsêmani.

– Algo estranho? Acho que não. O que, por exemplo?

Apontei para o Gólgota.

– Uma fogueira. . . uma fogueira perto daquele morro, no jardim, acesa pelos guardas do Templo que Caifás mandou para vigiar o túmulo de Jesus, como sabes agora, mas desconhecias então. Viste aquelas chamas, ou talvez as tochas dos guardas, durante a vigília? E por acaso não ficaste imaginando por que haveria uma fogueira tão perto do lugar onde Jesus havia sido crucificado e sepultado?

Os olhos grandes e castanhos de Marcos me encaravam, suplicantes. Virou-se para José, esperando que o velho o salvasse de sua dificuldade, mas não recebeu nenhuma ajuda da parte dele. Finalmente coloquei ambas as mãos nos ombros do rapaz e os apertei com firmeza.

– Marcos, por que não nos contas com tuas próprias palavras o que viste e o que houve depois? Isso te aliviará o fardo que carregas há tanto tempo sozinho.

Ele voltou as costas para mim e deu vários passos em direção à beira da varanda onde não havia grade. Enquanto ele olhava para baixo, eu quis ir até ele, mas José me impediu com seu braço. Ele conhecia Marcos muito melhor do que eu jamais viria a conhecê-lo. Depois de alguns momentos de ansiedade, pelo menos para mim, o jovem virou-se e disse:

– Vou te contar, desde que tudo permaneça em segredo entre nós. No momento não haverá proveito algum em tornar essa história pública. Irá apenas criar dúvidas na cabeça daquelas pessoas cuja fé na ressurreição de Jesus, a qual sabemos que aconteceu, ainda não é forte. Mais tarde, quando as fundações que Pedro, João e Tiago estão preparando estiverem mais sólidas todos poderão saber. Aceitas minhas condições?

Isto era melhor do que eu ousava esperar. Fiz que sim com a cabeça, sabendo que ele manteria a sua palavra. Dentro de vinte ou trinta anos, segundo minhas pesquisas, Marcos escreveria a primeira sinopse da vida de Jesus, com o auxílio do testamento em primeira mão de Pedro. E naquele seu relato poderoso, embora o mais breve dos quatro evangelhos, ele incluiria a história do jovem nu em Getsêmani, bem como a do jovem de manto branco no sepulcro.

– Prossegue com tua história – disse-lhe eu – e fica certo de que tuas palavras estarão seguras comigo.

– Tens razão, senhor – começou ele. – De fato notei uma fogueira perto do Gólgota e as tochas se movendo de um lado para o outro. Até desci para contar a minha mãe, mas as mulheres haviam finalmente adormecido. Então fui contar a João, mas ele também dormia um sono profundo, sentado numa cadeira perto de Pedro, o qual emitia gemidos estranhos. Voltei sozinho aqui para fora, sentei-me e fiquei vigiando. Depois de duas horas, mais ou menos, meus olhos ficaram pesados e desenrolei meus cobertores, pronto para dormir, quando de repente nossa casa começou a tremer. Dei um pulo e fiquei de pé mas a vibração parou tão de repente quanto começou e não pensei mais nisso, pois a terra tremera muitas vezes, depois que o Senhor foi crucificado, e minha mãe havia me dito que era Deus expressando sua ira pelo que havia sido feito a seu Filho. Então olhei para o Gólgota e vi, para espanto meu, quatro tochas se afastando rapidamente da fogueira, como se aqueles que as estavam carregando estivessem correndo, e eu vi as luzes vindo para esta direção, rumo ao sul, pela estrada que passa por fora da cidade. Logo, minha visão foi bloqueada pela muralha, mas o brilho das tochas iluminava o céu à medida que elas se aproximavam cada vez mais, até que quatro homens, com o uniforme da guarda do Templo, atravessaram o portão da cidade, correndo, e passaram bem embaixo de mim, na rua.

– Havia gente na rua?

– Algumas pessoas. Do outro lado da rua havia um homem com seu animal, e eu ouvi quando ele gritou: "Estás fugindo ou em busca de alguém?" E um dos guardas, sem parar para responder, gritou várias vezes: "Ele saiu do túmulo, ele saiu do túmulo!" e correram monte acima, até que vi quando entraram no pátio da casa do sumo sacerdote.

– E no que foi que pensaste ao ouvir as palavras dele?

– Enchi-me de alegria, pois sabia de quem estavam falando. Lembre-se que eu havia ouvido Jesus dizer: "Depois que eu me levantar. . . ", e agora eu acabara de ouvir aqueles homens, cujas luzes eu havia seguido durante todo o caminho que vinha do Gólgota, anunciar que ele tinha saído do túmulo. Alegre, corri pelas escadas abaixo, saí pelo portão e rumei para o norte, a caminho do Gólgota, sem parar sequer para calçar minhas sandálias.

– O que estavas vestindo?

– Vestindo? Ah. . . meu camisolão de dormir. Eu já havia me despido e estava pronto para dormir quando o tremor da terra me assustou.

– E qual é a cor de teu camisolão?

– Cor? É branco.

– Encontraste alguém na estrada, dirigindo-se para o norte?

– Não que eu me lembre, e caso tivesse encontrado nem teria visto. Minha mente, meu coração, meus olhos e meus pés estavam todos voltados para o lugar onde haviam depositado o Senhor. Finalmente cheguei ao jardim. A imensa fogueira que eu havia visto deste balcão ainda queimava, e atrás dela pude ver o túmulo. Consegui tirar uma das toras menores que estava em chamas e, carregando-a como uma tocha, aproximei-me do túmulo, só percebendo quando estava bem perto que a pedra havia sido deslocada.

– Viste alguém no jardim?

– A certa altura ouvi uns barulhos atrás das folhagens e quase fugi, quando surgiu um cachorrinho no mato e desapareceu por entre as árvores. A não ser aquele animal, não vi mais ninguém. Quando cheguei à entrada da tumba, coloquei a tocha lá dentro. Inclinei-me e olhei, pronto para fugir ao menor sinal. Dentro do sepulcro, em um nicho esculpido na pedra, estava o lençol de linho do sepultamento. Apesar de ainda estar enrolado, vi que não continha corpo algum. Fui entrando, bem devagar, e sentei-me do lado direito, contra a parede, contemplando o grande milagre que devia ter acontecido. Primeiro chorei. Depois rezei, conforme Jesus havia nos ensinado, e agradeci a Deus por libertar o Senhor de seus inimigos; eu estava em tamanho estado de júbilo que eu imaginei ouvir o som de muitos anjos cantando e rindo de alegria. Aí devo ter caído no sono, ao recostar minha cabeça contra a parede, pois já era muito tarde. E não sei por quanto tempo permaneci naquele estado, até que fui acordado por vozes e vi algumas figuras mexendo-se na entrada do túmulo. Com a luz fraca da aurora por trás delas e minha tocha já apagada, não as reconheci, e surpreso por elas terem aparecido, dei um grito, fazendo com que uma gritasse também. Aí percebi que eram mulheres. Rapidamente, elas tiraram suas cabeças da entrada e eu saí atrás delas, mas já haviam começado a fugir quando disse a elas que não tivessem medo.

– Tu as reconheceste quando elas saíram do túmulo?

– Não. Ainda estava escuro no jardim, e eu só as vi de costas enquanto fugiam.

– Tentaste pará-las?

– Tentei. Chamei-as, como disse, dizendo que não se assustassem e outras coisas mais.

– Lembras do que gritaste para elas?

Marcos franziu a testa e apertou o queixo pontudo.

– Creio que disse: "Não vos assusteis! Procurais Jesus Nazareno, que foi crucificado; ele ressuscitou; não está mais aqui. Eis o lugar onde o puseram. Mas ide, dizei a seus discípulos e a Pedro que ele vos precede na Galiléia: lá o vereis como ele vos disse."

Resolvido o problema dos anjos no túmulo. Mesmo assim, muito movimento num túmulo particular, um cenário tétrico, de madrugada: João e Pedro, obviamente precedidos por Maria Madalena e a outra mulher, e agora eu sabia com certeza que Marcos havia estado lá antes deles! Mas quem teria estado lá antes de Marcos? Se eu tivesse aquela resposta, provavelmente saberia também a identidade do ladrão do túmulo. Balancei a cabeça, atordoado, e vi o sorriso de pouco caso no rosto do velho José de Arimatéia, que me olhava, enquanto eu tentava, com muito esforço, solucionar o mistério que havia me trazido aqui.

– Marcos, segundo Maria Madalena, tanto João quanto Pedro correram para o túmulo, assim que ela trouxe a notícia de que alguém havia levado o corpo de Jesus. Como é que eles não te encontraram na estrada ou no jardim?

Ele riu.

– Voltei pelas ruas da cidade em vez de vir pela estrada que contorna a muralha pelo lado de fora. Depois corri aqui para cima, sem ser visto, e fui para debaixo de meus cobertores, fingindo estar dormindo.

A mãe de Marcos chamava por ele lá do pátio. Precisava de lenha para a fogueira. Ele virou-se para mim, se desculpando, mas disse-lhe que tinha acabado com minhas perguntas de qualquer forma, e lhe agradeci a ajuda. Seu abraço de despedida me surpreendeu momentaneamente até que compreendi que, no entender dele, meu amuleto de ouro o havia certificado de que eu era um deles. De repente me senti exausto. Nocauteado. Um sonâmbulo.

José disse-me, consolador:

– Vem para dentro, Matias. Vamos descansar.

Segui-o e me deixei cair sobre as almofadas verdes perto da imensa mesa onde a vela estava sempre acesa. O velho curvou-se em minha direção, com as mãos unidas, quase em posição de oração.

– Matias, foi um privilégio e uma grande honra ter-te acompanhado durante os quatro últimos dias. Depois de observar-te e ouvir-te ao lidares tão habilmente com todos os tipos de testemunhas, a fim de descobrires a verdade, é fácil entender por que teus romances policiais alcançaram renome internacional.

Fiquei desconfiado. José de Arimatéia prosseguiu:

– Eu te disse, assim que chegaste aqui, que quaisquer resultados que alcançasses se deveriam pura e simplesmente a tua capacidade, teu conhecimento e tuas habilidades. Eu ficaria a teu lado, apenas para proteger-te e aconselhar-te na medida do possível. Lamento não ter cumprido a minha mínima parte tão bem quanto tu enfrentaste teu grande desafio. Pois se por um lado fizeste um tremendo progresso, absolvendo muitos daqueles que suspeitavas estarem envolvidos na remoção do corpo de Jesus, por outro lado tua vida corre grande perigo e todo o conselho que te dei caberia na cabeça de um alfinete.

– José, você foi maravilhoso, com tudo o que fez. Se tivesse me dado muito conselho eu suspeitaria que você estava tentando me influenciar ou me mostrar uns fatos para que eu não visse outros. Nós realizamos muita coisa juntos.

Ele balançou a cabeça, com tristeza.

– Mas o tempo que nos resta é curto. Aceitarias uma ou outra sugestão, neste final de missão, para uma solução mais rápida do mistério do túmulo vazio?

– É claro.

Havia gratidão e alívio em seu sorriso.

– Em teus romances, Matias, o que aconteceria se a vítima assassinada reaparecesse viva?

– Impossível.

– Por quê?

– Eu não deixaria isso acontecer.

– Por que motivo?

– Porque se a vítima ainda estivesse realmente viva, eu não teria assassino algum para meu detetive descobrir.

– Exatamente.

– Como "exatamente"?

– Muito simples – disse ele pacientemente. – Da mesma forma que um livro teu não teria assassino se a pessoa que acreditassem estar morta estivesse viva, tu também não terias nenhum ladrão do túmulo, neste caso, se o corpo supostamente roubado fosse visto andando, falando e comendo, aqui na cidade, depois do túmulo ter sido encontrado vazio.

Suspirei. Eu já devia ter imaginado. No final íamos acabar caindo nisso.

– José, você deve ter reparado que em todos os meus interrogatórios – de Mateus, Tiago, o irmão de João, de Pedro, e mesmo do jovem João, hoje, e o de Marcos – eu sempre encerrei a discussão com a descoberta do túmulo vazio.

– Eu reparei. . . e estranhei.

– Assim que cheguei aqui, disse-lhe que durante todos os anos que trabalhei no livro, acumulei centenas de perguntas, dúvidas e enigmas sobre a vida de Jesus, e mencionei-lhe uma quantidade deles. Mas disse-lhe também que se eu pudesse me convencer de que ninguém havia tirado o corpo de Jesus do túmulo, e que ele de fato ressuscitara dos mortos, todas as outras perguntas desapareceriam.

– Sim, eu me lembro.

– Estou ciente de todas as supostas aparições de Jesus, depois de seu sepultamento, mas pedir a qualquer um de seus seguidores mais próximos para descrever as visões que tiveram, ou imaginaram ter, como resultado natural do túmulo vazio, seria contrariar totalmente o senso comum e a lógica que venho aplicando ao meu trabalho durante esses vinte anos. Como você viu e escutou, concentrei-me apenas em fatos, fatos que poderiam ser corroborados, e isso é tudo o que a Comissão faria, se estivesse realmente aqui.

Ele me encarou, até que comecei a sentir-me constrangido, e repetia, para si mesmo: "Fatos. . . fatos. . . fatos." Então levantou-se, arqueando suas costas de velho várias vezes e resmungando ao mesmo tempo, até que perguntou:

– Será que poderias satisfazer um capricho de um velho?

O que poderia eu dizer?

– É claro.

– Fica aí – disse ele, estendendo a palma da mão em minha direção. Então saiu e se ausentou por uns cinco minutos, talvez, voltando com João, meio intrigado, a seu lado. Depois que ambos se sentaram à minha frente, José colocou a mão no ombro do apóstolo e disse:

– Filho, meu amigo Matias necessita de mais algumas informações que se esqueceu de obter de ti. Creio que nos contaste que ao levares a notícia para os outros, em Betânia, nenhum deles acreditou na tua história de que Jesus havia ressurgido dos mortos; ridicularizaram-te e tu voltaste para cá sozinho, com o coração amargurado.

— É verdade, mas depois, nesse mesmo dia por volta do pôr-do-sol, todos eles vieram a esta casa para dar os pêsames à mãe do Senhor, e ficaram chocados ao ouvir dos lábios dela a mesma coisa que eu lhes havia dito — que Jesus não estava morto. Mas nenhum deles acreditava que a profecia do Senhor havia se realizado, e disseram que voltariam para suas casas, na Galiléia, naquela mesma noite. Ouvindo isso, a mãe do Senhor não permitiu que eles partissem sem que estivessem alimentados. Sendo assim, trouxeram-lhes comida, para esta sala, e todas as portas do lado de fora da casa foram trancadas, bem como o portão do pátio.

— Por que trancaram as portas? — perguntei eu.

— Tomé e Natanael haviam ouvido, nas ruas, que já estávamos sendo acusados pelas autoridades de roubar o corpo de Jesus da tumba, e estávamos todos nervosos com a possibilidade de sermos presos logo.

José de Arimatéia fez uma de suas raras interrupções.

— Matias, tenta imaginar aquele pequeno grupo de homens esmagados pelos acontecimentos, sem líder, assustados, escondendo-se aqui a portas fechadas. Eles eram todos ignorantes e pobres, e , como já se sabia, fugitivos em uma cidade onde as autoridades já tinham pregado seu líder em uma cruz. Durante muitos meses eles haviam seguido os passos de Jesus, de um lado para o outro por todo o país, suportando humilhações, privações e ameaças. E agora este grupo de infelizes tendo perdido tudo em Getsêmani, incluindo a fé no mestre e a esperança de participar do reino que ele havia prometido, estava se preparando para fugir para sempre desta cidade de perigos e sonhos destruídos.

João retomou o fio da história.

— Nenhum de nós comeu o que haviam preparado para nós. Sentamo-nos ao redor da mesa, como havíamos feito naquela última noite com o Senhor, e muitos choraram de autocomiseração, apesar de tudo o que Pedro e eu tentávamos lhes dizer para convencê-los que havia mais motivo de alegria do que de desgosto. Alguns até mesmo culparam Jesus da situação em que se encontravam, dizendo que ele os havia enganado com suas promessas e seus milagres, e eles haviam sacrificado tudo que tinham para ir com ele e agora não tinham nada. Outros concordavam que ele era um homem bom e havia trazido alívio para muitos, mas certamente não era o Messias, como Pedro havia anunciado em Cesaréia de Filipe, pois nenhum Messias dos judeus teria se deixado humilhar e envergonhar pelos romanos e pelo sumo sacerdote como estes haviam feito com Jesus. Pedro, sempre teimoso, continuou lembrando-lhes o túmulo vazio, até que Tomé, num acesso de raiva, saiu da sala dizendo que ia pedir uma lamparina emprestada à viúva Maria e ir ao túmulo, naquele instante, ver com seus próprios olhos. Depois que ele se foi, tranquei novamente a porta e a discussão prosseguiu, até que vários dos homens se cansaram de brigar e prepararam-se para partir, dizendo que viajariam para o norte durante a noite para evitar as patrulhas.

– Espera! – gritou José, levantand

Ele fez um gesto para João e os dois saíram. O velho voltou sozinho e sentou-se diante de mim, com um brilho intenso nos olhos que eu não havia visto antes.

– Matias, será que podes verdadeiramente imaginar a derrota e o desespero que pairava nesta sala naquela noite? És capaz de enxergar aqueles homens, tanto da terra quanto do mar, assustados, com os rostos cansados, marcados por lágrimas de tristeza e decepção, pensando apenas em sua própria segurança, acovardados, escondidos, exatamente como estiveram no bosque por dois dias?

– José, sou um escritor, você sabe. É claro que consigo imaginar.

– Matias, ouve-me – ordenou ele. – Como testemunhaste com teus próprios olhos, esta semana, há agora milhares e milhares de pessoas que crêem no Jesus ressuscitado. Daqui a dez anos, como sabes, este número terá aumentado tanto que eles começarão a criar sérias perturbações na cidade e no Templo. Daqui a vinte ou vinte e cinco anos, haverá cristãos em cada cidade e aldeia, daqui até Roma. Dentro de quarenta anos eles terão começado a ameaçar as espadas e as lanças do império, e em menos de trezentos anos um imperador romano cairá de joelhos e adotará os ensinamentos de Jesus para todos seus súditos. Insistes sempre em fatos, meu filho, e sabes que acabo de relatar nada mais nada menos do que fatos. Balanças tua cabeça, concordas. Muito bem, grande escritor, explica-me, se puderes, como é que aqueles onze pobres covardes, em vez de fugirem para suas casas, foram capazes de sair desta sala, naquela noite, e levar a palavra de Jesus ao povo com tamanha força e vigor que dentro de três séculos eles e seus discípulos seguidores foram capazes de conquistar o Império Romano! Diga-me! O que aconteceu nesta sala, antes que eles tivessem oportunidade de escapar para uma vida de anonimato, que transformou esses derrotados na maior força em prol do bem que o mundo inteiro jamais conheceu? Dize-me, o que teria possivelmente acontecido aqui, para que se operasse tamanha mudança nestes homens, uma mudança tão profunda e marcante em suas personalidades que eles acabariam por sacrificar as próprias vidas pela fé que possuíam? Fala, Matias!

Esse era um José diferente daquele homem que eu conhecia há quatro dias. Dei de ombros e repliquei, sem ânimo:

– Diga-me você, José. Eu é que estou procurando respostas, não é mesmo?

– Não te direi nada! – urrou ele, e sua voz ficou rouca. – Não tive o privilégio de encontrar-me aqui.

Correu para a porta, escancarou-a, e chamou por João, que devia ter ficado por perto, na varanda.

– João, por favor, conta a Matias o que aconteceu nesta sala enquanto alguns dos homens se preparavam para deixá-la para sempre, naquela noite.

João bateu a porta pesada de madeira e desceu a grande tranca de ferro ruidosamente.

– Esta porta estava trancada, assim como se encontra agora. De repente apareceu Jesus de pé, trajando apenas uma faixa de algodão. . . bem aqui – disse ele, dando vários passos para a frente. – Fui o primeiro a vê-lo, e caí de joelhos. Alguns gritaram e se ajoelharam, outros correram para aquela parede no fundo, tamanho era o pavor. Aí o ouvimos dizer: "A paz esteja convosco." Ergueu as mãos e vimos os buracos dos cravos que haviam sido pregados em seus pulsos e também em seus pés, e a ferida aberta em seu lado, que o legionário perfurara com a lança. Eu queria correr para ele, abraçá-lo, mas minhas pernas não se mexiam. Eu não conseguia sair do lugar. Os outros também não foram até ele enquanto ele falava conosco, ordenando que saíssemos pelo mundo, começando por Jerusalém, contando sua história a todos, pois nós éramos suas testemunhas, e um grande poder nos seria dado em seu nome. Então desapareceu da sala, tão de repente quanto havia surgido, e todos se ajoelharam em oração. Depois disso vieram a Pedro e a mim pedindo perdão por sua descrença e pouca fé.

– Tomé tinha voltado de sua ida ao túmulo a tempo de ver a. . . a aparição de Jesus?

– Não. E quando lhe contamos que havíamos visto o Senhor, ele riu de nós e insinuou que havíamos tomado muito vinho. Lembro-me dele dizendo: "Se eu não vir nas suas mãos o sinal dos cravos, e ali não puser o meu dedo, e não puser a minha mão no seu lado, de modo algum acreditarei." Oito dias depois, na mesma sala, embora a porta estivesse trancada como antes, Jesus apareceu novamente entre nós. Apontou direto para Tomé e disse-lhe que se aproximasse. Tomé estava tão fora de si de medo, que permaneceu em seu lugar, até que os braços fortes de Pedro o empurraram até o Senhor. Daí Jesus disse: "Põe aqui o teu dedo e vê as minhas mãos; chega também a tua mão e põe-na no meu lado; não sejas incrédulo, mas crente."

– O que fez Tomé?

– Fez como o Senhor mandou, e aí caiu de joelhos diante de Jesus, dizendo: "Senhor meu e Deus meu!" E Jesus respondeu: "Porque me viste, creste? Bem-aventurados os que não viram, e creram." E desde então, cada um de nós, até mesmo Tomé, tem sido uma testemunha do Senhor, como estou sendo para ti e serei para outro, e mais outro, a cada dia, até que venha o Reino de Deus para todos.

Dentro da carruagem ainda parada, pois não havia sido feito nenhum sinal para Shem prosseguir, José de Arimatéia, ainda enrubescido, perguntou:

– Dize, Matias, quantos suspeitos restariam ainda na lista da comissão se esta estivesse conduzindo a investigação?

Até que, para um velhinho simpático, sabia provocar, quando queria.

– Apenas dois – murmurei – você e Nicodemos.

– Estás muito cansado para prosseguir? Esta seria a melhor hora de visitar o Gólgota e o túmulo, pois é quase a mesma hora que descemos Jesus da cruz e o depositamos no sepulcro.

– Estou pronto.

– Ótimo. E dali é uma viagem agradável até Emaús, à casa de meu velho amigo Nicodemos. Ali tu terás o prazer de visitar os jardins mais impressionantes e mais belos que já existiram desde os tempos da Babilônia, e de conhecer o homem mais rico do país.

– Mais rico do que você?

– É como comparar um formigueiro com o Monte Hermon – riu ele. – E qual será teu próximo passo se, depois de interrogares a mim e a Nicodemos, decidires que nós não somos os ladrões do túmulo?

Era exatamente o que eu vinha pensando.

– Não sei, José.

– Mas e o seu manuscrito? O que planejaste que tua comissão investigadora faria depois de ter esgotado sua lista de testemunhas?

– Não sei lhe dizer. Muito antes de chegar a esse ponto abandonei o projeto, achando que não ia dar em nada.

– Então, depois de mim e Nicodemos não tens mais nenhuma testemunha para interrogar?

– Ninguém – respondi eu, desesperançado.

– Bom – ponderou ele. – Talvez eu possa te fornecer mais uma.

treze

– Ninguém é crucificado aqui há muitos anos – disse José. – Como podes ver, e como o cheiro indica, isto aqui tornou-se um depósito de lixo para os preguiçosos que não se dão ao trabalho de jogar seu lixo nas fogueiras do Vale de Josafá.

O lugar era chamado de Gólgota em aramaico, o que significa "crânio", mas assim que desci da carruagem de José pude ver que seu nome não derivava do aspecto físico, como haviam conjeturado muitos estudiosos da Bíblia. O terreno arenoso do morro, marcado por gigantescas ervas daninhas, estrume de animais e montes de lixo que exalavam mau cheiro, elevava-se gradualmente até uma altura de uns vinte metros, mais ou menos, até chegar ao topo liso e estéril, no máximo a uns sete metros da estrada. Mesmo à luz forte e quente do sol do meio da tarde, o lugar era macabro e o cheiro da morte pairava como um gás invisível sobre nossas cabeças. Roedores, que soltavam gritos horríveis, corriam em todas as direções quando o barulho de nossos passos perturbava sua alimentação.

– Por que não há mais crucificação? – perguntei eu, pronto para me agarrar a qualquer tábua.

– Pilatos resolveu que este não era um lugar público o bastante para expor os corpos de criminosos executados, que deviam servir de exemplo para o povo. Agora as cruzes são geralmente erguidas perto das principais estradas, a nordeste da cidade.

– E por que este nome, Gólgota?

O velho apontou com um gesto de cabeça para um enorme monte de lixo e pedras no lado do monte que dava para a cidade.

– Lá é que fica a vala comum, onde são atirados os executados cujos corpos não são pedidos. Quando chegam as chuvas fortes, muitos crânios e ossos ficam expostos.

Finalmente estávamos de pé no topo irregular da colina. Os olhos cansados de José percorriam de um lado a outro o terreno cinzento a nossos pés. Ele estendeu a mão e eu tomei-a na minha, seguindo-o. Ele então deu uns dez passos e parou.

– É aqui que Jesus foi erguido na cruz, de frente para a estrada, com outras duas cruzes, uma de cada lado.

Agachei-me, não para ter uma visão melhor, mas porque minhas pernas de repente bambearam. O solo era fofo ao contato de meus dedos, como se ainda não tivesse endurecido depois de ter suportado durante tantos anos o peso de tantas cruzes. Então, ouvi uma voz áspera, rouca e irada. Era a minha.

– José, por que você e os outros permitiram que este lugar fosse profanado? Por que você não mandou construir um monumento aqui neste lugar, com todo o ouro que tem?

– Matias – disse ele, ajudando-me a ficar de pé – não deves esquecer que a vergonha desta execução infame ainda está bem viva na cabeça de todos aqueles que amaram Jesus. Por que lembrar das coisas ruins em vez do milagre que se seguiu?

– Quantas pessoas vieram tirar Jesus da cruz?

– Quatro. Eu e Shem, Nicodemos e o filho, Górion. Shem, o mais alto, tirou os cravos dos punhos de Jesus com o mesmo martelo que havia sido usado para enterrá-los em sua carne e em seus ossos, que pediu emprestado aos soldados. Aí segurou o corpo de Jesus com firmeza, pressionando-o contra a cruz, enquanto Górion tirava os cravos dos pés. Depois carregaram o corpo, que já começava a enrijecer, até o jardim, e o colocaram perto do túmulo, na grama.

– Havia muita gente por perto?

– Que eu me lembre, apenas Maria Madalena e outra mulher. Os soldados não nos deram muita atenção, depois que lhes mostrei a ordem de Pilatos, pois estavam com pressa de jogar os outros dois corpos na vala comum e voltar para o forte. No chão, bem perto da cruz, havia uma túnica inconsútil vermelha, que nos era familiar, e eu me lembrei que pertencia a Jesus. Peguei-a para mim, enquanto Shem e Górion removiam o corpo, mas um dos soldados correu atrás de mim e arrancou-a de minhas mãos, dizendo que ele a havia ganho em uma aposta. Disse-lhe que apesar de não ter dinheiro ali comigo, eu lhe daria de bom grado uma moeda de ouro, se ele entregasse a túnica mais tarde em minha casa.

– E ele foi?

– Estava esperando por mim em casa, quando voltei do sepultamento.

— E quanto ao sinal que Pilatos havia ordenado que fosse exposto sobre a cabeça de Jesus? Você deixou aquilo lá?

— Ah, não. Também está comigo. Na verdade tenho um pequeno quarto apenas com relíquias de Jesus.

— Aquele que você mantém trancado?

As sobrancelhas dele se elevaram.

— Sim.

— Valeria a pena eu ver alguma delas?

— Em tua busca da verdade? — perguntou ele com um olhar esperançoso.

— É.

Ele ia dizer algo, mas deteve-se. Depois de alguns minutos balançou a cabeça e disse, com tristeza:

— Não acredito. Se não consegues saber a verdade a partir dos vivos, não conseguirás sabê-la jamais dos objetos.

— Olhe que os arqueólogos conseguiram muita coisa.

— Certamente! — Ele se riu, com desprezo. — O que é que sabes sobre Jesus, que já não era conhecido mil anos antes de teu nascimento?

— Pouca coisa — admiti. — Mas você vai me deixar ver aquele quarto, não vai?

— Se tivermos tempo — disse ele sério. — E quanto a este lugar? Já viste o bastante?

— O suficiente para durar a vida toda — respondi, arrependendo-me logo de minhas palavras.

O jardim de José não ficava a mais de cem metros do Gólgota, escondido da colina e da estrada por uma cortina de ciprestes. Ao chegarmos, o velho virou-se para mim e justificou-se:

— Perdi a coragem de vir a esse jardim, e raramente visito o lugar, desde a descoberta do túmulo aberto.

Pelo visto, ninguém mais fora lá. Como em Getsêmani, o capim batia nos joelhos. Os canteiros e as alamedas estavam totalmente invadidos por ervas daninhas, e os galhos quebrados das árvores jaziam no mesmo lugar em que haviam caído. O próprio sepulcro, em uma grande elevação de calcário perto da ponta leste do jardim, estava tão coberto de arbustos e capim que José teve que apontar onde era a entrada, uma cavidade oval de quase um metro e meio de altura e meio de largura. Obviamente, a sensação era a mesma que eu havia sentido no Gólgota. E de qualquer modo, para que visitar um túmulo vazio?

— Depois que o corpo dele foi colocado aqui, na grama — apontou José — Nicodemos e eu o lavamos com água de aloé e o untamos com óleo. Então, com a ajuda de Shem e Górion, enrolamos um lençol de algodão fino várias vezes em seu corpo, começando pelos pés, e entre cada duas voltas de lençol colocamos mirra, pedaços de aloé e outras ervas aromáticas; no fim, o lençol continha quase vinte e cinco quilos de ervas quando chegamos ao pescoço. A cabeça deixamos descoberta.

O velho estava indo rápido demais para o meu gosto.

– José, há muitas perguntas que eu gostaria de fazer sobre seu relacionamento com Jesus antes de ele morrer, mas talvez esse não seja o lugar mais adequado.

– Isso não vai ser problema para ti, Matias. Já que Nicodemos também está envolvido nesta parte de minha vida, poderias interrogar-nos juntos, sobre nossas primeiras experiências com Jesus. Por ora, por que não falamos sobre as últimas horas aqui?

Concordei, mas ainda assim queria retroceder um pouco no tempo.

– José, você sabia que Jesus tinha sido preso porque você e Shem atenderam ao pedido de João e foram socorrer Pedro, o qual estava caído no pátio da casa de Caifás, certo?

– Sim, mas eu não sabia que Caifás pretendia julgá-lo naquela noite, violando nossas leis. Presumi que o julgamento seria depois da Páscoa, e como membro do Sinédrio eu não tinha razão nenhuma para crer que não participaria do julgamento, juntamente com os outros, como de hábito.

– Então, você não tinha a mínima idéia, na manhã seguinte, de que Jesus havia sido levado diante de Pilatos, depois de julgado pelo Sinédrio?

– Não. Logo depois que amanheceu, eu estava em meu depósito, na área do mercado, supervisionando o inventário anual. Não sabia de nada do que acontecera pela manhã, até que Nicodemos e seu filho me encontraram e contaram-me que tanto o Sinédrio quanto Pilatos haviam condenado Jesus à morte, e que ele havia sido pregado em uma cruz no Gólgota, e já estava morto. Lembro que me sentei em um fardo de lã e chorei como uma criança. Então Nicodemos disse-me que os legionários certamente atirariam o corpo de Jesus na vala coletiva, junto com os outros criminosos que tinham sido crucificados, e estas palavras dele me despertaram. "Nunca, nunca, nunca!" gritei, tão alto que meus empregados vieram todos em meu auxílio, temendo que estivesse sendo assaltado. Dei ordens ao responsável de meu depósito que escolhesse nosso melhor linho e todas as ervas aromáticas necessárias para preparar um corpo segundo nossas leis. Nicodemos e o filho ficaram de levar tudo para o Gólgota enquanto Shem levou-me rapidamente até o forte, onde solicitei uma audiência imediata com Pilatos, que me foi concedida. O procurador estava surpreso de ouvir que Jesus havia morrido tão depressa, mas recusou-se a liberar o corpo para mim, como eu havia lhe pedido, enquanto não mandou Cornélio à colina verificar se Jesus estava mesmo morto. Assim que Cornélio voltou, Pilatos deu-me a ordem por escrito, a qual levei imediatamente para o Gólgota, chegando logo depois de Nicodemos e Górion.

– Eles sabiam que você planejava enterrar o corpo na tumba próxima que havia preparado para si próprio?

– Sabiam, eu lhes havia dito antes de ir até Pilatos. De início Nicodemos quis que levássemos o corpo a seu palácio e o mantivéssemos ali até que fosse construído o túmulo mais magnífico de toda Israel para Jesus. No entanto, eu não concordei. A honra de ter Jesus sepultado em meu túmulo era a última oportunidade que eu jamais teria de fazer por ele, na morte, o que não havia tido coragem de fazer enquanto ele estava vivo: atestar publicamente meu amor por ele.

– Pelo que sei, Caifás e o Sinédrio ficaram furiosos quando ouviram que você tinha pedido o corpo.

Ele sorriu.

– Até hoje não me perdoaram; culpam-me de todos os problemas causados pelos seguidores de Jesus, no Templo ou nas ruas. Se eu não tivesse pedido o corpo, insistem eles, não haveria esses tais cristãos em toda a parte. E quando eu lembro ao sumo-sacerdote que ele próprio montou uma guarda aqui, ele fica furioso e repete a mesma história: que os discípulos vieram e roubaram o corpo enquanto os soldados dormiam, o que, como sabes, os discípulos não fizeram.

– Daí Nicodemos finalmente concordou em enterrar Jesus aqui?

– Não havia outra escolha. Ele sabia que eu era provavelmente o único judeu na cidade que convenceria Pilatos a liberar o corpo, por causa de nossos antigos negócios.

– Nicodemos poderia ter voltado mais tarde e removido o corpo, sem você saber?

– Nunca! – explodiu o velho. – Nicodemos, como verás, é um homem bom e honrado. Somos amigos há muitos, muitos anos. Eu apostaria minha vida pela integridade dele.

– E ele provavelmente me dirá o mesmo de você – disse eu, mordaz.

– Obviamente, espero que sim.

– O que é que você fez depois de preparar o corpo?

– Com a ajuda de Górion, pois Shem era grande demais para passar pela entrada, carreguei o corpo para dentro do túmulo e coloquei-o no nicho que teria sido meu lugar de repouso eterno, algum dia.

José me observava enquanto fui até a boca do sepulcro, empurrando os arbustos e pisando no mato; inclinei-me e olhei para dentro. Era consideravelmente maior do que o de Lázaro, com um pequeno recinto interno que levava a outro, no qual pude ver, não muito claramente, o nicho escavado na pedra, a aproximadamente uns sessenta centímetros do chão. Atrás de mim ouvia José, que agora soluçava enquanto falava.

– Nicodemos e eu passamos muitas horas juntos com Jesus, na escuridão da noite, ouvindo seus preciosos conselhos. Agora compartilhávamos com ele a escuridão de um túmulo, e nossa tristeza era quase insuportável. Finalmente, coloquei um lenço de linho sobre seu rosto ferido, como é costume de nosso povo, e saímos do túmulo, prostrando-nos na grama em oração. Mais tarde, fiz um sinal para Shem, e este arrancou a imensa pedra, fazendo-a rolar pelo sulco até parar na entrada, fechando o túmulo.

– Por falar nisso, onde está a pedra?

– Dei permissão a Nicodemos para levá-la a um lugar de honra em seu jardim, há dois ou três anos atrás. Ele teve que construir uma carroça especial para transportá-la, por causa do tamanho e do peso.

– Onde estava a pedra quando a tumba foi encontrada vazia?

– Ainda estava de pé contra o lado esquerdo da entrada.

– Alguém poderia ter tirado a pedra da entrada, uma vez tendo caído no lugar?

– Nunca. A vala da qual ela desceu até cobrir a entrada tinha o trecho mais fundo bem em frente à entrada. Uma vez alojada, não havia perigo de alguém entrar na sepultura.

– Shem era capaz de removê-la?

– Nem mesmo Shem.

– E três ou quatro homens fortes?

– Talvez. Tu conheces algum homem ou homens, Matias, capazes de arriscar suas próprias vidas na escuridão, pois os soldados do sumo sacerdote estavam aqui, e empurrar, retirar o corpo de Jesus sem estragar o lençol de linho que havíamos enrolado com tanto cuidado por muitas vezes em volta do corpo, e aí desaparecer com o corpo sem serem presos? Se conheces, certamente deverias interrogá-los.

Essa eu não sabia como responder.

– Você se incomoda se eu entrar?

O velho ternamente segurou meu rosto em suas mãos, balançando minha cabeça com delicadeza de um lado para outro.

– Quem tem mais direito de entrar no túmulo, depois da viagem que fizeste para ver este lugar, do que tu? Até mesmo Tomé veio aqui para ver com seus próprios olhos.

O túmulo vazio tinha um cheiro úmido de celeiro. Uma vez lá dentro, naquela pequena alcova, virei-me e bati com a cabeça no teto baixo antes de sentar-me no lado direito da cova sombria, exatamente como Marcos disse que fizera depois de sua descoberta. Descansando ali, foi fácil imaginar o terror que deviam ter sentido as mulheres, quando chegaram na sepultura, à meia-luz, esperando preparar um morto, e em vez disso depararam com alguém de branco se mexendo lá dentro. Qualquer um, supersticioso ou não, teria dado o fora.

Engatinhando, fui até o nicho onde havia sido colocado o corpo de Jesus, embrulhado em uma mortalha e com mais de vinte e cinco quilos de ervas aromáticas. Nenhum homem robusto e em boas condições de saúde poderia ter sobrevivido sob tais circunstâncias, por mais de algumas horas trancado ali, muito menos alguém que tivesse sofrido tudo o que Jesus sofreu. Passei minha mão pelo nicho frio, antes de sair do túmulo abandonado.

O palácio de Nicodemos era totalmente o oposto do dono. Bem afastado da estrada sinuosa que conduzia a Emaús, a apenas uns dezesseis quilômetros de Jerusalém, a construção, com suas alvas colunas de mármore e telhas avermelhadas, cuja cor ainda não fora desbotada pelo sol, tinha a aparência inconfundível de coisa nova, enquanto que Nicodemos parecia mais velho do que José. A propriedade era ampla e bem distribuída, enquanto Nicodemos não tinha mais do que um metro e meio de altura, e mesmo com sua túnica marrom, bastante simples, obviamente não pesava mais do que uns cinqüenta quilos. Dentro da mansão, os poucos cômodos que vi eram berrantes, ostensivos e de muito mau gosto, ao par que Nicodemos parecia modesto, discreto, quase tímido. Seus únicos traços fortes, eram a barba cheia e as sobrancelhas grossas sobre olhos de um cinza-claro, olhos afetuosos e simpáticos, que imediatamente deixaram-me à vontade, mesmo na opulenta sala de estar, onde nos serviram o melhor vinho tinto que eu jamais provara. Enquanto eu ouvia os dois velhos amigos colocando em dia suas vidas e seus negócios, não era difícil sentir um elo entre os dois que ultrapassava muito o nível superficial. Nicodemos não parecia nem um pouco surpreso com nossa visita, nem José deu-lhe qualquer explicação sobre meu objetivo ali, além de dizer minha profissão, historiador, e repetir meu desejo de obter algumas informações sobre Jesus.

– O que desejas saber, meu filho? – perguntou ele.

Quase relutante, pousei minha taça com aquele néctar vermelho e disse:

– Tenho algumas perguntas para ambos. Para começar, Nicodemos, gostaria de saber se me contarias como foi que conheceste Jesus.

– Devo essa grande honra a meu filho único Górion. Ele veio a mim, uma noite, cheio de tristeza. Parece que havia ido ao Templo naquele dia, com seu amigo da escola rabínica, João Marcos, para ouvir um homem chamado Jesus, da Galiléia, que apenas em pouco tempo havia atraído a atenção do povo, com suas palavras e suas curas. O tio de Marcos, Pedro, fazia parte de um pequeno grupo de homens que já tinham renunciado a tudo para seguir esse jovem nazareno. Quando ouviu Jesus falando à multidão, Górion ficou tão impressionado com as promessas de que o Reino de Deus estava próximo que foi ter com ele, após receber permissão de Pedro. Perguntou-lhe que boas ações deveria praticar para gozar da vida eterna. Jesus aconselhou-o a seguir os mandamentos, e meu filho perguntou quais. A resposta foi não matar, não cometer adultério, não roubar, não levantar falso testemunho, honrar pai e mãe, e amar o próximo como a si mesmo.

– Bons conselhos.

– Sim – concordou Nicodemos – mas não satisfizeram meu filho, que foi logo dizendo a Jesus que havia sempre obedecido aqueles mandamentos e queria saber o que mais era necessário. Jesus disse que se ele quisesse ser perfeito, se quisesse ter seu tesouro no céu, devia vender o que tinha e dar o dinheiro aos pobres. "Depois vem" – disse Jesus – "e segue-me."

– E Górion veio pedir-te conselhos, depois do encontro com Jesus?

– Conselhos não, consolo. Disse que queria ver o Reino de Deus, mas não podia vender todos os cavalos árabes que eu lhe dera, e ficou triste, pois verdadeiramente acreditava no que Jesus havia lhe dito. Sempre acostumado a fazer-lhe as vontades, esperei poder dar-lhe uma solução para que ele pudesse ter seu estábulo, mais o Reino de Deus. Infelizmente, não podia dar-lhe nem conselhos nem consolo, tendo dedicado grande parte de minha própria vida inútil à aquisição de ouro e prata, sem pensar muito nos outros. Mesmo assim, apesar dos fariseus, grupo a que pertenço, já ter denunciado Jesus às autoridades como agitador, prometi a Górion que iria ter com Jesus naquela noite, para saber se não havia outra maneira de um homem entrar no Reino de Deus. Obviamente, eu queria saber isso para meu próprio bem, bem como o de meu filho.

– Isso é que eu não entendo, Nicodemos. Por que um homem de posses, poderoso e culto como tu se daria ao trabalho de visitar um galileu ignorante, qualquer que fosse o motivo? O que é que ele teria a dizer de útil a ti, um conselheiro sábio, doutor das leis e membro da Corte Suprema?

– Matias, se ele fosse um verdadeiro profeta de Deus, eu sabia que tinha muito que aprender com ele, embora ele não tivesse instrução. Deus não escolhe seus mensageiros pelos títulos que possuem, pelo ouro que têm no cofre, ou pelos estudos nos quais se destacaram na escola. E, mesmo que ele não fosse um profeta, eu tinha curiosidade de conhecer o homem que tanto impressionara meu filho, e que já estava causando muita preocupação às autoridades, por causa de suas idéias revolucionárias e de seus milagres.

– E tu visitaste Jesus à noite por alguma razão especial?

– A mais óbvia possível – disse Nicodemos baixando a cabeça. – Eu não queria ser visto em companhia dele, com medo de que meus motivos talvez fossem mal interpretados e meu bom nome perdesse o prestígio.

– Jesus te recebeu?

– Recebeu a nós dois – exclamou Nicodemos, colocando sua mão no ombro de José e puxando o velho de Arimatéia para junto de si. – A coragem não é uma de minhas maiores qualidades, e eu estava preocupado por ter que ir falar com Jesus sozinho. Então pedi a meu velho amigo aqui que me levasse a Betânia, onde Jesus estava.

Eu já devia ter imaginado. Outro pequeno mistério bíblico que se esclarecia. O terceiro capítulo do evangelho segundo João trata da visita de Nicodemos a Jesus, sem mencionar que ele estava acompanhado, mas João cita as palavras de Nicodemos da seguinte forma: "Rabi, nós sabemos que és o Mestre vindo da parte de Deus. . ." *Nós* e não *eu*.

– E tu foste com ele, José?

– Fui, Matias. Eu também queria me encontrar com este homem que já havia sido causa de muitas reuniões do Sinédrio. Shem nos acompanhou por precaução, mas não era preciso, e Jesus nos recebeu com a maior cordialidade.

– Ele sabia que estava diante de dois dos homens mais ricos e poderosos de Jerusalém?

– Sabia, mas não fez diferença alguma no modo que nos tratou. Para ele éramos apenas dois filhos de Israel em busca da verdade. Dissemos que sabíamos que era um homem de Deus, pois ninguém era capaz de fazer o que ele havia feito, a menos que Deus estivesse com ele. Então Nicodemos perguntou-lhe como poderíamos chegar ao Reino de Deus, e Jesus disse que era preciso renascer para ver o Reino de Deus.

– De início – disse Nicodemos – não entendi o significado de suas palavras. Perguntei-lhe como podia um homem se renascer, sendo velho. Jesus queria por acaso que entrássemos no ventre de nossa mãe uma segunda vez? Pacientemente, ele explicou que renascer significava nascer do alto, com o espírito de Deus entrando em nosso ser, independente de nossa idade ou posição. José e eu sentimos muita dificuldade em entender suas palavras e Jesus ficou irritado com nossa cegueira. Perguntou como podíamos ser mestres em Israel, se entendíamos tão pouco sobre o Reino de Deus.

– Fostes visitá-lo muitas vezes?

– Muitas, muitas vezes, e geralmente juntos. Sempre durante a noite. À medida que os meses foram passando, cresceu em nós um grande amor e respeito por ele, e logo depois começamos a fazer grandes contribuições para a bolsa de seu pequeno grupo, a fim de que Jesus e seus discípulos não precisassem pedir esmola nas ruas, pois podiam empregar melhor o tempo levando conforto e esperança ao povo.

– Vós financiastes a atuação do grupo?

– Eles contavam com um grupo cada vez maior de seguidores, dia a dia, mas eram muito pequenas as contribuições dos pobres que sempre se aglomeravam para ouvir Jesus. Era o mínimo que podíamos fazer. Apesar de não ousarmos apoiá-lo em público, podíamos ajudá-lo com nosso ouro. . . e o fizemos.

– As autoridades suspeitavam que vos havíeis tornado adeptos secretos?

– No meu caso – disse Nicodemos – creio que só começaram a desconfiar quando compareci a uma reunião dos principais sacerdotes e fariseus após alguns guardas do Templo terem sido enviados para prender Jesus por agitar o povo. Os guardas voltaram de mãos abanando, dizendo que não tinham ousado colocar suas mãos sobre ele. Protestei contra ações futuras desta natureza, dizendo que era ilegal julgar um homem sem haver sido ouvido antes. Mas Caifás ficou irritado comigo e me perguntou: "Tu também és da Galiléia? Examina, e verás, que da Galiléia não se levanta profeta."

José concordou com a cabeça.

– Quanto a mim, não creio que suspeitassem de minha amizade com Jesus, até que fui a Pilatos pedir o corpo para sepultá-lo. Até o procurador mostrou-se surpreso com meu pedido. É claro que depois que o túmulo foi encontrado vazio, todas as autoridades, especialmente o sumo sacerdote, culparam a mim e a Nicodemos por impedirmos que o corpo fosse jogado na vala comum.

Nicodemos sorriu.

– No início fomos tratados como leprosos, até que chegou a época de fazermos nossa contribuição anual para os fundos do Templo.

– Depois do sepultamento, para onde fostes?

José falou primeiro.

– Como sabes, Matias, não tenho família. Persuadi Nicodemos a ir para minha casa, onde passamos o dia seguinte, o sábado, em oração e meditação, enquanto consolávamos um ao outro por nossa grande perda. Depois do pôr-do-sol, no fim do sábado, Shem trouxe Nicodemos de volta ao seu palácio, aqui, e me recolhi bem cedo.

Nicodemos concordou com a cabeça.

– Eu também fui dormir logo que cheguei da casa de José. O tormento e a angústia de enterrar nosso amado Jesus haviam sacrificado muito meu coração e meu corpo de velho.

– E nenhum de vós saiu de casa novamente naquela noite?

Nicodemos pareceu não entender, até que José explicou tudo.

– Matias acredita que o corpo de Jesus tenha sido tirado do túmulo para que nós, seus seguidores, pudéssemos dizer depois que ele havia ressurgido dos mortos, no terceiro dia, tal e qual ele havia profetizado. Tu e eu estamos na lista de suspeitos de Matias; aliás, somos os últimos da lista.

Impossível entender os olhares que os dois velhos patriarcas trocaram nesse momento. De repente me senti como um menino lutando em vão para decifrar o código de uma conversa de adultos, sem conseguir. Finalmente José disse:

– Nicodemos, quero ajudar Matias com todos os recursos de que dispomos.

Nosso anfitrião ficou calado durante muito tempo, até que disse:

– Então está na hora de lhe mostrarmos o jardim.

O jardim de Nicodemos era sem dúvida a exposição mais magnífica de horticultura artística que eu jamais havia visto. Quando chegamos na colunata sombreada, eu literalmente prendi a respiração. Diante de nós, em uma encosta, estendia-se um mosaico floral de beleza extraordinária. Durante no mínimo uma hora caminhei por alamedas calçadas com pedras coloridas e deslumbrei-me com anêmonas roxas, brancas, rosa-claro e vermelhas. Havia canteiros circundados de pedras com margaridas, cíclames, tulipas, lírios, rosas pequenas e majestosas, esporas, jasmins, círculos de folhagens em volta de fontes de água, estrelas-de-Belém e uma quantidade de outras flores exóticas que eu desconhecia, mesmo depois de Nicodemos identificá-las para mim. Havia pequenos lagos por toda parte que seguiam o formato da encosta, onde se viam diferentes espécies de nenúfares e peixes ornamentais, enquanto cercas vivas meticulosamente aparadas se estendiam por todo jardim, atenuando, com seus tons de verde e amarelo, o impacto do colorido intenso das flores. Se existira mesmo o jardim do Éden, eu estava passeando nele.

Ao norte do jardim, ao passar por uma alameda que contornava um canteiro de rosas cor de damasco, vi uma pedra grande. Estava recostada em uma elevação escura de pedra. Ao lado, havia uma abertura cavada na pedra que parecia idêntica, em tamanho e forma, à que havia na tumba que eu acabara de visitar, no jardim de José. José estava ao meu lado com um olhar matreiro, mas não disse nada. Também Nicodemos nada disse. Saí correndo e fui até a pedra. Era redonda, quase da minha altura, e tinha bem uns trinta centímetros de espessura. Apoiei-me nela e empurrei-a. Ela nem se mexeu. Empurrei com mais força. Não se moveu nem um centímetro. Inclinei-me e olhei lá para dentro do túmulo. Aí caí de joelhos.

Incrível! Nicodemos havia feito uma reprodução fiel do túmulo em que o corpo de Jesus havia sido posto! Quanto à imensa pedra, eu já sabia que era a mesma que Marcos e mais tarde Madalena haviam encontrado afastada da entrada do sepulcro naquela manhã há seis anos atrás. Eu ainda estava balançando minha cabeça, incrédulo, quando os dois me levaram até um banco de mármore próximo.

– Bem – Nicodemos finalmente quebrou o silêncio. – O que achas de meu humilde jardim?

– É impressionante – disse eu, maravilhado – realmente incrível!

– Eu gosto de sentar-me aqui, como estamos fazendo agora, quando as preocupações do dia se tornam insuportáveis. Aqui, perto da pedra grande, é possível ver as coisas sob um ângulo certo, e o que parecia tão importante no mercado se torna tão transitório e insignificante quanto um grão de areia.

– Eu nunca vi nada igual. Apesar de eu trabalhar com palavras, não consigo achar um elogio digno do que realizaste aqui.

– Mesmo que pudesses, eu não seria merecedor, Matias. É meu jardineiro-chefe que tornou este lugar a obra-prima de sua vida.

– Talvez Matias gostasse de conhecê-lo – pediu José.

– É claro que sim.

Nicodemos se ausentou por apenas alguns instantes, voltando em companhia de um gigante, quase tão grande quanto Shem. Não era novo, e seu rosto escuro e bastante marcado de rugas era desfigurado por duas cicatrizes escuras, horrendas, uma sobre a face esquerda e outra embaixo da boca. Cortes de espada? O cabelo liso e comprido estava amarrado em rabo de cavalo, e a barba projetava-se do queixo como se todos os pêlos fossem feitos de arame farpado. Quando nos viu, diminuiu o passo e deixou que Nicodemos passasse a sua frente; ficou a olhar para o chão encabulado, como se estivesse procurando alguma erva daninha desgarrada que ousasse se mostrar no jardim.

– Matias – disse Nicodemos, orgulhoso – aqui está o homem responsável por todas essas dádivas de Deus que tu vês crescerem aqui. Seu nome é Shobi.

– Shobi – disse eu – esse lugar é um milagre de. . .

Pliiim! Reação tardia. Surpresa diante do inesperado, Shobi? Onde é que eu havia escutado aquele nome antes? Shobi? Shobi!

Virei-me para José.

– Será que. . .?

– É ele, Matias. O oficial do Templo que correu com os outros três, para levar a notícia a Caifás de que o túmulo que eles estavam vigiando estava vazio.

– O sumo sacerdote me disse que três deles haviam se matado e o capitão, Shobi, tinha desaparecido!

José concordou.

– Ele está aqui, com Nicodemos, isolado do mundo, há seis anos. Eu te prometi mais uma testemunha, quando saímos da casa da viúva Maria, lembras-te? Shobi concordou em falar contigo, mas sob uma condição – minha, não dele. Apenas dois ou três amigos de confiança sabem que ele ainda está vivo e a serviço de Nicodemos. O que quer que faças, durante tua estada em Jerusalém, estás proibido de violar esta confiança. Se o sumo sacerdote soubesse que Shobi está aqui, sem sombra de dúvida, ele o condenaria à morte sob um pretexto qualquer. Tu aceitas minhas condições?

Assim que fiz sinal com a cabeça, José levantou-se e mandou que Shobi se sentasse a meu lado, no banco.

– Vamos te esperar em casa – gritou ele enquanto se afastava com Nicodemos, deixando-me sozinho com a única testemunha *viva* do que aconteceu no jardim de José, antes do amanhecer, na mais misteriosa das noites.

– Teu nome – comecei eu, meio hesitante – é bastante incomum.

Ele falava com dignidade e fluência, articulando as palavras sem os sons guturais que caracterizam o aramaico.

– Chamo-me Shobi, em homenagem ao filho de um rei amonita que forneceu comida e outros suprimentos a Davi e a seus soldados, durante as terríveis batalhas com Absalão, seu filho. Sem a ajuda de Shobi, Israel teria perdido seu maior líder e patriota.

– Durante quanto tempo ficaste na guarda do Templo?

– Durante dez anos. Caifás recrutou-me pessoalmente durante seu segundo ano no cargo de sumo sacerdote.

– Gostavas de servir no Templo?

– Muito. No meu oitavo ano fui promovido a capitão, com mais de trinta homens sob meu comando. Criado como órfão, em Betfage, e eu me orgulhava muito da posição que havia alcançado através de meu trabalho árduo e minha devoção ao dever. Que poderia ser melhor do que passar os dias, e às vezes as noites, na casa de Deus? Apesar de ser difícil manter a paz ali, em certas ocasiões, logo ganhei uma boa reputação pela maneira que treinava meus guardas a controlar grandes multidões no pátio.

– Como te sentiste quando Caifás te chamou para vigiar um morto, no túmulo?

Ele riu com tristeza.

– De início, quase ri na cara de Sua Excelência. Então ele me explicou que Jesus havia dito a seus seguidores, várias vezes, que ele seria crucificado por suas idéias, mas que levantaria dos mortos ao terceiro dia. Caifás temia que alguns dos discípulos fossem roubar o corpo, escondê-lo e depois dizer que Jesus havia ressuscitado, como previra. Convencido da importância de minha missão, escolhi três de meus homens mais experientes para vigiar o túmulo comigo.

– Quando é que tu e teus guardas chegastes no jardim perto do Gólgota?

– Ao pôr-do-sol, no final do sábado.

– Estava tudo em ordem? A pedra no lugar, cobrindo a entrada do sepulcro?

– Estava. Nós então lacramos o túmulo, tal e qual o sumo sacerdote nos havia ordenado.

– Como é que o fizestes?

– Colocamos tiras estreitas de pano por cima da pedra e selamos as pontas nas paredes do túmulo com cera. Depois disso, ninguém poderia mexer na pedra sem romper os selos.

– E aí o que foi que fizeste?

– A noite estava fria, por isso fizemos uma fogueira com alguns galhos mortos que haviam sido empilhados contra uma das oliveiras no jardim. Então designei as horas de guarda para meus homens, ficando com o terceiro turno para mim. Logo que o primeiro tomou seu lugar, perto do sepulcro, eu e os outros caímos no sono, debaixo de nossos cobertores, perto da fogueira. Por causa da Páscoa já havíamos servido durante muitas horas naquele dia, no Templo, e todos nós estávamos cansados.

– Pelo que Caifás me contou, aparentemente nada de extraordinário aconteceu durante a vigília dos dois primeiros guardas.

– Certo.

– Quando chegou tua hora, tomaste o teu lugar?

Shobi fitou-me bem, e o sangue que corria em seu rosto carrancudo fez com que suas cicatrizes parecessem muito mais vivas, em contraste.

– Se me tornei conhecido por minha integridade e honestidade, não foi mandando que meus subordinados cumprissem as minhas obrigações! Tomei meu lugar ao lado do túmulo, preparado para servir minhas quatro horas, assim como os outros haviam feito.

– Mas algo aconteceu que abreviou tua vigília.

– Jamais esquecerei!

– Conta-me.

– Eu já estava vigiando durante uma hora, talvez, quando ouvi um barulho estranho, uma espécie de gemido. Primeiro pensei que fosse um animal na floresta, ou um dos guardas, sonhando, mas aos poucos, caminhando de um lado para outro na frente da tumba, percebi que o som parecia vir de dentro! Pouco depois parou e eu não pensei mais nisso, achando que tinha sido apenas minha imaginação ou o vento. Então ouvi de novo, cada vez mais alto, como se alguém estivesse gritando de dor. Corri para a fogueira, retirei um galho aceso para usá-lo como tocha, e dei uma busca nas proximidades do sepulcro, procurando um animal ou mesmo uma pessoa ferida. Mas não vi nada. O barulho continou, cada vez mais alto, até que não havia dúvida que vinha lá de dentro do sepulcro. Lembro-me que pensei que o tal homem que havia sido enterrado, Jesus, talvez não estivesse morto. Vez ou outra sabe-se de um caso como este. Inclinei-me sobre a grande pedra e coloquei meu ouvido contra ela, tentando ouvir, e aí a terra tremeu mas apenas por um instante.

– O tremor moveu a pedra e rompeu os selos?

– Não, nem acordou os três que dormiam. Aí vi que nossa fogueira estava precisando de mais lenha e eu andei até ela quando, de repente, ouvi passos atrás de mim. Virei-me rapidamente, tirei minha adaga da bainha e pus-me em posição de ataque. Em minha direção vinha um homem que parecia estar nu!

– A que distância do túmulo estavas quando o viste pela primeira vez?

– A uns dez passos no máximo.

– Ele estava entre ti e o túmulo?

– Exatamente.

– E a pedra ainda estava em seu devido lugar?

– Estava.

– Não estava deslocada para o lado?

– Não.

– Era um homem? Disso tens certeza?

– Tenho certeza. Era uma noite clara, de lua, e ainda havia um pouco de luz da fogueira. O corpo do homem parecia irradiar luz, mas raciocinei que devia ser apenas o reflexo da lua e da fogueira sobre a pele do estranho, como se o corpo dele tivesse sido coberto de óleo.

– E o que fizeste?

– Nada. Eu havia enfrentado a morte com freqüência, mas jamais havia sabido o que era ter medo. Fiquei firme, com os pés fixos no chão, enquanto o estranho se aproximava de mim, sem hesitar. Quando ele estava bem perto de mim, entregou-me um pano de linho, uma espécie de lenço, e eu o peguei, como se fosse seu servo.

– Ainda estavas segurando a adaga com a outra mão?

– Estava, mas foi bom eu não precisar dela, pois não creio que teria conseguido me defender. Meus braços e minhas mãos estavam tão petrificados quanto meus pés. Logo perdi o homem de vista na escuridão, por entre as árvores.

– Viste o rosto dele nitidamente?

– Não.

– Já tinhas visto Jesus, quando ele pregava no pátio do Templo?

– Muitas vezes.

– Tu o terias reconhecido com aquela luz fraca?

– Não.

– O estranho falou contigo?

– Se fosse Jesus, e se tivesse falado comigo, eu o teria reconhecido. Mas não disse nada. O lenço me foi entregue em silêncio, como se o homem esperasse que eu o pegasse. . . e eu o peguei.

– Depois que ele sumiu, o que fizeste?

– Prendi o lenço no cinto e acordei os outros, contando a eles tudo o que se passara enquanto dormiam. Um dos guardas, um velho companheiro meu, disse-me que eu não precisava me preocupar pois a pedra grande ainda estava no lugar, mas meus longos anos de serviço haviam me ensinado a não me dar por satisfeito sem antes verificar bem. Eu tinha que me certificar de que o corpo ainda estava lá dentro. Dois de nós fomos até o Gólgota para ver se os romanos haviam deixado para trás algum pedaço de cruz, daqueles em que pregam as mãos dos que vão ser crucificados. Voltamos com um pedaço de madeira pesado e o carregamos para o túmulo, onde coloquei uma pequena pedra ao lado da grande, usando o pedaço de madeira como alavanca. Então nós quatro, depois de muito esforço, finalmente conseguimos rolar a pedra para o lado. . .

As palavras de Shobi foram se extinguindo aos poucos. Ele se inclinou para frente e olhou ansioso nos meus olhos.

– Estais vos sentindo bem, senhor? Vosso rosto. . . está com uma cor estranha. Talvez o sol vos tenha feito mal. Vamos, deixai-me levar-vos de volta para casa.

Fiz muito esforço para sacudir a cabeça.

– Então fostes *tu e teus homens* que movestes a grande pedra? Vós? Vós!

– Sim, para ver lá dentro. Com minha tocha na mão, abaixei-me e fui entrando pelo sepulcro, passando pelo pequeno recinto intermediário, até que cheguei perto do nicho onde o corpo devia ter sido posto. Pude ver que a mortalha ainda estava lá, bem enrolada, mas dentro dela não havia corpo nenhum! Eu não podia entender. Aí gritei para os outros, para que viessem ver, mas nenhum deles ousava entrar no lugar onde havia um morto, mesmo depois de dizer a eles que o corpo havia sumido. Sentei-me lá sozinho, na tumba, tentando pôr as idéias em ordem. O que é que eu podia dizer a Caifás para convencê-lo que não havíamos deixado de cumprir nosso dever? Todos os meus anos de trabalho árduo e leal iriam por água abaixo assim que o sumo sacerdote soubesse que o corpo havia desaparecido. Ele jamais confiaria em mim novamente. Tudo estava perdido para mim. De raiva e frustração lembro-me que puxei o lenço do cinto e atirei-o sobre o nicho, perto do pano maior. Finalmente decidi que tudo o que eu podia fazer era contar a Caifás a verdade, tudo o que eu havia visto, e esperar que sua sabedoria o levasse a julgar-me como eu merecia. Saí da caverna e ordenei aos outros que trouxessem uma tocha da fogueira e me seguissem, e corremos todos do jardim, sem parar, até chegarmos ao pátio do sumo sacerdote.

– Contaste tudo a Caifás?

– Tudo, mas ele se recusou a acreditar em minha história. Esbofeteou a mim e aos outros, muitas vezes, acusando-nos de dormir em serviço, gritando que seríamos todos apedrejados até a morte, pelo nosso crime.

– Falaste a ele até mesmo do estranho que passou perto de ti no túmulo?

– Falei. . . e enquanto ainda estávamos de joelhos, sem saber o que ele faria a seguir conosco, ele me pediu para falar-lhe sobre o estranho mais uma vez. Aí chamou o servo e ordenou que lhe fossem trazidas quatro bolsas, cada uma delas cheia de moedas de prata. Para imensa surpresa nossa, ele deu uma para cada um de nós e disse-nos para não contar nada a ninguém sobre o que se havia passado, e se nos perguntassem sobre o túmulo, devíamos dizer que os discípulos haviam roubado o corpo enquanto dormíamos. Aí dispensou-nos.

– E o que fizeste então?

– Não consigo me lembrar de muita coisa. Sei que saí da casa de Caifás envergonhado, com vontade de morrer. Assim que saí do pátio, depois de dar boa-noite aos outros, joguei o saco de moedas na rua. Então comecei a correr até que me encontrei novamente na estrada, fora da cidade, rumo ao norte, em direção ao jardim e à tumba, e durante todo esse tempo que corri não parei de gritar o mais alto que pude: "Jesus não está morto – ele ressuscitou! Jesus não está morto – ele ressuscitou!" E isso é tudo o que eu consigo me lembrar, até que acordei aqui, na casa de Nicodemos.

– Contaste a Nicodemos tudo o que acontecera?

– Contei, mas ele não parecia surpreso com minha notícia. O servo dele me deu de comer, banhou-me, colocou-me na cama e desde então vivo aqui em paz.

– E Caifás nunca supeitou que ainda estás vivo?

– Nicodemos me protege muito bem. Poucas são as visitas, e rara a pessoa que tem permissão de entrar neste jardim. Geralmente, aqueles que têm permissão de ver o jardim e a tumba com a pedra são trazidos aqui por José de Arimatéia, como vós.

– Ah! E quantos dirias que José trouxe aqui desde que o jardim ficou aos seus cuidados?

Shobi olhou para o céu, pensativo, passando seu polegar caloso nos lábios.

– Em cinco anos, talvez dez – entre homens e mulheres.

– Deixaram que falasses com todos eles, e contasses tua história?

– Ah, sim. É claro que todos eles juraram a José manter sigilo, como vós, enquanto permanecessem na cidade.

– Lembras-te, por acaso, alguns dos nomes?

– Alguns eu lembro. Um se chamava Tolstoi, outro Agostinho. Quem mais? Dante, Aquino, Milton e. . . ah! sim, uma moça muito simpática chamada Joana D'Arc. Muitos deles, como vós, vinham de terras distantes, do outro lado do oceano.

Abracei o homenzarrão e disse:

– A paz esteja contigo, Shobi.

Ele retribuiu meu abraço, dizendo:

– Que esteja convosco para sempre, Matias.

quatorze

A noite toda andei de um lado para outro do quarto, remoendo cada fato que eu havia trazido à luz em meus quatro dias de investigação. Tudo em vão.

Conclusão: caso encerrado.

O testemunho de João, na véspera, e o depoimento convincente de Marcos, haviam me levado a admitir, tanto para José quanto para mim mesmo, que eu me havia enganado. Ninguém tinha levado o corpo de Jesus. Não havia farsa nenhuma. Por fim o relato de Shobi havia me derrubado. Eu não tinha conseguido encontrar provas para defender minha hipótese. Muito pelo contrário. Ficou provado que desde o início ela estava errada!

Mas havia muito mais alegria do que pesar naquela minha derrota, se é que se podia chamar aquilo de derrota. Pois agora eu podia fazer o que ser humano algum jamais fizera: descrever exatamente o que havia acontecido durante aqueles últimos dias da vida de Jesus, usando como fonte testemunhas oculares autênticas. E para aqueles cuja fé vacilante precisava constantemente de reforço, eu podia até confirmar o milagre da ressurreição! Jamais me passou pela cabeça que poucos iriam acreditar em mim, especialmente depois do que eu dissera no programa de Carson. Só pensava em voltar para minha máquina de escrever e atacar o manuscrito de *A Ressurreição de Cristo* de novo – desta vez sem nenhuma dúvida a me confundir.

Mesmo assim algo me incomodava. Não sabia dizer exatamente o quê. Que teria eu esquecido? O quebra-cabeça estava quase completo e já dava para ver a figura, mas havia uma peça faltando que estragava o efeito do todo. Quem estava com essa peça e onde poderia eu encontrá-la? Tentei me concentrar mais, porém minha mente não ajudava. Estava sobrecarregada por excesso de informação.

Depois da refeição matinal voltei para a cama e acho que cochilei, não sei por quanto tempo, até que fui acordado por batidas ruidosas na porta. Era José, cansado, abatido e pálido como cera. Era óbvio que o ritmo acelerado e a tensão de nossos últimos dias o haviam abalado tanto quanto a mim. Mesmo assim, o velho fez um grande esforço para aparentar jovialidade.

– Como é que nosso grande investigador se sente nesta manhã?

Soltei um gemido e voltei para a cama, onde ele se sentou, ao meu lado.

– Estou numa tremenda ressaca.

– Ressaca? – Ele franziu a testa, balançando a cabeça sem entender nada.

Tentei explicar.

– Ressaca é um dos estados físicos e mentais mais repulsivos e debilitantes que há. Acontece quando a pessoa acorda depois de beber muito vinho na noite anterior. É um estado de apatia e entorpecimento incurável, até que o corpo tenha expelido todas as substâncias entorpecentes contidas na bebida.

– E conheces bem este estado por experiência própria? – perguntou ele, solícito.

– Ah, sim – admiti. – Houve uma época de minha vida que isso acontecia quase diariamente.

– E não acontece mais?

– Não – disse eu, com segurança.

– E o que fez com que parasses de te impor esse castigo terrível?

– Uma manhã recobrei os sentidos na cadeia, sem conseguir me lembrar de nada do que havia acontecido antes. Eu podia ser acusado de assassinato ou de qualquer outro crime que você possa imaginar, sem poder negar ou conseguir provar que não estava envolvido. Felizmente eu tinha sido preso apenas por embriaguez, mas a experiência me assustou tanto que eu nunca esqueci aquilo.

Ele fez um gesto de compreensão.

– Muitas vezes é preciso primeiro cairmos nas trevas do desespero para depois aprender a apreciar a aparição de uma única estrela. Já estavas escrevendo aqueles teus livros ótimos nessa época, Matias?

– Eu estava escrevendo, mas não conseguia interessar ninguém nos meus escritos. Era fácil afundar as mágoas do fracasso e da frustração, pelo menos durante certo tempo, numas garrafas de vinho vagabundo.

– Rezaste pedindo ajuda durante essa fase triste?

– Nunca. Eu me desprezava tanto, por estar desperdiçando minha vida e meu talento, que achava que não merecia a ajuda de ninguém. E se existia um Deus, o que eu não acreditava, eu tinha certeza de que meus míseros gritos jamais seriam ouvidos por ele.

– Tinhas esquecido aquelas coisas que tua mãe deve ter-te ensinado quando lia para ti à noite: que nem mesmo um pardal pode cair no chão sem que Deus o perceba, e que até o número de cabelos que tens na cabeça são por ele contados, como nos disse Jesus. O que fez que tua vida mudasse para melhor, que utilizasses teu talento e ganhasses renome internacional? Não vás me dizer que foi apenas o medo e a autocomiseração que sentiste na cadeia que te fizeram mudar!

– Três seres humanos mudaram minha vida, José: a mulher maravilhosa com quem me casei e os dois filhos que ela me deu. Logo depois de ela ter me presenteado com meu segundo filho, já que eu ainda bebia muito, ela me fez optar. Ou a bebida ou a família. Então parei de beber.

– Ah! – exclamou ele. – Então foi o amor que mudou tua vida! E com ele encontraste Deus.

– Eu não disse isso, José.

– Mas tu encontraste, Matias! Quando descobriste verdadeiramente o quanto amavas tua mulher e teu filhos, encontraste Deus. Deus é amor! Se nos amarmos uns aos outros, então Deus reside em nós. Uma coisa leva à outra. E quando conhecemos o amor, encontramos também o Reino, que tantos que não entendem este segredo simples jamais encontrarão. O Reino de Deus, Matias, não está em uma nuvem. Ele está dentro de ti. É isso que Jesus disse às pessoas, inúmeras vezes.

– E eles o mataram por isso – disse eu com ironia.

– Meu filho – disse o velho com delicadeza – não vim aqui esta manhã para te pregar um sermão. Teus olhos foram abertos, eu sei. O que tens que aceitar é que Jesus foi morto porque amava mesmo aqueles que o iriam matar, e eles o odiavam porque ele os amava. Eles não podiam compreender seu amor, pois fugia por completo à lógica deste mundo, que exige pagamento por todos os bens e serviços e punição por todos os crimes, sem deixar lugar para a caridade, a piedade, e a compaixão. Mais cedo ou mais tarde toda a humanidade há de compreender que a cura para todos os seus males, todas suas preocupações, tristezas e crimes reside única e exclusivamente no amor. Este é o dom maior que recebemos de Deus. É a chama divina que em qualquer lugar produz e restaura a vida. O amor dá a todos nós, como deu a ti, Matias, o poder de fazer milagres com nossa própria vida e com aqueles que tocamos.

José levantou-se e vagarosamente dirigiu-se à porta, trancando-a para me perguntar:

– Tens algum plano, queres visitar mais alguém?

– Pelo visto, não.

– Muito bem. Talvez fosse melhor descansares hoje e te preparares para tua viagem de volta. Eu também estou exausto.

– Hoje é sábado?

– Não. Amanhã. Mais tarde terei de te deixar por algum tempo para tratar de alguns negócios em meu depósito. Mas não posso deixar que te vás desta casa sem antes mostrar-te aquelas coisas de Jesus que consegui obter. Ontem, antes de falares com Shobi, eu disse, respondendo à tua pergunta, que duvidava que fosses entender a verdade se visses minha coleção. Mas agora. . .

Chegando ao andar de baixo do palácio de José, seu centro cultural, passamos pelo estúdio de Hermógenes, o escultor, e pelos três quartos cheios de rolos e papiros em prateleiras, até chegarmos à única porta fechada. José pôs a mão no bolso da túnica, tirou uma chave grande, de prata, e colocou-a na fechadura. As dobradiças da porta rangeram quando ele a abriu e me convidou a entrar.

– Não repares na poeira, Matias – desculpou-se o velho. – Não deixo nenhum de meus servos entrar para limpar este recinto, e eu sou um dono-de-casa muito desleixado.

Comparado com os outros aposentos do palácio, este era pouco mais do que um depósito. Três longas mesas dispostas paralelamente uma a outra ocupavam a maior parte do espaço, que já era limitado. As paredes eram caiadas e nuas, e havia duas janelas altas de um lado e uma ampla porta de bronze do outro. Panos verde-escuros cobriam as mesas. Segui José até a mesa mais próxima da parede. Sem maiores explicações, ele puxou o pano verde o suficiente para que eu visse o primeiro objeto que me queria mostrar.

– Pega-o, Matias.

Só de ver aquilo, fiquei repugnado. José não precisava identificar o objeto como uma *flagra,* o instrumento que os romanos usavam para flagelar. Olhei para aquela coisa horrorosa, um cabo comprido de onde saíam cerca de doze pequenas correntes com pregos enferrujados e curvos nas pontas.

– Pega-o, Matias – repetiu José.

Fui aproximando minha mão, meio hesitante, e peguei aquele cabo de madeira áspero. Depois de erguê-lo uma ou duas vezes e sentir-lhe o peso, dei um passo para trás e arremessei-o no ar, vendo as correntes se agitarem e zunirem, enquanto cada prego circulava inúmeras vezes. Castigo? Era um instrumento de morte! José mais uma vez leu meus pensamentos.

– Os treinados em utilizar esta arma atroz com mais perícia – explicou ele – sabem arrancar quase toda a pele do corpo e ainda manter viva a vítima para crucificá-la depois. Tenta imaginar-te amarrado num poste, Matias, diante de uma multidão de zombadores, teu corpo nu encostado de costas e teus pés bem afastados. Imagina agora as correntes e os pregos sendo golpeados com violência sobre tuas costas e tuas costelas, rasgando tua carne até atingir os ossos, manejados por homens de força espantosa. Pensa naqueles pregos dilacerando tuas partes íntimas, batendo em teus olhos, em teu rosto, em teu peito. Tenta imaginar uma dor tão terrível que rezas para morrer ou perder os sentidos, mas quando isto está para acontecer, água fria é jogada em teu corpo e és reanimado o bastante para receberes a próxima chicotada, e a próxima. Houve muitos, Matias, que cortaram suas línguas ao meio com os próprios dentes, sob as chicotadas de um exímio litor romano! Imagina, se puderes, alguém receber tantas chicotadas terríveis com esta coisa, a ponto de ficar com o corpo totalmente coberto de sangue, pisando uma poça de sangue, e mesmo assim não gritar por piedade. Pois foi o que aconteceu com Jesus, pelo que me disseram.

Senti um tremor percorrer meu corpo e larguei a *flagra* de volta na mesa.

– Duas dessas coisas foram usadas em Jesus. A outra, com correias de couro e pesos, não consegui obter.

Ele puxou o pano verde ainda mais, descobrindo uma coroa de espinhos. Depois de finalmente recobrar a respiração, perguntei, nervoso:

– Posso segurá-la, José?

– É claro. Mas tome cuidado com tuas mãos. É também um instrumento terrível. Jesus foi crucificado com esta coisa abominável na cabeça, feita de gravetos pelos soldados. Eu próprio a tirei de sua cabeça com muita dificuldade. Muitos dos espinhos pontiagudos das plantas haviam ficado enterrados na testa e acima das orelhas.

Dois gravetos, cada um deles com meio centímetro de espessura no máximo, haviam sido trançados, formando um círculo irregular de aproximadamente uns trinta centímetros de diâmetro. Daí saíam vários espinhos que mais pareciam agulhas, com intervalos de um centímetro e meio um do outro, bem finos e com cerca de dois centímetros.

Suas pontas afiadas enterraram-se em minha carne quando levantei a coroa até a altura dos olhos, com mãos trêmulas.

– Ainda se vê o sangue, Matias, embora cada vez mais escuro com o passar dos anos. Depois que a coroa foi posta na cabeça de Jesus, os espinhos foram enterrados em sua carne com este pedaço de pau.

Ele esperou que eu colocasse a coroa na mesa antes de me entregar um bastão pesado, de quase um metro de comprimento.

– Com este pau os soldados bateram na cabeça de Jesus por diversas vezes, forçando os espinhos a se cravarem na pele. Aí colocaram-no nas mãos dele, como se fosse um cetro real, e penduraram-lhe esta capa nos ombros.

Ele me entregou um pedaço de pano roxo, fino, talvez de seda, com fios trançados em uma das extremidades:

– Depois de vesti-lo com isto, zombaram dele, o giraram, cuspindo em seu rosto, dando-lhe pontapés, escarnecendo dele e chamando-o de Rei dos Judeus. Quando se cansaram devolveram-no a Pilatos, que o levou, flagelado e humilhado, mais uma vez diante do povo.

– "Eis o homem!" – disse eu, citando Pilatos.

– Sim – respondeu José, baixinho. – "Eis o homem!"

Só havia dois objetos na segunda mesa. Um era o pedaço de tábua mal cortado e inacabado que havia sido pregado sobre a cabeça de Jesus, na cruz, com inscrições toscas em três línguas: latim, grego e aramaico. – "Jesus Nazareno, Rei dos Judeus".

– Esta placa, segundo o costume romano, foi carregada por um soldado caminhando à frente do condenado em direção ao Gólgota, para que todos soubessem do seu crime. As palavras de Pilatos, palavras estas que ele não quis mudar, apesar do pedido do sumo sacerdote, foi a forma que ele encontrou de insultar as autoridades judias. Como podes ver – disse José segurando as duas partes – ela foi quebrada por Shem quando ele a tirou da cruz.

Dei um pulo para trás, apontando para a placa.

– Que houve, Matias?

– Alguma vez você percebeu como é que a madeira se quebrou, José?

Ele virou os dois pedaços e surgiram lágrimas em seus olhos. A placa tinha se partido bem no meio. Em uma parte se lia em latim "Jesus", e sob esta havia apenas uma palavra: "Rex" – Rei!

A peça seguinte era um manto vermelho de lã, bem desbotado. José colocou-o em meus braços.

– Esta peça se chama *abayeh.* Os pastores a usam há séculos. Como podes ver, não tem costuras, exceto nos ombros. A mãe de Jesus disse-me que esta já lhe pertencia antes de ele se tornar homem feito. Todos nos lembramos de Jesus usando este manto sobre os ombros, andando pelas ruas e no pátio do Templo. Certa vez me ofereci para comprar-lhe um novo, dizendo que um homem de sua posição devia vestir-se de acordo.

– O que disse ele?

– Ele simplesmente riu e disse-me que um homem não deve ser julgado pela sua aparência, mas sim pelo seu interior, e disse-me para pegar o dinheiro que eu gastaria em um manto novo e dá-lo aos pobres.

Levantei o pano macio e passei-o em meu rosto, até que senti algo duro e áspero. De um lado havia várias manchas escuras e quebradiças ao contato com a mão.

– Mais sangue – disse o velho.

Dirigimo-nos à terceira mesa. Sob o pano verde havia um lenço de linho e um enorme lençol estreito, dobrado várias vezes.

– Esta é a peça de linho na qual envolvemos o corpo de Jesus, e este é o pano que foi colocado sobre seu rosto, conforme nosso costume. Shem pegou ambos para mim, no túmulo, um dia depois de ser encontrado vazio.

Acenei de leve a cabeça e José recolocou o pano verde que cobria os objetos em seu devido lugar. Aí virou-se e segurou-me bem firme nos ombros.

– Acabas de ver todos os pertences desse homem, Matias. Ele não deixou ouro, nem prata, nem terras, nem mulher, nem filhos, nem manuscritos, nem obras de arte, nem títulos, nem cargos de autoridade. E mais, não ficou entre nós por muito tempo. A maioria dos grandes homens, cujas palavras ou ações mudaram o curso de nosso mundo, levaram seis ou sete décadas, e ainda mais, para realizar seus objetivos. E mesmo os seus feitos, tão grandiosos na época, logo desaparecem de nossa memória. Este homem morreu com trinta e poucos anos de idade, e, ainda assim, tudo que ele fez e disse permanece exatamente como sempre foi.

Ele me fitou por vários minutos, como se estivesse decidindo se continuava ou não. Finalmente, disse:

– Apenas uma coisa me intrigou em tua investigação, meu filho. Por que não pediste sequer a uma das pessoas que interrogaste que te descrevesse a aparência de Jesus? Isso não te interessa? É verdade que de nada teria te adiantado para desvendar o mistério do túmulo vazio, mas acho que depois de teres passado tantos anos estudando a vida de um homem, deverias sentir uma certa curiosidade sobre a aparência dele.

– Isso nem me passou pela cabeça, José – respondi. – Desde minha infância, já devo ter visto milhares de quadros, desenhos e esculturas de Jesus, como a maioria das pessoas, e acho que parti do pressuposto de que já sabia como ele era.

De certa forma senti que ele estava me gozando. Os olhos dele agora brilhavam de uma maneira que eu já conhecia muito bem.

– Mas não está errado, Matias, em uma investigação, partir de pressupostos? Os detetives que criaste certamente não resolveriam nenhum de teus mistérios, caso permitisses que eles partissem de pressupostos. Estou certo?

Concordei, com um gesto de cabeça, sem saber aonde ele queria chegar. Nem mesmo ousava imaginar! O velho colocou as mãos nas dobras de sua túnica e tirou outra chave, com um sorriso nos lábios, e dirigiu-se à porta de bronze. Virou a chave mas esperou eu me colocar do lado dele para abrir a porta por completo. Dentro daquilo, que não era mais do que um armário na parede, iluminado por uma janela de vidro no teto, estava a estátua em tamanho natural de um homem – esculpida em mármore.

– Matias, na minha opinião, esta é a obra-prima de meu escultor, Hermógenes.

– É Jesus? – exclamei.

Ele confirmou, com a cabeça.

– Foi feita sem eu tomar conhecimento. Hermógenes costumava ir de livre e espontânea vontade ouvir Jesus no pátio do Templo, e quando voltava para seu estúdio aqui, desenhava de memória. Trabalhando em segredo, a partir destes retratos, ele criou o que estás vendo: uma imagem fiel de Nosso Senhor.

Os pés da figura de mármore, calçados com sandálias, repousavam firmes no solo, sem pedestal de qualquer espécie, de modo que quando me aproximei me vi face a face com o que era provavelmente a única imagem de Jesus feita em vida. Sem dúvida Hermógenes criara uma obra-prima. Mesmo no monocromo de mármore branco, a figura parecia prestes a mexer-se e falar, devido à luz difusa que vinha de cima. Estudei cada feição, cada traço tentando guardá-los em minha memória.

O cabelo de Jesus era partido ao meio, caindo solto pelas costas, mas puxado para trás, sem cair no rosto, de forma que era possível ver os lóbulos de suas orelhas. Sua fronte era larga e as sobrancelhas cheias. Os olhos, bastante profundos. O nariz era grande, ligeiramente curvo, e os lábios eram grossos. Tanto o bigode quanto a barba eram aparados, embora não com muito cuidado, e as maçãs do rosto, um pouco salientes, contrastavam com o queixo pronunciado. Sua altura, se Hermógenes a havia reproduzido fielmente, era a mesma que a minha, aproximadamente um metro e oitenta de altura – alto, para um judeu da época. Pelo que eu conseguia me lembrar, a figura que mais se assemelhava a esta era o Jesus de uma pintura a óleo de Ralph Pallett Coleman. Certa vez havia admirado uma reprodução imensa do trabalho de Coleman no escritório do capelão de Scottsdale Memorial Hospital, e Arthur Howard havia me feito a gentileza – de me mandar uma reprodução menor, que coloquei em meu escritório.

– De que cor era o cabelo dele, José?

– Castanho, mais para escuro. Os olhos também. . . e a pele era morena queimada de sol.

– E a voz?

– Não era grave, nem fina, e sempre baixa. Mesmo quando irritado, suas palavras nunca teriam ferido os ouvidos.

Dei um passo para trás, ainda tentando fotografar aquele rosto com meus olhos. Da metade do rosto para cima parecia com seu irmão, Tiago. Tiago? De repente me lembrei quem estava com a parte que faltava do quebra-cabeça. Voltando-me para José, quase gritei:

– Preciso ver Tiago novamente.

– Por quê? – perguntou o velho com a voz apreensiva.

– Você não se lembra, José? Perguntei a ele por que, já que tinha se recusado a seguir Jesus enquanto ele estava vivo, ele agora arriscava a própria vida, todos os dias, pregando uma filosofia que havia causado a morte de seu irmão.

– Sim.

– E ele se recusou a responder naquela hora. Disse-me para voltar lá e fazer-lhe aquela pergunta depois que eu tivesse falado com todos os outros. É o que já fiz.

– Matias, tens muito pouco tempo aqui. Lembra, quando chegaste, que te avisei que se acontecesse alguma coisa aqui, durante tua visita, que te fizesse perder a vida, eu não seria capaz de ressuscitar-te para depois devolver-te à tua própria época e teu próprio país.

– Sim, eu me lembro.

– Vale a pena correr este risco por causa de uma visita a Tiago? Ainda não estás convencido de que sabes a verdade sobre Jesus, sem recorreres a outras provas?

– José, não me mande de volta sem que eu tenha falado com Tiago novamente, por favor!

Ele deu um suspiro.

– Quando desejas vê-lo?

– Hoje, agora, quanto mais cedo, melhor – se, como você diz, Pilatos está pronto para atacar.

José torcia as mãos de nervoso.

– Não posso ir contigo hoje, Matias, pois tenho que estar no depósito daqui a pouco.

– Onde é que poderíamos encontrar Tiago a essa hora?

– Provavelmente no seu local de trabalho. Ele tem uma tenda no mercado, onde constrói e conserta móveis, carroças e implementos agrícolas. À tarde ele está sempre no Templo.

– Seu depósito é perto da barraca dele, no mercado?

– Fica um pouco depois.

– Bom, então por que você não me deixa lá perto da tenda de Tiago e não segue para seu depósito? Dê-me uma hora com Tiago e aí mande Shem me buscar. Por favor!

– Pode ser muito perigoso, meu filho.

– Não se preocupe. Eu sei cuidar de mim. E só vai levar uma hora.

– Isto é assim tão importante para ti, Matias?

– José, significa tudo para mim, especialmente depois de eu ter falado com João, Marcos e Shobi, ontem. Durante todos os meus anos de pesquisa para o livro, sempre fiquei imaginando o que fez Tiago mudar de idéia sobre Jesus, depois da crucificação. Vinte anos, meu velho amigo.

– A maioria das pessoas passa uma vida toda imaginando coisas.

– Eu sei, mas a maioria da pessoas não tem essa oportunidade que você me deu. Ele vai ser meu último entrevistado, prometo.

Consegui convencê-lo.

Embora preocupado com minha segurança, José não resistiu à tentação de assumir seu papel de guia quando entramos na esquálida cidade baixa, a qual inexplicavelmente tinha o mercado mais completo e variado de toda a civilização. Nenhuma peregrinação à Cidade Santa era considerada completa sem uma visita ao grande mercado. Em ruas pavimentadas com pedras espaçadas, nas quais mal dava para uma carruagem passar, de tão estreitas, José por diversas vezes dava ordens a Shem para parar, enquanto ele apontava para lugares pitorescos e estrangeiros ainda mais pitorescos vindos de terras distantes. Judeus da Babilônia levantavam suas túnicas de veludo compridas, para não tocar no excremento dos animais, enquanto colidiam com seus irmãos persas, uniformizados em brocados de seda. Devotos da Anatólia enrolavam as túnicas de pele de cabra bem junto ao corpo para evitar as mãos dos vendedores, que gritavam e tentavam pegá-los pelo braço, e não esbarrar nos desajeitados camponeses galileus, que só tinham olhos para as mercadorias mais vulgares, coisa que não faltava. Vi dois soldados romanos, provavelmente auxiliares sírios, segundo José, passarem silenciosamente pelos compradores de fim-de-semana que circulavam. Seus capacetes reluzentes e capas coloridas se destacavam mais naquele festival de cores e formas. Tanto os visitantes quanto os nativos fingiam não vê-los.

O mercado tinha artigos para todos. Tendas abertas e bancadas que serviam de vitrine, algumas tão pequenas que até o comerciante ficava de fora, à disposição dos fregueses. Consertavam-se sandálias, remendavam-se capas, tingiam-se túnicas, vendiam-se braceletes da melhor prata e cordões de metal mais barato, trocava-se ouro pelo mesmo peso em seda. Artesãos dos mais hábeis faziam tapetes diante dos olhos do freguês, enquanto que a tenda ao lado exibia estatuetas grosseiras de deuses gregos e romanos. Em todo lugar podia-se ouvir o burburinho de gente pechinchando, e perfumes, bálsamos, frutas, óleos, e até mesmo animais, passavam de mão em mão, trocando de donos.

Pedintes, aleijados, doentes e até mesmo cegos atropelavam os compradores. Apenas a figura ameaçadora de Shem, sentado lá no alto, com seu chicote na mão, evitava que fôssemos engolfados pela onda de gente. Carne e queijo, expostos sobre mesas bambas, acumulavam o pó e a areia que levantávamos ao passar. Os restaurantes, para os quais José apontou, eram abundantes, em todas as ruas. Serviam uma grande variedade de carne de carneiro e de veado, perdizes, codornas, ganso, iogurte, lentilhas, ervilhas, alface, pão, peixe fresco, torta de frutas e gafanhotos fritos, com vários tipos de vinho de Chipre, da Samaria, de Canaã e também cerveja do Egito. Havia até prostitutas, para o viajante ou soldado solitário, de todas as cores e raças, andando de um lado para o outro, em frente a suas tendas, sussurrando palavras doces de sedução para os peregrinos atônitos.

Para os visitantes campesinos acostumados à vida bucólica das aldeias, a zoeira do mercado devia ser ensurdecedora. Juntamente com o clamor monótono dos comerciantes ouviam-se as batidas ritmadas das marretas e dos martelos dos artesãos, dando forma à madeira, ao bronze, ao couro e à prata. Carneiros berravam, bois e vacas mugiam em coro, de medo, ao serem conduzidos, debaixo de chicotadas, por seus novos donos, os cascos tinindo contra as pedras e tábuas. Arautos anunciavam mensagens especiais do sumo sacerdote quase de hora em hora, crianças berravam, alcoviteiros discutiam e comerciavam, cães latiam, e quatro vezes ao dia a clarinada das sete trombetas de prata reverberava por toda a cidade, fazendo com que todos se ajoelhassem. Os habitantes da cidade baixa, explicou-me José, não eram apenas súditos romanos, mas também prisioneiros de seu próprio desespero, e as injunções solenes de seus sacerdotes lhes proporcionavam pouca esperança de algum dia atingir uma vida melhor. Eles haviam quase se rebelado quando ouviram que Jesus fora crucificado. Ele havia sido aceito por eles como nenhum outro rabino ou mestre.

Encontramos Tiago em uma das inúmeras ruas transversais, apinhadas de gente. Ele estava do lado de fora de sua tenda, balançando um martelo em uma das mãos e gesticulando com furor para uma multidão reunida à sua volta.

– Mesmo quando deveria estar ocupado com seu ofício – disse José, admirado – não esquece de sua grande missão. – O velho virou-se para mim e tomou minhas mãos. – Tem cuidado. Faze o que tens a fazer e espera por Shem. Ele volta para te buscar dentro de uma hora. Vai em paz. *Mizpah!*

– *Mizpah?* Eu sei o que significa isso.

– Dize-me, filho – disse ele mordendo o lábio.

– O Senhor nos proteja durante nossa ausência.

Ele se curvou e beijou minha testa.

– Esta é minha oração, Matias.

Fiquei olhando até a carroça dobrar à esquerda, em uma das ruas principais, todas apinhadas. De repente me senti tão inseguro quanto um menino que fugiu de casa.

– Matias, sê bem-vindo!

Virei-me e vi Tiago correndo em minha direção, e senti-me alegre e aliviado por ele ter me reconhecido. Abraçamo-nos com entusiasmo, e ele me conduziu, por entre todos aqueles móveis, até sua pequena tenda. Depois de muito conversarmos, Tiago perguntou-me:

– Em que te posso ser útil? Com certeza não vieste ver o movimento.

Estávamos sentados no mesmo banco inacabado. O cheiro de pinho recém-cortado enchia o recinto.

– Lembras-te da promessa que me fizeste? – perguntei.

O rosto dele se anuviou.

– Promessa minha. . . a ti? Não.

– Lembras do dia que te visitei no pátio do Templo, em companhia de José de Arimatéia?

– Lembro. Fizeste várias perguntas sobre Jesus, e eu as respondi da melhor maneira possível. – Ele começou a levantar-se. – Matias, como vês, não tenho tempo para isso agora. Talvez hoje à tarde, quando eu estiver no pátio. . .

– Tiago, tenho apenas uma pergunta a fazer-te e só estou aqui porque me mandaste vir.

Ele sentou-se de novo.

– Não estou entendendo.

– Naquele dia, no pátio, admitiste que enquanto teu irmão era vivo, envergonhavas-te de seus atos, e estavas certo de que ele estava no caminho da destruição. Então perguntei-te por que, se aquilo verdadeiramente correspondia aos teus sentimentos, eras agora seu maior defensor, arriscando a vida todos os dias no Templo. Respondeste-me dizendo que eu devia falar com todos os outros, como eu planejara, e então responderias minha pergunta.

Ele fez um gesto afirmativo com a cabeça e sorriu.

– Agora recordo-me. Bem, interrogaste todas as testemunhas de tua lista?

– Todas.

– E estás mais próximo da verdade do que antes?

– Estou, mas ainda podes me ajudar. Se tu, que não acreditavas, estás disposto agora a morrer do mesmo jeito que Jesus, então aquilo que sabes, aquilo que apareceu em tua vida após a crucificação, seja lá o que for, pode também ajudar-me. Uma coisa é ver a verdade com os olhos que certa vez foram cegos, outra coisa é entender a verdade que ora se vislumbra.

Tiago baixou a cabeça, até que ela estava quase em seus joelhos, esfregando a nuca e o pescoço com força. Sentei-me ao lado dele, totalmente indefeso, esperando. . . esperando. . .

Finalmente ele levantou a cabeça. Assim que abriu a boca para falar, uma sombra se projetou no chão e ouvi um ruído metálico. Tiago ergueu-se, repentinamente, e eu também, mas já havia três legionários dentro da pequena tenda. Um deles deu um passo à frente, com um rosto inexpressivo.

– Teu nome é Matias? – perguntou ele, apontando para mim sua espada curta.

– Sim – disse eu.

– Matias, por ordem do Procurador Pôncio Pilatos, considera-te preso!

quinze

– Quem sois?

Eu estava mais uma vez nos aposentos de Pôncio Pilatos. Só que desta vez ele não me serviu vinho, nem me convidou para sentar em seus sofás macios. Pilatos estava com o uniforme completo. Com as mãos sobre os quadris, todo encouraçado, ele andava de um lado para outro diante de mim, olhando. . . aguardando.

– Quem sois? – perguntou ele novamente.

– Meu nome é Matias. Sou um historiador de. . .

– Mentira! – bradou ele.

Seu punho direito golpeou-me o rosto. O anel de ouro pesado cortou-me bem embaixo do nariz. Assim que avancei contra ele, os soldados que estavam a meu lado foram ao meu encalço. Não consegui evitar a queda porque minhas mãos estavam amarradas nas costas, e minha cabeça bateu no chão. Tonto, deitei-me no chão, até que a bota cheia de tachas de Pilatos pousou sob o meu queixo e empurrou minha cabeça para trás.

– Levanta-te, impostor! – gritou ele.

Senti gosto de sangue na boca. Finalmente me encolhi e consegui deslizar meus pés sob meu corpo para poder me levantar. Minha cabeça latejava e as mãos amarradas com força já estavam dormentes. Eu estava também aterrorizado, mas isso ele não iria saber nunca. Amaldiçoando a hora que decidi não ouvir o conselho de José, preparei meus pés e esperei pelo próximo golpe.

Agora Pilatos voltou a bancar o anfitrião.

– Sê bem-vindo, Matias. Imagino que não tivesses planejado um outro encontro comigo para tão breve.

– A cidade é pequena, senhor – respondi eu, ofegante, com toda coragem que pude reunir.

– Decerto que é. – Deu um sorriso irônico. – Especialmente se comparada a Roma.

– Mas as pessoas aqui são mais cordiais, não concordais?

Mais uma vez o punho dele me acertou, desta vez no plexo solar. Dobrei-me de dor, ofegante, mas desta vez os guardas foram espertos e me pegaram pelas axilas, para que eu não caísse de novo. Com a cabeça baixa vi o sangue caindo da boca e respingando os azulejos a meus pés.

– Matias – esbravejou o procurador – me fizestes de tolo. Confiei em vós, a conselho de José de Arimatéia, e respondi a todas as perguntas com franqueza, abertamente. Agora descubro que não sois um cidadão romano nem. . .

– Mas sou!

Pilatos cruzou os braços e assentiu com a cabeça, zombando de mim.

– Muito bem, mostrai-me os documentos.

– Eles. . . eles não estão comigo no momento.

– Então dizei onde estão guardados, que mandarei meus homens buscá-los para podermos verificar vossa identidade. Onde estão esses documentos?

Aquela não era uma boa saída para mim. E procurar ganhar tempo mandando soldados à casa de José para revistar meu quarto inutilmente só traria maiores problemas ao velho, talvez por ter me ajudado e ter sido meu cúmplice.

Suspirei.

– Perdi meus documentos no mar, durante uma tempestade.

– A desculpa não é muito convincente – zombou Pilatos – especialmente para um suposto historiador. Também não me assegurastes que éreis amigo do nosso governador, Lúcio Vitélio?

– Ele foi meu amigo há muito tempo atrás.

Um terceiro murro atingiu minha orelha esquerda.

– Mentiroso!

Quando finalmente olhei para cima, depois de minha cabeça ter parado de rodar, vi que Pilatos estava acompanhado de outro oficial, também de uniforme completo, de capa.

– Dizei-me, Matias, quem é esse tribuno a meu lado?

Ele era jovem, e o cabelo preto, bem aparado, era rente à cabeça. Tinha quebrado o nariz, pelo menos uma vez, e era moreno como Pilatos. Olhos, castanhos. Boca, ríspida. Cicatrizes, nenhuma. Quem podia ser ele? Por que Pilatos esperava que eu o conhecesse se eu não fosse um impostor? Alguém de Roma? Ou da Antióquia? Um homem de Vitélio, talvez?

Em toda minha pesquisa sobre Vitélio, um homem ligado a ele havia me intrigado de modo especial, provavelmente porque muito pouco se sabia sobre ele. De acordo com o historiador judeu Joséfus, um grupo de samaritanos fora a Vitélio reclamar que Pilatos tinha exterminado muitos dos seus, quando reunidos para celebrar cerimônias religiosas no Monte Garizim. Ao que parece, essa reclamação e muitas outras que se seguiram ao longo dos anos, foram a gota d'água que faltava pois Joséfus relata que Vitélio enviou um amigo chamado Marcelo para demitir Pilatos do cargo e mandá-lo de volta a Roma, para prestar contas ao imperador de seus malfeitos. Em meu livro inacabado, antes de desistir de meu projeto, eu tinha planejado de início que o histórico Marcelo seria um dos membros de minha fictícia comissão investigadora, e eu faria com que ele mandasse Pilatos de volta à Roma, no final, não por seus crimes contra os samaritanos, mas por seus atos ilegais contra Jesus.

Será que eu estava realmente cara a cara com o homem que teria sido o herói de meu livro, caso eu o tivesse concluído? Era tudo tão bizarro e irreal, que comecei a rir, apesar de minha péssima situação.

– Achais esse homem engraçado, Matias? – urrou Pilatos, surpreso.

– Não, não – disse eu. – Pelo contrário. Ele é um dos melhores soldados de Roma e amigo de Vitélio. Seu nome é Marcelo.

Pilatos deu um pulo para trás, como se tivesse levado um soco. Virou-se e olhou para Marcelo, o qual balançava a cabeça, admirado. Decidi continuar blefando, apesar de estar por baixo. Não tinha nada a perder. Segundo Joséfus, Marcelo veio para demitir Pilatos no final de 36 a.D., ou então começo de 37. Bem, aqui estávamos no final de 36 a.D. Será que Marcelo estava aqui para assumir o comando? E mais importante ainda, será que ele ainda não havia transmitido a notícia a Pilatos? O que aconteceria se eu dissesse tudo que sabia?

– Pilatos – comecei – pareceis surpreso por eu saber o nome deste senhor. Não há motivo de espanto. Posso fazer mais: confiar-vos um segredo de estado, algo que afetará vosso próprio futuro.

Ele aguardou, olhando para mim com ódio e desconfiança – um olhar que me punha nervoso.

– Eu vos digo uma coisa, Pôncio Pilatos. Vossos dias de comando aqui estão contados! Não mandastes matar recentemente muitos samaritanos que chegaram à aldeia de Tiratana, antes de subirem o Monte Gerizim, para fins religiosos?

Por um instante ele se esqueceu que eu era um prisioneiro.

– Eles estavam reunidos naquela aldeia – queixou-se ele – não para adorar o seu deus, mas para reunir um exército e se rebelar contra Roma!

– Meu amigo Vitélio não concorda contigo. Depois de receber uma delegação de samaritanos, chegou à conclusão que o que fizestes foi assassinar homens desarmados, mulheres e crianças. Além do mais já se cansou de vossos métodos brutais de lidar com o povo daqui. Marcelo está em Jerusalém para vos demitir do cargo. Veio avisar-vos que Vitélio ordena que volteis imediatamente a Roma, onde devereis prestar contas de vossos atos a Tibério. Marcelo deverá assumir o comando até que o imperador escolha um novo procurador!

Impossível dizer qual dos dois estava mais surpreso. Tanto Pilatos quanto Marcelo ficaram pálidos como cera. Marcelo foi o primeiro a recobrar a fala.

– Posso vos assegurar, procurador, que o governador desconhece a existência desse homem. Ele é obviamente um agente secreto estrangeiro enviado aqui para causar confusão. Talvez umas boas chicotadas o convençam a revelar sua verdadeira identidade e seu objetivo aqui.

Pelo visto, Marcelo ainda não estava preparado para demitir Pilatos de seu cargo. Talvez Vitélio tivesse dado ordens a Marcelo para conduzir uma investigação completa sobre o incidente perto do Monte Gerizim, antes de entrar em ação. De qualquer forma, minha tentativa tinha falhado. O inimigo se dividira. . . mas não o tempo suficiente para eu cantar vitória. Apesar de o tribuno não ter se comprometido com sua resposta, Pilatos começava a recobrar a cor e seus ombros se endireitaram. Marchou em minha direção, com os olhos semicerrados. Preparei-me para o próximo soco.

– Sois apenas mais um adepto daquele rebelde morto, Jesus, que foi crucificado? – perguntou ele. – É por isso que me fizestes muitas perguntas sobre ele?

Ninguém precisava me lembrar que eu estava diante da autoridade suprema do local. Se Pôncio Pilatos decidisse que eu devia ser pregado na cruz, naquele mesmo dia eu seria crucificado.

– Não. Sou apenas um historiador romano.

De repente me lembrei de Pedro e de suas três negativas no pátio do sumo sacerdote. O instinto de conservação é algo que pode fazer de covardes quase todos nós.

– José de Arimatéia sabe vosso nome verdadeiro?

– José é um velho amigo. Ele sabe meu único nome: Matias.

Pilatos ergueu o punho e eu instintivamente virei a cabeça para livrar-me do murro. Mas não houve murro nenhum. Em vez disso, senti a mão de Pilatos entrar em minha túnica, até que conseguiu pegar meu amuleto de ouro. Um sorriso de malícia rapidamente transformou-se em riso de vitória, enquanto Pilatos revirava a medalha entre os dedos, fazendo um gesto de cabeça para que Marcelo se aproximasse.

– Vede o peixe, tribuno! É o símbolo deles, daqueles miseráveis cristãos. Agora sabemos o que ele é.

Marcelo concordou. Ele também parecia satisfeito – e aliviado.

– Depois de todos os problemas que vos causou, senhor, eu recomendaria que ele fosse açoitado até a morte. Assim, esse povo acabará entendendo que Roma está decidida a manter a paz aqui, não importa quantos deles tenham que pagar com a própria vida.

Pilatos jogou o amuleto para o alto várias vezes, olhando pensativo para o teto. Aí cuidadosamente recolocou-o dentro de minha túnica, e bateu nele por cima do pano.

– Não, Marcelo. Tenho um plano melhor para este aqui. Amanhã é sábado, dia de descanso para os judeus, e neste dia a cidade está calma; então trancamos os portões do forte e nos divertimos com alguns joguinhos no pátio, lá embaixo. Já faz algum tempo que meus homens não se distraem com algumas competições no Círculo da Morte, e nosso perito nesse jogo, Pórcio, hoje mesmo reclamou de estar perdendo sua agilidade, por falta de adversários corajosos que queiram desafiá-lo. Amanhã ele terá um.

Quando Pilatos mandou me levarem, fui conduzido através da praça de armas até a ala leste do forte. Lá fui jogado em uma cela junto com Tiago, que tinha sido levado comigo. Depois de dar uma olhada em meu rosto, ele me fez deitar no único colchão que lá havia, rasgou um pedaço de sua própria túnica, molhou-o num pequeno cântaro com água e limpou o sangue de meu rosto e pescoço. Então tive que lhe contar tudo o que havia acontecido com Pilatos.

Com suas mãos calosas ele começou a afagar minha testa.

– Matias, sabes o que é o Círculo da Morte?

– Quando entrevistei Pilatos, lembro-me vagamente de ele ter mencionado um jogo do qual apenas seus soldados mais corajosos participavam. Por quê? De que se trata?

– Lembras de teres visto dois postes de madeira lá no pátio, talvez a uns trinta passos um do outro?

– Lembro. Pilatos me mostrou. Disse que Jesus havia sido flagelado em um deles.

– E foi. Na disputa do Círculo da Morte, pelo que ouvi falar, dois homens ficam acorrentados por um tornozelo, um a cada poste. A corrente de cada gladiador é comprida o bastante para que ele possa ir de um lado do poste ao outro – uma distância de no máximo seis passos. Ele também pode dar uma volta completa ao redor do poste, o que deu nome ao jogo.

Agora eu estava apoiado em um cotovelo.

– E daí?

– Cada um dos desafiantes recebe dez azagaias, que são colocadas dentro de seu círculo. A um sinal, geralmente de Pilatos, os dois começam a atirar as azagaias um no outro. É claro que, como as correntes dão certa liberdade de movimento, eles podem se mexer em volta do poste e tentar escapar das azagaias do outro.

Tiago, coitado, estava tentando fazer com que tudo parecesse tão tranqüilo quanto uma caminhada no campo.

– O que acontece – perguntei – quando um acaba de atirar suas dez lanças?

Houve uma longa pausa.

– Se. . . o desafiante estiver vivo, ele tem permissão para apanhar qualquer azagaia atirada pelo outro, que estiver ao seu alcance, levando em consideração o comprimento da corrente. Porém, por tudo que já ouvi, os duelos raramente duram tanto tempo, a ponto de que ambos tenham atirado as dez azagaias.

– Por quê?

– Porque geralmente um dos dois competidores é esse homem, um legionário famoso, com fama de ter matado mais de trezentos adversários neste jogo desde que chegou aqui em Antônia, há cinco anos atrás. Dizem que tem tanta pontaria que é capaz de acertar um pardal a uma distância de cinqüenta passos, e é tão forte que já conseguiu matar um cavalo a essa mesma distância.

– Sabes o nome deste soldado, por acaso?

– Sei. Ele se chama Pórcio.

À tarde tivemos uma visita inesperada. Como nossa cela não passava de um recinto com uma porta de madeira, com tranca do lado de fora, não ouvimos ele se aproximar, até que bateu na porta e chamou meu nome baixinho.

– Matias. . . Matias, estás me ouvindo?

– Sim. Quem é?

– É Cornélio. Lembra-te que conversamos, depois de tua visita a Pilatos?

– Como poderia esquecer, centurião?

– Não posso me demorar. Só queria te dizer que tentarei dar notícias tuas a José, assim que puder.

– Obrigado, mas acho que José não pode mais me ajudar a essa altura.

– Não percas nunca a fé, Matias. Reza, reza com Tiago.

– Acredita-me, Cornélio, vou rezar mesmo.

– Só mais uma coisa. Em tua disputa, amanhã, se jogares apenas uma lança de cada vez, descansando em seguida, não terás chance de vencer Pórcio. O que tens a fazer é atirar uma, depois outra, depois outra, o mais rápido que puderes. Desse jeito há muito mais possibilidade de uma acertá-lo, enquanto ele tenta atirar a primeira. E tem cuidado. Ele vai tentar fazer o mesmo contigo.

– Obrigado, Cornélio.

– Que Deus esteja contigo, Matias.

Encostei o ouvido na porta, ouvindo seus passos morrerem pouco a pouco no corredor.

– Matias – perguntou pouco depois Tiago – tens alguma experiência com azagaias? Pelo que me consta, a maioria dos jovens romanos praticam esse esporte.

– Nunca atirei uma azagaia em toda minha vida – admiti, começando a perceber que no dia seguinte ia morrer sem que Kitty, meus filhos nem qualquer outra pessoa jamais soubesse o que havia me acontecido. Aí de repente lembrei-me por que eu estava nesta situação terrível.

– Sinto muito ter-te envolvido nisso, Tiago. Não passou de egoísmo de minha parte. José havia me prevenido dos riscos, mas eu simplesmente tinha que falar contigo novamente.

Ele me puxou para perto de si, acariciando minha nuca para me confortar.

– Não te preocupes comigo, Matias. Já estive aqui antes. Daqui a um ou dois dias Pilatos me dará algumas chicotadas e depois me libertará, sempre com a ameaça de que algum dia irá me enforcar em uma árvore, assim como fez com meu irmão. Mas o que foste me perguntar no mercado? Com toda essa confusão, acho que nós dois esquecemos que tua visita tinha um propósito.

Sentamo-nos um do lado do outro, naquele colchão fedorento. Lutei para tirar Pórcio e seu esporte preferido da cabeça. Apesar de todos os depoimentos que eu havia ouvido, até mesmo o de Shobi, eu só me daria por satisfeito quando conseguisse entender com clareza o que havia feito com que este homem, um descrente na época em que Jesus era vivo, se transformasse num de seus mais ardentes devotos, após a crucificação. Então. . . resolvi testá-lo.

– Tiago, onde foi que esconderam o corpo de Jesus?

– Matias, por que estás me fazendo uma pergunta dessas? Se completaste tua investigação e a realizaste de forma cuidadosa, já deves ter chegado à conclusão de que *ninguém* podia ter retirado o corpo do túmulo de José. Para mim, jamais foi necessária nenhuma investigação, apesar de minhas dúvidas antes da morte dele terem sido muito maiores do que as tuas.

– Estás me dizendo que a fé por si só bastou a ti, uma fé cega? – perguntei. – Isso jamais seria o bastante para mim!

Tiago mudou de posição, para olhar-me de frente, bem nos olhos.

– Não. A fé pura e simples jamais teria sido o suficiente para mim. Para se largar uma vida amena e pacífica, e uma família amorosa em Nazaré, como eu fiz, em troca dos insultos, humilhações, provocações, chão duro, crostas de pão – ah, e as celas de prisão, também – é necessário muito mais do que fé. Lembra-te que Jesus era meu irmão. Brincamos, corremos, lutamos, trabalhamos e crescemos juntos, um à sombra do outro. Durante muitos anos dormimos no mesmo leito. Ele disse a verdade, é claro, quando afirmou que é difícil, senão impossível, um profeta ser honrado em sua própria casa. Até mesmo os servos de Pilatos, tenho certeza, riem-se dele pelas costas, quando banham o poderoso governante. A intimidade dá origem a muitas coisas, mas raramente respeito, e jamais adulação. Não, Matias, a fé por si só não teria jamais me transformado no que sou hoje.

Todo o meu perigo iminente foi temporariamente esquecido. Para mim, não estávamos tendo aquela conversa num calabouço improvisado do forte, e sim no pátio cheio do Templo, no gramado de Getsêmani, ou na pequena tenda do mercado.

– Se não foi a fé, Tiago. . . o que foi então?

Ele hesitou.

– Caso sobrevivas ao duelo de amanhã, pretendes incluir o que vou te contar em teus escritos?

– É claro que sim.

Ele balançou a cabeça com um olhar de pena.

– Se fizeres isso, vão zombar de ti.

– Já riram e zombaram de mim antes.

– Muito bem. Por causa da doença de meu filho mais novo, nossa família não havia subido a Jerusalém para a Páscoa, quando Jesus foi crucificado. Não sabíamos de nada do que havia acontecido, até que nosso vizinho, Reúm, voltou da cidade com a terrível notícia. Também nos disse que corriam boatos por toda a cidade, com a mesma rapidez de sempre, de que o túmulo de Jesus havia sido encontrado vazio no terceiro dia depois da crucificação, e algumas pessoas diziam que o corpo tinha sido roubado pelos seus discípulos.

– Como te sentiste quando soubeste da crucificação?

– O remorso foi tão grande que adoeci. Chorei muito de culpa, vergonha e ódio de mim mesmo, pelo modo como eu havia tratado Jesus durante aquele último ano, quando este se esforçava tanto para convencer-nos a todos que o Reino de Deus estava próximo. Não conseguia comer. Tudo o que colocava na boca parecia muito salgado. . .

O som das trombetas do Templo ao lado interrompeu Tiago. Tapou os ouvidos com as mãos para não escutar.

– O que fizeste a seguir? – perguntei, assim que o som das notas estridentes morreu.

Ele pigarreou e prosseguiu.

– Tentei absorver-me em meu trabalho, mas de nada adiantou. Mesmo o menor dos martelos caía de minhas mãos trêmulas. Na primeira noite, depois de termos recebido a notícia, dormi na loja, no chão mesmo, para não afligir minha mulher com meu estado deplorável, pois ela já tinha muito com que se preocupar, entre cuidar de nosso filho e lamentar-se pelo cunhado. O dia seguinte foi a mesma coisa. Tentei comer, mas não conseguia. Naquela noite, mais uma vez, dormi na loja, mas fui acordado por uma voz chamando pelo meu nome. Eu conhecia aquela voz! Estaria eu sonhando? Novamente a voz me chamou. Agora eu estava cheio de pavor. Levantei-me e tateei no escuro, até que achei um pequeno lampião a óleo e o acendi. Jesus estava lá dentro comigo. Meu irmão! Ele vestia apenas um longo camisão de lã branca, e quando levantou a mão para acalmar meu pavor, pude ver as feridas horrendas em seus pulsos. Ele se aproximou de mim, bem devagar, e também vi as chagas nos pés. Aí ele parou e eu o abracei. Disse ele: "Traze uma mesa e um pão."

– O que foi que fizeste?

– Corri para casa em busca de uma rosca de pão. Quando voltei, ele ainda estava no mesmo lugar. Puxei uma pequena mesa de trabalho que estava num canto e coloquei-a no centro, pousando o pão sobre ela. Jesus tomou o pão e o abençoou. Aí partiu-o ao meio e deu-me uma metade, dizendo: "Meu irmão, come deste pão pois o Filho do Homem ressuscitou do meio daqueles que dormem." Antes de dar a primeira mordida levantei-me da mesa e fui até o armário para pegar uma garrafa de vinho que sempre guardava lá. Quando voltei. . . ele havia desaparecido! Só os dois pedaços de pão restaram como prova de que ele havia estado comigo. Mas foi o bastante. Sabia que tinha visto Jesus e conversado com ele, embora dissessem que ele estava morto. Como podes ver, Matias, não preciso de mais nenhuma prova para saber que o corpo dele não foi roubado, nem estou no Templo, todos os dias, me expondo ao ridículo e sendo perseguido, apenas por causa de fé. Jesus me deu todas as provas de que eu precisava. Vê! Vê!

Ele pegou dentro do avental de carpinteiro que usava quando foi preso dois objetos embrulhados num algodão fino, e colocou ambos em meu colo.

– Abra! – ordenou ele.

Desembrulhei os dois panos. Em minhas mãos estavam dois pedaços escuros de pão, duros como pedra, relíquias valiosas que atestavam a veracidade de uma fonte bíblica que sempre me desafiara e fora um mistério para mim.

São restos dispersos de um antigo evangelho, supostamente escrito em aramaico, talvez antes de todos os outros, chamado Evangelho dos Hebreus. Apenas alguns fragmentos foram conservados. Um deles eu havia lido tantas vezes, durante meus primeiros anos de trabalho em *A Ressurreição de Cristo,* que eu o havia decorado:

Eis que o Senhor, tendo dado o lenço de linho ao servo do sacerdote, apareceu a Tiago (pois Tiago havia jurado que não mais comeria pão, desde a hora em que bebera do cálice do Senhor, até que o visse levantar-se do meio dos que dormem).

Servo do sacerdote que havia recebido o lenço de linho? Shobi, como ele próprio havia me relatado ontem!

Apareceu a Tiago? Eu acabara de ouvir aquilo de seus próprios lábios!

Tentei me lembrar do final daquele fragmento do evangelho:

Ele tomou, deu graças, o partiu, e o deu a Tiago, o Justo, e disse: Meu irmão, come deste pão, pois o Filho do Homem levantou-se do meio daqueles que dormem.

Sem saber como, percebi que estava de joelhos, não no colchão, mas no chão de pedra.

– Tiago – solucei – não rezo desde menino. Ajuda-me a dizer uma oração.

– Tu? – perguntou ele admirado. – Como assim? Que tipo de oração era esta, da sua infância, de cujas palavras não te recordas?

– O Pai Nosso – respondi, percebendo de imediato o anacronismo. Para Tiago, o Pai Nosso, oração que Jesus ensinara aos apóstolos, só existia há sete anos, mais ou menos. Portanto, não era possível que eu tivesse aprendido a oração quando menino!

– Quem és tu, Matias? – sussurrou ele.

Peguei o amuleto de ouro de dentro da túnica, para que ele pudesse ver o peixe, a inscrição, e a âncora da esperança.

– Ninguém muito importante, Tiago. Apenas um fiel. . . como qualquer outro.

Ele uniu as mãos e baixou a cabeça.

– Pai Nosso que estais no céu. . .

E eu repeti.

– Pai Nosso que estais no céu. . .

dezesseis

Não há nada mais difícil do que caminhar para a própria morte. No lado oeste da praça de armas, no Forte Antônia, havia apenas algumas centenas de legionários, rindo e gritando obscenidades para mim, quando, na manhã do dia seguinte, fui levado da cela aos trancos e barrancos pelo pátio coberto de orvalho.

Quando meu tornozelo estava sendo algemado ao poste perto do portão, o mesmo em que, segundo Pilatos, Jesus havia sido flagelado, ouvi a voz inconfundível do procurador. Ele estava em sua sacada, recostado em um sofá branco, com Marcelo e Cornélio a seu lado.

– Matias!

O balcão estava a uns 3 metros de altura e apenas a vinte metros de distância. Minha primeira reação foi ignorar o seu chamado, mas eu já não tinha muito ânimo de desafiá-lo, após uma noite de insônia, desespero e autocompaixão. Dizem que os que se afogam revêem toda a sua vida no instante antes de morrer. Eu preferia que fosse assim, ao invés de passar aquelas horas de tortura pensando no que devia e podia ter feito em minha vida. Eu estava com medo de morrer. Não queria morrer! Não fora Mark Twain quem escrevera que toda pessoa possui uma coisa que vale mais que todas as outras – seu último suspiro?

– Matias, estais me ouvindo? – gritou Pilatos mais uma vez.

Fiz que sim com a cabeça, voltando-me em sua direção.

– Dizei-me quem sois e por que estais aqui, que vos punirei e colocarei em liberdade. Caso contrário, vosso sangue cairá nas mesmas pedras que ficaram manchadas com o sangue de vosso amigo Jesus, e morrereis no lugar onde ele foi flagelado!

Aproximei-me da sacada, o máximo que a corrente permitia, e gritei:

– Mas se eu ganhar esta disputa, não serei libertado? Segundo as leis de Tibério, mesmo os escravos que lutam com as feras no Coliseu são postos em liberdade quando vencem.

A gargalhada aguda de Pilatos foi abafada pelos risos estridentes dos legionários por perto, que haviam ouvido nossa conversa. Quando a risada cessou, Pilatos levantou-se e estendeu ambas as mãos em minha direção.

– Não violamos nenhuma lei do imperador aqui, agitador! Se vencerdes, tendes minha permissão para sair por aquela porta atrás de vós e podeis levar vosso amigo agitador também.

Mais gargalhadas, de repente interrompidas por aclamações do lado oposto da praça de armas: Pórcio havia chegado, acenando e mostrando seus bíceps para os companheiros, enquanto atravessava confiante a praça de armas, em direção a seu poste, e erguia o punho em saudação a seu comandante.

O campeão em arremesso de azagaias não olhou uma vez sequer em minha direção, enquanto esperava, impaciente, e com os pés bem separados, que a corrente fosse presa em seu tornozelo. Acima das botas, amarradas com cordões grossos de couro até o joelho, usava apenas uma tanga e parecia, minha Nossa Senhora, do tamanho de Shem. Tanto o cabelo quanto a barba eram compridos e desgrenhados, e quando ele sorriu para um dos guardas que havia gritado lá de cima, da muralha do forte, pude ver, mesmo daquela distância, que quase não tinha dentes.

Quando os guardas acabaram de aprontar Pórcio, mais dois à minha direita marcharam pelo pátio, cada um com uma braçada de azagaias e as depositaram ao lado de ambos os postes. Pórcio pegou uma e levantou-a no ar. Fiz o mesmo, contando as armas que tinha na pilha. Dez. Cada uma das lanças tinha uns dois metros de comprimento, com um metro e meio de cabo de madeira ligado a uma ponta afiada de ferro. Pesada! Uns seis quilos no mínimo! Eu nem sabia se teria condições de atirar uma delas a uma distância de trinta passos.

Abaixando-me, apertei o laço das sandálias ao máximo, com as mãos trêmulas. Tentei me lembrar do que Cornélio havia me dito e levantei duas lanças com a mão esquerda, segurando uma terceira com a direita. Sacudi o pé esquerdo para me certificar que a corrente não estava no caminho. Um tropeção seria desastroso. Pilatos estava agora de pé, contra as grades do balcão, e ambas as mãos erguidas.

– Podeis começar assim que eu bater as mãos. . . e que vença o melhor. Viva Tibério!

Ouviu-se um clamor, seguido de um silêncio. Senti o cabo de madeira meio úmido na palma da mão. Dei alguns passos para trás, o máximo que a corrente permitia, e tentei apoiar meu pé direito contra uma pedra mais elevada no chão. Pórcio, ao contrário, havia pegado uma única lança. Também ao contrário de mim, parecia absolutamente tranqüilo, com um sorriso condescendente na cara barbuda. Um pequeno redemoinho de poeira momentaneamente surgiu entre nós, e virei a cabeça para não ficar cego. Nesse momento ouvi o sinal de Pilatos. Mergulhei mais do que depressa para a esquerda. Bem na hora! Lá se ia a primeira lança de Pórcio, antes mesmo de eu vê-la, e continuava sua trajetória por mais alguns metros, antes de aterrissar nas pedras e cair no chão. Erguendo-me em um joelho, vi Pórcio casualmente dar-me as costas e caminhar vagarosamente em direção à sua pilha de dardos. Mais do que depressa fiquei de pé e atirei minha primeira lança, daí a segunda, e finalmente a terceira, o mais rápido que pude. Todas elas foram aterrissar a uma pequena distância, sob mais gargalhadas dos espectadores. Agarrei mais duas com a mão esquerda e uma com a direita, sempre de olho em Pórcio. Mais uma vez ele pegou uma única lança de sua pilha.

— Acaba com ele, soldado! — gritou alguém, assim que o homenzarrão arremessou a lança com um grunhido alto.

Novamente me esquivei para a esquerda. Acertei de novo. O primeiro palpite errado seria o último. Pórcio não parecia de modo algum perturbado por já ter errado duas vezes. Riu-se em direção ao balcão e ajoelhou-se ao lado das lanças que lhe restavam.

Enquanto ele ainda estava abaixado, aparentemente despreocupado com minha pontaria, joguei minhas outras três, com mais cuidado. A primeira caiu longe, a sua direita, mas as outras duas nem chegaram perto. Meus arremessos não ganhavam velocidade. E as duas que caíram em frente a Pórcio estavam agora a seu alcance, fornecendo-lhe armas a mais. Ele chutou as duas de lado, com desprezo, e levantou duas lanças para que todos vissem. Peguei uma da pilha, deixando ainda três no chão.

Pórcio foi para trás do poste e levantou as lanças mais uma vez, mas desta vez ambas estavam na mão direita. Virou-se de costas, deu uma volta completa, e arremessou as duas. Eu podia ver ambas se aproximando, com as pontas brilhando no sol da manhã, e separando-se à medida que se aproximavam. Virando-me, escorreguei na pedra molhada e caí para trás. Que sorte! Ambas as lanças zuniram por cima de mim, com seus cabos de madeira talhados, zumbindo como um enxame de abelhas. Pórcio quase acerta as duas! Dei um pulo do chão e arremessei minha lança, decidido a atirar longe. E consegui. A azagaia fez uma curva bem em cima da cabeça dele, e uma dor aguda em meu lado direito me fez pensar que o braço tinha ido junto. Alguma coisa tinha estalado no meu ombro! Eu não estava mais sentindo o braço, a mão e os dedos. Se Pórcio sequer suspeitasse que havia algo de errado, me faria em pedacinhos. Agarrei mais duas lanças. Segundos depois, ouvi um barulho alto de madeira rachada. A ponta de sua lança havia se fincado no poste, a apenas alguns centímetros de distância de minha cabeça!

Minha boca estava tão seca que a língua parecia do tamanho de um pepino. O suor que me escorria pelo rosto dificultava a visão. Eu estava aterrorizado, com raiva e, mais do que tudo, frustrado. Aquilo era tudo inútil, e eu sabia disso. Não havia outra saída. Eu ia morrer dentro dos próximos minutos.

Com minhas duas lanças tentei enquadrá-lo. Mirei à esquerda com a primeira e à direita com a outra. Meus ombros formigavam a cada lance. Meu adversário não precisou nem se mexer para se esquivar de qualquer uma delas. Agora ele estava começando a zombar de mim. Apoiou o cotovelo no poste, como se estivesse fazendo hora. Sem uma lança sequer nas mãos! Os soldados se deliciavam.

Pilatos também estava gostando da brincadeira, obviamente. Eu ouvia suas gargalhadas em meio à risadaria geral.

– Matias – gritou ele – agora sim sabemos que *não* sois um romano. Nenhum romano jamais se atrapalhou com uma lança como vós. Sois uma vergonha até mesmo para os cristãos miseráveis a quem amais, e agora morrereis pelo vosso Jesus!

Peguei minhas três últimas lanças, ao mesmo tempo que vi Pórcio fazer o mesmo. Era a primeira vez que ele pegava três. Os soldados vibravam, sentindo que o final estava próximo.

Cerrei os dentes e joguei a primeira. Não foi longe, mas chegou mais perto. Recuei, corri e peguei o maior impulso possível, dando mais um arremesso. O cabo de madeira deslizou de minha mão suada, deu várias voltas no ar, e foi cair de ponta entre eu e Pórcio, antes de tombar. A risada de Pilatos encheu-me os ouvidos. Com o rabo do olho pude vê-lo rolando de tanto rir, a cabeça grisalha subir e descer. Virei-me em sua direção, apoiei os pés firmes no chão, e fiz minha última lança voar em direção ao balcão!

Foi meu melhor arremesso do dia. A ponta da lança foi enterrar-se em uma viga a apenas uns centímetros do rosto estarrecido de Pilatos. Na praça de armas, só um silêncio de morte. Mas o procurador logo recuperou-se e pôs-se de pé de um salto.

– Mata-o, mata-o, mata-o! – gritou ele, apontando para Pórcio e depois para mim.

Pórcio ergueu suas três lanças. Respirou fundo e atirou, primeiro uma, depois outra, depois a terceira. Corri para o poste e tropecei, instintivamente agarrando-me no topo, procurando apoio, enquanto o primeiro míssel raspou por mim, à direita, e o segundo passou rente a meu ouvido esquerdo, zumbindo. Tentei recuar para a direita, mas meu tornozelo havia se enroscado na corrente. Mexa-se! Mexa-se! Puxei a corrente com toda minha força. A terceira lança estava tão próxima. . . tão próxima. Assisti a sua aproximação como se tudo estivesse acontecendo em câmara lenta. . . e então senti sua ponta preta forjada enterrando-se em meu peito cansado. . .

E a campainha insistia. . .

Mesmo depois de enterrar a cabeça embaixo do travesseiro, ainda podia ouvi-la – implorando, insistindo, exigindo. . .

Apoiei-me nos cotovelos, alcancei o intruso barulhento e levei-o ao ouvido.

– Bom dia – disse uma voz simpática. – São sete e meia. . . e a temperatura no centro é de vinte e um graus.

Deixei o fone cair no chão e pisquei várias vezes até que meus olhos conseguiram focalizar o *poster* de um toureiro, ao lado de um espelho, sobre uma cômoda. Pisquei novamente e olhei para o que estava mais perto. Eu estava totalmente vestido – camisa, gravata, terno Calvin Klein, sapatos!

Ao lado da cama, a lâmpada da cabeceira estava acesa. Na mesinha pude ver minha aliança, meu Omega de ouro e minha carteira. O relógio ainda estava funcionando, e quando examinei a carteira vi que todos os cartões de crédito e o dinheiro estavam no lugar.

Isso é impossível, pensei. Não posso estar no meu quarto no Century Plaza!

Cambaleei até a cômoda, abri minha pasta e encontrei meu itinerário promocional. Na página quatro constava minha apresentação no *"Tonight Show"*, no dia 8 de setembro. Voltei para a cama, peguei o fone caído, sacudi o receptor várias vezes e aí disquei zero. Quando uma voz com um sotaque espanhol finalmente respondeu, eu ainda estava tentando imaginar como ia formular a pergunta.

– Senhorita, estou um pouco confuso. Que dia é hoje?

Ela não ficou nem um pouco desconcertada. As pessoas sempre perdem a noção do tempo em Los Angeles.

– Hoje es nueve de setiembre, senhor.

Desliguei sem nem ao menos agradecer. Meu maxilar doeu quando abri a boca, e eu estava com uma dor engraçada no peito. Meu Deus do céu, o que tinha acontecido comigo? Vozes? Eu ouvia vozes. Calma, velho, é a televisão ligada. Um homem estava falando. Um sotaque judeu, carregado, mas alto e claro. O que é que ele estava dizendo? Tentei me concentrar. "O

Presidente do Egito, Anuar Sadat, tem que reconhecer que Jerusalém é o tesouro mais precioso de nossa nação. Não permitiremos nunca. . . nunca mais que sua terra seja dividida. Nunca mais!"

Jerusalém? Mesmo para minha mente confusa, foi fácil passar de Jerusalém a José de Arimatéia. Será que o velho tinha mantido sua palavra? Será que eu tinha estado lá com ele, ou. . . ou será que tinha sido um sonho? Fui de novo até a cômoda e me olhei no espelho. Oh! Olhos vermelhos e inchados. Cabelo desmanchado. Cor combinando bem com a das paredes – verde-amarelado.

O telefone tocou novamente. Dei um pulo. Uma voz se identificou como sendo a do chefe de segurança do hotel.

– O senhor está bem, Sr. Lawrence?

– É. Acho que sim.

Ele riu.

– O senhor teve uma noite e tanto. Já estamos com o nome do indivíduo que o agrediu no Granada Room, caso o senhor queira dar parte à polícia. E também o nome de umas dez testemunhas.

Esfreguei o queixo, de leve.

– Não, não. Acho que é melhor esquecer tudo.

– É muita consideração de sua parte, meu senhor. O hotel realmente prefere não ter esse tipo de publicidade. O senhor precisa de alguma coisa?

– Não. Só queria saber como é que eu cheguei até o quarto.

– Dois empregados. . . hum. . . ajudaram o senhor. Assim que entraram no seu quarto, o senhor lhes disse que estava bem, então eles saíram.

– Bom, muito obrigado a vocês todos.

– Satisfação nossa poder ajudá-lo.

Fui cambaleando até a varanda, desligando a televisão ao passar por ela. De início o sol me cegou. Mas logo pude ver, bem lá embaixo, uma figurinha de uniforme cortando a grama, perto da entrada do hotel. Do outro lado da rua, trabalhadores no alto de escadas trocavam lentamente o letreiro do Shubert Theater. À esquerda, uma névoa se elevava, pouco a pouco, por cima das árvores da Avenue of Stars. O ar tinha um cheiro estranho, não como o ar de. . .

Como o ar de onde? De Jerusalém? No ano 36 a.D.? Acorde! O sonho acabou. E por incrível que pareça tinha sido apenas isso – um sonho, como outro qualquer. Mas como é que podia ser uma coisa dessas? É possível sentir cheiros em sonho? Como é que eu sei que os cheiros de lá eram diferentes dos daqui? E José, Tiago, Mateus, Pedro, Caifás, Marcos e Pilatos? Pilatos! Peguei no meu ombro direito. Levantei o braço acima da cabeça. Não estava sentindo dor nenhuma. Mas eu não atirei aquelas lanças? Não consegui quase acertar o procurador? Sua besta! Tudo não passou de um sonho, um sonho maluco, sensacional e em technicolor; vinte anos de pesquisas frustradas sobre Jesus Cristo, tudo culminando com uma manifestação de egocentrismo no programa de Carson, mais umas doses de uísque com soda e um murro no queixo.

Mas como é que eu conseguia me lembrar de tantos detalhes, se tinha sido tudo um sonho? Geralmente os sonhos são apenas fragmentos de diálogos e cenas, que quase nunca fazem sentido. Desde quando eles têm um começo, um meio e um fim, com todos os seus capítulos intermediários, no devido lugar, e todos os cenários identificáveis? Eu ainda era capaz de fechar os olhos e ver Getsêmani, o Gólgota, o Templo e o túmulo, e se eu me concentrasse podia até me lembrar da fragrância do Jardim de Nicodemos! Onde já se viu um sonho como esse? Será que era tudo produto de uma imaginação excessiva, acostumada a criar milhares de tramas, enredos e cenários, e até mesmo cheiros, em tantos livros?

Ouvi asas. Três pombos muito sujos pousaram nas grades da varanda, olharam-me esperançosos, mas, como eu não fiz movimento algum de quem ia alimentá-los, foram-se embora. Agora eu estava começando a ouvir os ruídos da cidade. Não sons das trombetas da torre do Templo, ou de vendedores berrando no mercado, mas sim de buzinas de carros, freadas, um 747 aterrissando, sirenes. Apoiei-me no parapeito e vi uma ambulância passar como um raio, com as luzes piscando furiosamente.

O que tinha me acontecido? Será que a mente humana é capaz desses truques? Será que realmente tudo não passava de uma fantasia? Se fosse só isso, eu jamais seria capaz de escrever sobre aquelas coisas. . . ou será que eu poderia? Só Deus sabe quantos livros são publicados sobre vozes do além, transmigrações e transposições de corpos. Por que é que eu não podia fazer o mesmo? Não! Isso eu não podia fazer nunca. Mesmo assim, talvez fosse melhor eu tomar nota de tudo o que podia lembrar enquanto ainda estava fresco em minha cabeça. Os sonhos somem rápido, eu lera em algum lugar, e talvez algum dia isso servisse para alguém que estivesse pesquisando os mecanismos desconhecidos de nosso subconsciente. Eu tinha que descrever a aparência de Maria Madalena, a visita de Marcos ao túmulo pela madrugada, explicar por que Pedro não estava presente na crucificação, e muito mais, especialmente descrever a estátua de Jesus no palácio de José.

Talvez eu ainda pudesse completar o meu livro. Mas se eu o fizesse, seria acusado de estar tentando consertar o que havia dito no *"Tonight Show"*. E como é que eu poderia explicar que tinha me convertido? Escrevendo nas primeiras linhas do livro que tinha sonhado o que acreditava que fosse a verdade sobre Jesus? Nunca! Já temos bastante birutas cantando essas músicas religiosas, enquanto arrancam dinheiro dessa gente boa e ingênua disposta a se agarrar a qualquer coisa para dar um sentido a sua fé.

Não. Aquilo não ia colar em lugar nenhum. Mas quem acreditaria em mim se eu dissesse que não foi um sonho, que eu havia realmente falado com o guarda do Templo que recebeu o lenço das mãos de Jesus, quando ele saiu do túmulo? Quem iria acreditar que a pedra foi rolada, não durante, mas *depois* da ressurreição? Ninguém! Nem mesmo Kitty. Mais cedo ou mais tarde algum analista, desses que cobram uma fortuna, iria ouvir a minha história, balançando a cabeça sabiamente, e depois receitaria umas boas férias e muito repouso.

De repente me deu frio, apesar do sol da manhã estar brilhando sobre mim. Toquei na testa, e estava quente. Voltei para dentro, larguei meu paletó na cama e fui ao banheiro. Abri a torneira de água fria, enchi a pia quase até a borda e respinguei água no rosto. Senti-me muito melhor. Deixei correr a água e escovei os dentes até as gengivas doerem. Enxugando o rosto e a cabeça com a toalha, saí do banheiro. Minha coxa bateu em algo pendurado na maçaneta da porta. O objeto balançou-se, batendo contra a madeira da porta, reluzindo ao brilho da lâmpada fluorescente em cima da pia.

Larguei a toalha e me ajoelhei, pegando com ternura o amuleto de ouro em minhas mãos. Eu chorava. Quando virei aquele pedaço grosseiro de metal martelado, vi o peixe, a inscrição e a âncora da esperança gravados no pingente de formato estranho, preso à tira de couro. Passei-o no rosto, sentindo a frieza do metal em minha pele. Então, beijei-o; só então reparei que havia nele algo diferente. Muito diferente.

Bem no meio, havia um entalhe, como se algo pontiagudo e afiado tivesse batido ali com muita força. . .

. . . algo assim como a ponta de uma das lanças de Pórcio!

—o—

OS LIVROS QUE PODERÃO MUDAR A SUA VIDA PARA SEMPRE

O MAIOR VENDEDOR DO MUNDO

Por que razão este livro se converteu numa das obras mais vendidas em todo o mundo, e por que companhias gigantescas como Coca-Cola e Volkswagen compraram milhares de exemplares? Consta que certa empresa adquiriu, ela apenas, trinta mil exemplares!

O segredo de Og Mandino, seu autor, para alcançar tão extraordinário sucesso, é o de ter apresentado a vida nos seus termos mais claros e simples: verdade, sinceridade e fé. O público de todos os níveis e de todas as atividades espirituais, intelectuais e de negócios soube captar a mensagem e, com autêntico zelo filantrópico, se dedicou a difundi-la. Esses milhões de leitores não tiveram dificuldade em perceber as grandes qualidades da obra e a unidade espiritual que emana da filosofia de que estão impregnadas todas as suas páginas: "A vida é um dom maravilhoso e é preciso vivê-la em toda a sua plenitude."

Nesta obra, Mandino demonstra que a satisfação e o bem-estar resultam do fato de o homem haver encontrado a sua verdadeira personalidade e emoções e as ter aplicado na sua vida diária. Logrado tal intento – assegura o autor – todos os demais benefícios de ordem material são simplesmente uma conseqüência lógica.

O MAIOR VENDEDOR DO MUNDO desenvolve, com sua singular inspiração, aquele belo pensamento de Emerson: "Em realidade, somos mais do que conhecemos de nós próprios e, com freqüência, ouvimos sair de nossos lábios coisas que não acreditávamos ser capazes de dizer". Depõe um leitor: "Seu livro mudou minha vida: a influência que exerceu em mim não foi superada senão pela Bíblia."

O MAIOR PRESENTE DO MUNDO

Esta é uma história para ser amada e lembrada, uma lição de amor e de abnegação num mundo conturbado pelas ambições, por egoísmo e ganância.

Tulo Mattis é um garoto lapão, membro de um povo praticamente desconhecido, que vive nas extensões geladas e áridas do norte da Europa.

Leva uma vida árdua, mas feliz, no meio de sua gente.

Bruscamente, porém, a tragédia se abate sobre Tulo, levando-o ao desespero, à desilusão, à perda da confiança em si mesmo, à renúncia a seu excepcional talento como escritor em potencial. E de repente, na pequena e desolada aldeia da Lapônia, em que Tulo vivia, bem acima do Círculo Ártico, um milagre aconteceu. . . O milagre é o presente de uma estrela, de uma pequena estrela chamada Acabar, uma estrela que falava com ele. . .

E aqueles estranhos e maravilhosos acontecimentos, em meio à escuridão total do prolongado inverno da região ártica, numa tempestade de neve que não parece ter mais fim, mudam totalmente a vida de Tulo; de sua irmã Jaana; do mestre-escola Arrol Nobis; do Prefeito Van Gribin; de La Veeg, o dono do único armazém da aldeia; do médico, o Dr. Malni; do Pastor Bjork; do Tio Varno; de todos os moradores de Kalvala.

Og Mandino é o autor de O MAIOR SEGREDO DO MUNDO, O MAIOR VENDEDOR DO MUNDO e O MAIOR MILAGRE DO MUNDO, que, pelo imenso sucesso obtido, se tornaram livros clássicos em todo o mundo, publicados em 14 idiomas, saindo no Brasil com o selo da Record. Presidente da revista *Succes Unlimited* durante 12 anos, deixou o cargo em 1976, com a idade de 52 anos, para dedicar-se exclusivamente à carreira de escritor e conferencista.

Buddy Kaye é mais conhecido como letrista de canções que já venderam mais de 50 milhões de discos dentro e fora dos Estados Unidos; Kaye tem sido, em realidade, um vitorioso em vários campos onde tem atuado, tornando-se conhecido como compositor, letrista, professor e conferencista. O MAIOR PRESENTE DO MUNDO, em coautoria com Og Mandino, é o seu primeiro romance publicado.

O MAIOR SEGREDO DO MUNDO

Através de suas obras universalmente conhecidas, O MAIOR VENDEDOR DO MUNDO e O MAIOR MILAGRE DO MUNDO, Og Mandino transmite-nos uma mensagem para compreender a vida humana por meio da verdade, da sinceridade e da fé, para assim encontrarmos uma missão pessoal muito mais transcendente.

Nesta obra, Og Mandino nos revela o *segredo* para que, sem esforços inúteis, de maneira fácil e simples, possamos executar a sua mensagem na prática quotidiana.

Em O MAIOR SEGREDO DO MUNDO se encontra a chave para ultrapassar a barreira do espiritual e chegar ao terreno do prático, onde a nossa atuação diária nos permita lograr uma compreensão maior entre os seres humanos.

Mandino aqui sintetiza a riqueza de seus dois livros anteriores e a coloca ao alcance de qualquer pessoa mediante breves exercícios diários.

Como pôde Beethoven triunfar, sendo surdo, e Milton que era cego? Deixe que Og Mandino o diga em O MAIOR SEGREDO DO MUNDO. Ele fará com que você alcance a completa transformação pessoal proposta em *O Vendedor* e *O Milagre* por meio de um exercício diário e dos 10 pergaminhos de *O Vendedor*.

Por sua parte, você não precisa senão de comprovar, cuidadosamente, o seu progresso diário usando o "registro de êxitos" que o autor lhe oferece.

O MAIOR SEGREDO DO MUNDO é o caminho da perfeição, do sucesso e da felicidade autêntica que qualquer pessoa prazerosamente seguirá. Que segredo é esse? Está em suas mãos descobrir *O Segredo* que lhe permitirá realizar *O Milagre* de fazê-lo O MAIOR VENDEDOR DO MUNDO.

O MAIOR MILAGRE DO MUNDO

Por que é tão fácil a identificação com Og Mandino quando se lêem as suas obras? Porque a palavra é mais sincera quando ditada pelo coração e Mandino, com o coração cheio de sentido humano de vida, mesmo que não tenha sido esse o seu propósito, o comunica aos seus leitores, da mesma maneira como a luz que se difunde e ilumina recantos interiores antes em trevas, ou um calor que renova e ressuscita energias profundas que estavam prestes a extinguir-se.

Depois dos benefícios prodigalizados a mancheias pelo livro O MAIOR VENDEDOR DO MUNDO, o seu autor continua aproveitando o efeito construtivo produzido no ânimo dos leitores pela mensagem transmitida em forma simbólica, a fim de fazê-los refletir – com o seu estilo único, direto e simples, e ao mesmo tempo profundo e penetrante – sobre fontes de valor pessoal, riquezas individuais e possibilidades insuspeitadas que, para tanta gente, permanecem ocultas durante grande parte de suas vidas e que representam a chave para o desenvolvimento próprio, para o cumprimento de uma missão pessoal muito mais transcendente e para um relacionamento muito mais proveitoso com os seus semelhantes. . .

Nesta obra Mandino ultrapassou de muito a meta alcançada em O MAIOR VENDEDOR DO MUNDO; graças às suas experiências pessoais e à sua profundidade de pensamento conseguiu fazer com que falasse ao leitor um personagem cuja intervenção na vida de todo homem é decisiva e de cuja aparente indiferença nos queixamos, sobretudo nas circunstâncias mais prementes de nossa existência.

O MAIOR MILAGRE DO MUNDO revelará aos leitores os horizontes de segurança, felicidade e realização pessoal que O VENDEDOR os fez vislumbrar. Onde O VENDEDOR termina, começa o MILAGRE.

SUCESSO SEM LIMITES

Neste livro, Og Mandino faz uma compilação de histórias verdadeiras. Ele próprio um homem vitorioso, autor da famosíssima série O MAIOR VENDEDOR DO MUNDO, O MAIOR MILAGRE DO MUNDO, O MAIOR PRESENTE DO MUNDO e O MAIOR SEGREDO DO MUNDO, une a sabedoria e a experiência de personalidades que alcançaram imenso sucesso nas atividades que exerceram em suas profissões, adquirindo renome mundial – gente como o pregador Norman Vincent Peale, o grande psiquiatra William Menninger, o editor de livros W. Clement Stone, os escritores Harold Sherman e Napoleon Hill, e muitos, muitos outros mais – que contando fatos e casos de sua experiência pessoal servem de exemplo ao mostrarem a maneira de caminhar ao encontro do sucesso, como descobrir e desenvolver o potencial interior que existe em todos nós, ou vencer o temor e dominar o vício da preocupação, ou ainda o que fazer para atrair o amor e a amizade ou triunfar sobre a doença e a tragédia.

SUCESSO SEM LIMITES, livro organizado por Mandino, é sem dúvida uma chave que ajudará a pessoa a abrir as portas para a vitória na vida utilizando o seu vasto potencial, não importando qual seja o objetivo que tenha em mente, qual o campo que tenha escolhido para desempenhar a sua atividade – negócios, esporte, arte, política, até mesmo a vida social.

SUCESSO SEM LIMITES é mais do que um livro necessário, extremamente útil, é um verdadeiro tesouro.

SEDEGRA — RIO
Imprimiu